图书在版编目（CIP）数据

资本逻辑批判视角下的马克思空间思想研究：基于《资本论》及其手稿／王海龙著．—北京：中央编译出版社，2024.4

ISBN 978-7-5117-4319-0

Ⅰ.①资… Ⅱ.①王… Ⅲ.①马克思（Marx，Karl 1818-1883）-区位经济学-思想评论 Ⅳ.①A811.66

中国版本图书馆 CIP 数据核字（2022）第 211628 号

资本逻辑批判视角下的马克思空间思想研究：基于《资本论》及其手稿

责任编辑	周雪凝
责任印制	李 颖
出版发行	中央编译出版社
网　　址	www.cctpcm.com
地　　址	北京市海淀区北四环西路69号（100080）
电　　话	（010）55627391（总编室）　　（010）55627311（编辑室） （010）55627320（发行部）　　（010）55627377（新技术部）
经　　销	全国新华书店
印　　刷	北京文昌阁彩色印刷有限责任公司
开　　本	710毫米×1000毫米　1/16
字　　数	268千字
印　　张	17.5
版　　次	2024年4月第1版
印　　次	2024年4月第1次印刷
定　　价	98.00元

新浪微博：＠中央编译出版社　　　微　信：中央编译出版社（ID：cctphome）
淘宝店铺：中央编译出版社直销店（http：//shop108367160.taobao.com）　（010）55627331

本社常年法律顾问：北京市吴栾赵阎律师事务所律师　　闫军　梁勤
凡有印装质量问题，本社负责调换，电话：（010）55627320

编译文库 马克思主义

王海龙 著

中央高校基本科研
"21世纪国际共产主义史学新发展研究"（2022

Research on Marx
Thought from the Persp
Critique of Capital Logic-based on *Cap*

资本逻辑批判视角下的
马克思空间思想
基于《资本论》及其
Marx's Original Manu

目录 Contents

绪 论 …………………………………………………………… 1
 第一节 空间问题的缘起与意义 ……………………………… 1
  一、空间问题的缘起 ……………………………………… 1
  二、空间问题的意义 ……………………………………… 2
 第二节 国内外研究动态回顾 ………………………………… 7
  一、国外研究理论动态 …………………………………… 8
  二、国内研究理论动态 …………………………………… 14
 第三节 研究脉络与方法的说明 ……………………………… 37
  一、研究脉络 ……………………………………………… 37
  二、研究方法 ……………………………………………… 39
 第四节 核心概念的辨析与界定 ……………………………… 41
  一、空间概念的历史流变 ………………………………… 41
  二、资本逻辑批判的内涵追溯 …………………………… 48

第一章 空间之维：资本逻辑批判的时代意蕴 ………………… 55
 第一节 资本逻辑批判的发生学考察 ………………………… 55
  一、资本逻辑的生成路径 ………………………………… 55
  二、资本逻辑的双重特性 ………………………………… 63
  三、资本逻辑的内在扬弃 ………………………………… 70
 第二节 资本逻辑批判的空间话语 …………………………… 78
  一、"空间转向"的历史显现 …………………………… 78
  二、资本逻辑批判的"空间在场" ……………………… 84

三、资本逻辑批判的"空间形态" …………………………… 91
第三节　资本逻辑批判的方法论特质 …………………………… 94
　　一、总体性的认知空间 …………………………………… 94
　　二、关系性的理解空间 …………………………………… 95
　　三、内在性的分析空间 …………………………………… 96

第二章　空间重构：资本逻辑运行的现实基础 ………………… 97
第一节　自然空间的变化 ………………………………………… 97
　　一、自然空间变化的表现：从"自在自然"至"人化自然" …… 97
　　二、自然空间变化的本质：人与自然之间的物质交换 ……… 100
　　三、自然空间变化的根源：自然生产力的发挥 ……………… 104
第二节　劳动空间的聚集 ………………………………………… 106
　　一、劳动空间聚集的原初：手工作坊的简单协作 …………… 107
　　二、劳动空间聚集的演变：工场手工业的分工 ……………… 109
　　三、劳动空间聚集的升级：机器大工业的工厂制 …………… 114
第三节　地理空间的扩展 ………………………………………… 118
　　一、地理空间扩展的典型：城市化 …………………………… 119
　　二、地理空间扩展的极限：世界体系 ………………………… 123
　　三、地理空间扩散的样态：不平衡发展 ……………………… 128

第三章　空间扩展：资本逻辑发展的必然趋势 ………………… 134
第一节　经济空间的生成 ………………………………………… 134
　　一、经济空间生成的辅助：科学与技术革新 ………………… 135
　　二、经济空间生成的核心：时空转化与修复 ………………… 139
　　三、经济空间生成的悖论：生产与危机并存 ………………… 142
第二节　政治空间的宰制 ………………………………………… 147
　　一、政治空间的界定背景：政治叙事的变化 ………………… 148
　　二、政治空间的全球宰制：霸权主义与帝国主义 …………… 155
　　三、政治空间宰制的实质：权力嬗变与权利结构 …………… 159

第三节　意识空间的构建 …………………………………… 162
　　一、意识空间建构的开端：主体自我意识 ………………… 163
　　二、意识空间建构的原相：实践的中介 …………………… 167
　　三、意识空间建构的失范：虚假与物象化 ………………… 170

第四章　空间资本化：资本逻辑演变的更高形态 ………… 177
　第一节　空间资本化的前提条件 …………………………… 182
　　一、空间产品变为空间商品 ………………………………… 182
　　二、空间商品进入流通领域 ………………………………… 183
　第二节　空间资本化的理论分析 …………………………… 185
　　一、空间资本化与土地地租问题 …………………………… 185
　　二、空间资本化与空间政治化 ……………………………… 189
　　三、空间资本化与空间的拜物教 …………………………… 191
　第三节　空间资本化的双重作用 …………………………… 194
　　一、促进"空间生产"的发展 ……………………………… 194
　　二、诱发"空间生产"的异化 ……………………………… 196

第五章　空间正义：资本逻辑反思的伦理旨趣 …………… 198
　第一节　空间正义的问题指归 ……………………………… 198
　　一、空间与正义的变化与合流 ……………………………… 198
　　二、空间正义的马克思主义论域 …………………………… 200
　第二节　空间结构的失衡：中心与边缘 …………………… 202
　　一、全球范围内的空间结构 ………………………………… 202
　　二、区域范围内的空间结构 ………………………………… 206
　　三、生活范围内的空间结构 ………………………………… 208
　第三节　空间权利的失范：压迫与剥削 …………………… 211
　　一、阶级的空间权利 ………………………………………… 211
　　二、个人的空间权利 ………………………………………… 213
　　三、国家的空间权利 ………………………………………… 214

第六章 《资本论》及其手稿空间思想的时代价值挖掘 …… 217
第一节 推动马克思主义政治经济学批判的空间化 …… 217
一、辨析马克思主义政治经济学批判的时空辩证关系 …… 217
二、彰显马克思主义政治经济学批判空间化的解释力 …… 221
三、明晰马克思主义政治经济学批判空间化的理论限度 …… 225

第二节 构建马克思主义空间经济学的新研究范式 …… 227
一、明确资本逻辑对空间经济的深层动力 …… 227
二、剖析从"生产空间"到"空间生产"的转换脉络 …… 230
三、认知生产方式对于空间经济的根本制约 …… 232

第三节 加强中国特色社会主义的空间实践 …… 235
一、推进中国特色社会主义的区域协调发展 …… 236
二、探索中国特色社会主义的创新型国家建设 …… 240
三、积极开展中国城市化过程中的乡村振兴战略 …… 245
四、塑造中国在全球化中的开放新格局 …… 249

主要参考文献 …… 253
一、中文文献 …… 253
二、英文文献 …… 270

后 记 …… 271

绪　论

第一节　空间问题的缘起与意义

一、空间问题的缘起

20世纪下半叶后，西方社会科学领域显现出强劲的"空间转向"趋势，西方学者尤其是新马克思主义者们在继承马克思批判性精神，从"空间"视角重新审视马克思的思想本身的同时，得出了马克思思想已经无法解释当前现实的"空间缺场"的误判。基于此，文本立足于"回到马克思"，试图对经典文本进行分析，以厘清马克思思想的"空间在场"。

马克思在《资本论》及其手稿中关于"空间"的叙述隐含于其对资本逻辑的批判，并呈现出从"资本空间化"到"空间资本化"的理路。"资本空间化"乃是资本逻辑对空间的再造过程及结果，具体表现为物理空间的重构和社会空间的扩展。《资本论》及其手稿中的物理空间可被划分为自然空间、劳动空间和地理空间。其中，自然空间的变化是人被资本驾驭下改造自然的必然结果，该变化的表现是从"自在自然"至"人化自然"，本质是人与自然之间的物质交换，根源是自然生产力的发挥；劳动空间的聚集是资本攫取剩余价值的外部性辅助，该聚集以手工作坊的简单协作为原初，再演变为工场手工业的分工，后升级为机器大工业的工厂制；地理空间的扩散是资本主义"空间生产"在地理上的表征，该扩展以城市化为典型，以世界体系为极限，以不平衡发展为样态。《资本论》及其手稿中的社会空间可被延伸划分为经济空间、政治空间和意识空间。其中，经济空间的生成是各经济主体在资本主义发展过程中的经济关系界定，该生成以科学与技术革新为辅助，以时空转化与修复为核心，并表现出生产与危机并存的悖论；政治空间的宰制是资本对政治关系的生产与再生产的控制，其在政治叙事的变化背景下，具体表征为霸权主义与帝国主义，实质为权力嬗变与权利结构；意识空间的建构是资本裹挟下的主体意识活动的场域生成，该构建以主体自我意识为开端，以实践的中介为原相，并凸显出虚假与物象化的失范。本书分析认为，伴随着资本逻辑的演变，空间本身拥有了资本的属性甚至成为资本存在的一种基本形式即"空间资本化"，其以空间产品变为空间商品和空间商品进入流通领域为基本前提，涉及土地地租问题、空间的政治化、空间的拜物教等诸多方面，既能促进"空间生产"的发展，又可诱发"空间生产"的异化。

当代发达国家经济社会虽然取得一定进步，但各种矛盾依然众多，其成因正是在资本逻辑的支配下，导致空间的重构、扩展和资本化过程映现出非正义的样态，主要体现在空间结构的失衡和空间权利的失范。《资本论》及其手稿当年深刻揭示的资本主义内在矛盾不断以新的方式顽强存在，因而马克思批判精神和思想启示始终在场。中国特色社会主义进入新时期，《资本论》及其手稿的空间思想依旧彰显着重大价值，这对于推动马克思主义政治经济学批判的空间化、构建马克思主义空间经济学的新研究范式、加强中国特色社会主义的空间实践等都有着极其深远的意义。

二、空间问题的意义

（一）理论意义

1. 回应西方学者对马克思理论存在"空间缺场"的质疑

根据马克思辩证唯物主义原理，"时间"与"空间"是物质运动的存在形式，也是人类社会实践活动的两种基本维度。马克思运用历史唯物主义和辩证唯物主义对人类历史的发展脉络进行了清晰而准确的揭示，特别是在《资本论》中对资本主义生产方式的运行规律进行了深刻分析，其理论体系内在地反映着"时间"与"空间"的辩证统一分析维度。但是，马克思的思想并非凭空而至，而是深受以黑格尔为代表的"历史哲学体系"

的影响，因此马克思在叙述其理论之时对于"时间"的偏好成为逻辑的必然，而在文本的页面上对于"空间"的落墨则确有不足。马克思之后的继承者们依然在该种境遇中盘桓许久，正如苏贾（Edward W. Soja）所言，"至少在以往的一百年中，时间和历史在西方马克思主义和批判社会科学的实践意识和理论意识中，已占据了宠儿的地位"①。20世纪下半叶伊始，随着"后现代主义的兴起"，"空间"日益被西方学界所普遍关注，并形成了一场声势浩大的"空间转向"的整体运动，福柯（Foucault）对此形容道："当今的时代或许应是空间的纪元。"② 当西方学者尤其是新马克思主义者们在继承了马克思的"批判性"学术内涵后，当他们将目光投向马克思思想本身以重新审视"空间"维度之时，得出了马克思存在着"空间缺场"的结论。哈维（David Harvey）认为"空间是马克思未完成的要素"，苏贾甚至直斥，马克思"用时间摧毁了空间"③。基于此，本书立足于"回到马克思"，进入马克思最为经典的文本之一即《资本论》及其手稿，对于马克思"空间缺场"的质疑进行回应。事实是，马克思在《资本论》及其手稿中辩证地将"时间"和"空间"纳入对资本主义政治经济学的批判当中，其关于"空间"的叙述或显或隐地体现在对资本逻辑的揭示过程当中，本书试图以马克思资本逻辑分析为主线，厘清和澄明《资本论》及其手稿内涉及的"空间"思想，从而澄明马克思主义的理论效力特别是《资本论》的理论生命力依然广泛存在。

2. 厘定马克思"空间"概念内涵嬗变的过程

在马克思的经典文本内，"空间"并不属于核心语境，未有着清晰的概念内涵与外延的界定。但是，马克思依然对研究对象的"空间"问题有着深邃的洞见，这为后人深入而系统地研究"空间"问题奠定了基础。在

---

① [美]爱德华·W. 苏贾：《后现代地理学——重申批判社会理论中的空间》，王文斌译，北京：商务印书馆2004年版，第1页。
② [法]米歇尔·福柯：《不同空间的正文与上下文：后现代性与地理学的政治》，陈志梧译，见包亚明主编《后现代性与地理学的政治》，上海：上海教育出版社2001年版，第18页。
③ [美]爱德华·W. 苏贾：《寻求空间正义》，高春花译，北京：社会科学文献出版社2016年版，第2页。

《资本论》及其手稿中,马克思在论述地点、距离、位移、并存性、位置和环境等空间因素之时,潜在地将"空间"视为资本主义生产方式运行的一种基本条件和要素。传统马克思主义解释以此为依据,将《资本论》及其手稿中的"空间"消极、片面、狭隘地仅当作"物理空间"或者"自然空间"。实质上,马克思对于"空间"内涵的理解并不止于此,而是在伴随着对资本逻辑分析的深入而不断演变。我们深刻解读马克思文本会发现,在资本主义条件下,剩余价值的生产和流通使得"空间"被打上了经济烙印,"空间"不但是一种生产要素,更加成为资本统摄劳动力的一种工具,生产要素的结构性安排造就了"劳动空间"和"经济空间"的形成。资本自我增殖的动源将人的生产活动和人的生活裹挟进来,使得"空间"附着上了社会属性,此时"空间的生产"塑造出了"社会空间"。正如列宁在20世纪初解释马克思的理论时所指出的"对工人的经济压迫,必然会引起和产生对群众的各种政治压迫和社会屈辱"①。这里,列宁就看到了资本逻辑的空间副作用的扩散问题,实际上涉及"群体空间"和"领域空间"两个方面。20世纪中后期,西方新马克思主义代表人物亨利·列斐伏尔(Henri Lefebvre)看到了马克思的"空间"内涵由自然、地理向经济、社会的转换,但却将其判定为"刻板的马克思主义传统",在这种传统中"社会空间被看作是一种上层建筑,作为社会结构与生产力的一个结果"②,列氏由此进一步提出了"空间的生产"理论,"空间"由此又被增加了新的内涵。实质上,我们依然可以从《资本论》及其手稿中窥测出这种"空间"新内涵的端倪。基于此,本书试图以资本逻辑为脉络,在重新整理马克思《资本论》及其手稿内关于"空间"的洞见的基础之上,分析资本对于"空间"的形塑过程,以此引发出"空间资本化"问题,力图认清马克思对于"空间"内涵的时代局限的同时,完整解读马克思文本中蕴含的深刻的空间思想,以马克思理论"在场"的事实回应和反驳"缺场"质疑,从整体性的视角比较全面地把握马克思的"空间"概念。

---

① 《列宁全集》第10卷,北京:人民出版社1958年版,第62页。
② [法]亨利·列斐伏尔:《空间的生产》新版"序言",见张一兵主编《社会批判理论记事》第1辑,北京:中央编译出版社2006年版,第181页。

3. 去蔽历史唯物主义空间化的本质

"空间"本是被西方传统社会科学遗忘的领域，现今却被普遍地关注与研究，一向以"历史—时间"向度为特征的历史唯物主义则面临着如何正视"空间转向"浪潮的现实问题，新马克思主义者们首开了将历史唯物主义空间化的先河，并陆续提出了不同的方案，例如亨利·列斐伏尔的"空间辩证法"、大卫·哈维的"历史—地理唯物主义"、爱德华·W.苏贾的"第三空间"和曼纽尔·卡斯特的"流动空间"等。这些方案虽然纷繁多样，极大促进了马克思主义在西方的继承与传播，但却莫衷一是，疲于应对复杂多变的具体空间形态，更有甚者"易盲目从后现代理论而放弃历史唯物主义基本立场"①。这些方案实质上都是对资本主义通过空间领域扩张，从而得以延缓基本矛盾的激化而延续自己的现实境遇的反思。一百多年前，《资本论》以严密的逻辑推导展现了马克思对于资本主义尤其是大工业资本主义的科学研判，从而在事实上论证了历史唯物主义。对历史文本的研读是随着时间间距和场域转移而深化的。当代资本主义相较于马克思所处时代确实有着十分巨大的变化，却依然未逃离马克思在《资本论》内所言明的必将灭亡的历史命运。基于此，本书力求探析《资本论》及其手稿内的"空间"思想，探索历史唯物主义何以空间化的理论基点，以期通过融合"历时性"和"共时性"的理论工具，力求增强历史唯物主义对于当代资本主义新变化的解释力。

（二）现实意义

现实意义之一是阐发中国的城市化进程。新中国成立后，中国的城市化进程的背景经历了一个由高度集中的计划经济向社会主义市场经济的转换。计划经济时期，城市空间的规划、构建和分配等主要受制于行政政策或政治意志。自改革开放伊始，中国的城市化进程便进入了快车道，市场化改革的推进，使"资本"的功能被重新认可，多种所有制共同发展，形成了资本与各级政府"双驾马车"共同推动的现象。这一时期的城市化显

---

① 刘怀玉：《历史的解构与空间的想象》，南京：江苏人民出版社2013年版，第271页。

得尤为激进,成为"人类历史上最大规模的城市化进程",预计至 2030 年左右我国城市人口总数可达 10.7 亿人。中国的城市化在过度追求经济利益的同时,造成了严重的后遗症。城市化问题并不与城市问题画等号,而是包含着城市内部问题如拆迁改造与交通建设等、乡村内部问题如劳动力流失与环境污染等、城乡关系问题如二元结构的资源分配不均等,所以城市化问题是一个整体的社会问题,而在其背后,资本的负面作用不可忽视。需要指出的是,中国的城市化问题显得尤为复杂和多变,一方面中国城市化进程与西方发达资本主义国家的城市化进程的起点存在着历史时差,中国的工业化催生着城市化,而西方发达资本主义国家已普遍进入后工业社会,另一方面网络时代的到来又为中国城市化进程增添了时代变量。空间问题有着资本的共性。资本逻辑贯穿于工业化、金融化和信息化时代,所以,认知、分析乃至驾驭资本逻辑成为当今理解中国城市化问题的应然路径。马克思在人类历史上第一次深刻把握了资本逻辑的内涵主旨与运行轨迹,本书立足于此,试图从《资本论》及其手稿中寻求资本逻辑与空间(包括城市空间)之间的内在关系,为解决中国城市化问题给予一些启发。

现实意义之二是明晰中国在经济全球化中的定位。当今的世界处于全球化的时代,分散于各地的不同民族、国家和个人等彼此之间生成了普遍的联系,全球化本就是一个空间问题。当今全球化的背后是由资本主导的。资本的生产空间在地理上的极限是经济全球化,中国在建设社会主义市场经济的同时将自身纳入世界市场体系当中,经过改革开放以来四十多年的发展,在经济领域取得了举世瞩目的成就。经济全球化具有强大的同质化力量,推动了人类其他各个领域内的全球化。马克思在《资本论》及其手稿中深刻地分析了资本无限扩张引起的世界性经济问题,全球性经济危机的一再爆发在事实上证明了马克思相关思想的正确性。资本主义并没有在连续不断的危机中立即走向消亡的一个重要原因就在于全球经济空间的建构给其带来的缓冲。信息化和网络化的发展致使全球经济空间内部的时间壁垒几乎消失殆尽,并促进了资本在世界范围内的快速流动。值得警惕的是,现实的全球经济空间在客观上乃是一个不平等的等级制空间,并呈现出"中心—边缘"的结构格局,西方发达资本主义国家处于中心,而包括中国在内的广大发展中国家则处于边缘。因此,中国如若力求在全球化中占据有利先机，就必须在全球经济空间内处于中心位置。基于此，本书力求回到《资本论》及其手稿之中，重新梳理资本逻辑如何构造世界范围内的经济空间，为中国在经济全球化浪潮中获取优势地位提供些许思考。

现实意义之三是反思日常生活空间的失范。在西方国家，资本积累的内在冲动驱使资本全方位地侵蚀并进入"日常生活空间"，人与物、人与人之间的关系产生了异化，整个日常生活走向失范。"空间"不再仅仅是"生产的空间"，而本身变成了生产的直接目的即"空间的生产"。日常生活空间的规模在"空间的生产"中不断扩大，但是人对日常生活空间资源的诉求愈发难以被满足。这种情况在我国市场经济体制尚待完善的条件下，在社会经济发展不协调的情况下，在既发展又不发展的阶段中，也同样存在。例如，城市规模前所未有扩大的同时，城市居民对于住房、医疗和教育等空间资源的合理分配产生了很大的意见。日常生活空间内人的精神状态与价值取向也发生了重大的变化，一些人的审美标准降低为对感官刺激的追逐，一些人深陷于消费主义、拜金主义等，他们在其中无法自拔，愈发迷失与堕落。中国在进行社会主义市场经济建设的过程中，一方面利用资本的效用充分发展生产力，另一方面尚未能完成对于资本的驯服，致使日常生活空间内出现了一些类似失范现象。马克思在《资本论》及其手稿中很早就洞见了"商品拜物教"等日常生活空间失范的问题，基于此，本书力争从原著中寻求资本如何裹挟日常生活空间的逻辑，一方面为合理分配日常生活空间资源引发思考，另一方面则为辨析不良价值观念提供理论支持。

第二节　国内外研究动态回顾

长期以来，马克思的思想备受一些西方学者的诟病，除了意识形态的冲突而排斥马克思思想的学者以外，部分西方马克思主义研究学者们对马克思思想提出质疑的一个重要原因在于认为马克思的思想自诞生伊始就存在着"空间缺场"，"空间长期被湮没在历史唯物主义所编织的时间维度中"①。新马克思主义者亨利·列斐伏尔在分析了资本主义社会结构呈现出新样态的依据之上,提出了"空间生产"理论,此举开启了历史唯物主义研究的"空间"转向,"空间"作为一种新的理论范式广泛地被国内外学者运用于对马克思思想继承、批判和发展当中。

一、国外研究理论动态

"空间"具备着元理论性质,在西方人文社会科学的谱系当中占有举足轻重的地位。西方学界对于"空间"的认知主要分为两派:一种为西方空间经济学派,以约翰·海因里希·冯·杜能(Johann Heinrich yon Thtinen)、阿尔弗雷德·韦伯(Alfred Weber)、保罗·克鲁格曼(Paul R. Krugman)等人为代表,其主要从流通层面,将空间作为一种生产要素纳入经济模型之中,以期实现对经济运行规律的具体把握。另一种为新马克思主义学派,以亨利·列斐伏尔、大卫·哈维、爱德华·W.苏贾、纽曼·卡斯特、弗雷德里克·詹姆逊等人为代表,其秉承了马克思主义的批判性传统,深入分析了资本主义与空间之间的矛盾,改变了传统马克思主义在历史叙事中的时间偏好,从某种意义上增强了马克思主义的解释力。西方空间经济学派在研究范式上根本异于马克思及其继承者们,基于此,本书主要梳理新马克思主义的相关主要研究成果,并将其归纳为以下几个突出特征。

(一)聚焦资本主义的城市(化)问题

新马克思主义对于空间问题的探索发端于资本主义发展过程中所产生的城市(化)问题。城市虽然产生于前资本主义社会,但在资本主义社会中,其为资本积累最集中的地理区域,典型反映了资本主义生产方式的诸多问题,一百多年前,恩格斯在《英国工人阶级状况》一书中的"大城市"一章中,就通过第一手资料和自己的观察,集中描述了资本主义工业化进程中的城市问题。受到马克思的高度评价。随着资本主义后来的发

---

① [美]爱德华·W.苏贾:《后现代地理学——重申批判社会理论中的空间》,王文斌译,北京:商务印书馆2004年版,第76页。

展，城市问题并没有随着工业进步得以改善，而是问题积累越来越多，成为新马克思主义学者关注与阐释空间的天然载体。列斐伏尔认为资本主义的发展使人类社会成为"消费主义世界"，城市作为社会的中心则在消费主义的裹挟之下演化为异化的日常生活空间。列斐伏尔在《日常生活批判》中所涉及的城市（化）问题成为其日后愈发关注空间的发端，如《城市的权利》（1967）、《城市革命》（1970）、《马克思主义思想与城市》（1972）、《空间的生产》（1974）。列斐伏尔已然意识到城市与资本之间的密切关联，将资本主义目前得以成功延续归于现代性空间化，即资本主义的生产方式已经从"空间对象中的生产"变更为"空间本身的生产"，而"城市及其各种设施（港口、火车站等）乃是资本的一部分"①。列斐伏尔进一步指出，空间在资本主义生产条件下必然呈现出冲突，而这背后的实质是阶级的对立，因此其提倡劳动者应围绕"城市权利"进行"都市革命"②，以使人回归真实的需求。列斐伏尔虽然对于以马克思主义视角分析空间作出了基础性的探索，但却停留于"经验的直观"，具有浓厚的"浪漫色彩"③。美国著名马克思主义理论家大卫·哈维认为，列斐伏尔的不幸在于他没能正确地解释"空间生产"对资本主义的生存何以重要，又是如何发挥该功能的。④ 大卫·哈维从早期《地理学中的解释》（1969）中的实证主义转向了饱含"社会关怀"的激进立场，在以后一系列著作中分析了资本主义城市化的历史经验与当代境遇。大卫·哈维先是在《社会正义与城市》（1973）中借用了步登雷·戴维斯（Bleddyn Davies）的"地域正义"一词，将城市的空间布局与正义问题的关联建构在政治实践当中，又在《巴黎城记——现代性之都的诞生》中区分了城市中空间维度的"阶级

---

① [法] 亨利·列斐伏尔：《空间：社会产物与使用价值》，见包亚明编《现代性与空间的生产》，上海：上海教育出版社2003年版，第49页。
② 高鉴国：《新马克思主义城市理论》，北京：商务印书馆2006年版，第20页。
③ 张一兵主编：《当代国外马克思主义哲学思潮》（下卷），南京：江苏人民出版社2010年版，第372页。
④ [英] 大卫·哈维：《新帝国主义》，北京：社会科学文献出版社2009年版，第72页。

区隔"和时间维度的"垂直隔离"①，后又在《资本的城市化》（1985）中赓续马克思《资本论》的主题，提出了资本的三重循环理论。即资本的第一重循环即马克思对社会资本的生产与再生产的分析，在第二重循环中城市空间成为了生产的对象，第三重循环为资本的社会性投入诸如社会福利、公共交通、医疗设施和卫生服务等，认为只有这三重循环才能完整揭示资本在当代的运行。出生于西班牙的著名社会学家曼纽尔·卡斯特（Manuel Castells）在《发达资本主义的集体消费与城市矛盾》（1995）中将大卫·哈维的"第三循环"称之为"集体消费方式"，并提出了"空间集体消费"理论，认为劳动力在城市空间中为了实现再生产，必然要求增加集体消费资料，占有"集体消费品"，而资本家不愿抑或无力承担，"空间消费过程的社会化与私人资本利益之间的矛盾"，引发了"都市问题"②。美国著名的后现代地理学家爱德华·W.苏贾将这种"都市问题"归结于"第三次都市革命"，并在《后大都市：城市和区域的批判研究》中提出了"后大都市"转型发展策略，值得一提的是，爱德华·W.苏贾对于城市问题的研究最早起于《后现代地理学——重申批判社会理论中的空间》，其在该书中将城市化视为"资本主义得以延续、得以成功地再生产其基本的生产关系"③。简言之，新马克思主义将马克思"批判的武器"运用于城市空间批判当中，正如美国政治社会学专家安东尼·奥洛姆所言："以马克思丰富而深刻的理论见解为基础，新马克思主义在分析城市及其不同形态上具有无限的潜力。"④

（二）深受结构主义思潮的影响

发端于19世纪下半叶，兴盛于20世纪下半叶的结构主义方法开启

---

① ［英］大卫·哈维：《巴黎城记——现代性之都的诞生》，黄煜文译，桂林：广西师范大学出版社2010年版，第44页。

② 曼纽尔·卡斯特：《发达资本主义的集体消费与城市矛盾》，姜珊译，载《国际城市规划》，2009年第S1期。

③ ［美］爱德华·W.苏贾：《后现代地理学——重申批判社会理论中的空间》，王文斌译，北京：商务印书馆2004年版，第77页。

④ ［美］安东尼·奥洛姆：《城市的世界——对地点的比较分析和历史分析》，陈向明译，上海：上海人民出版社2005年版，第49页。

了西方学界的共时性研究视域，摈弃了总体化、主体性的时间偏好，结构主义与空间维度的碰撞，激发出了新马克思主义的批判力量。法国著名哲学家、结构主义马克思主义奠基人，路易·皮埃尔·阿尔都塞（Louis Pierre Althusser）虽然未有空间理论的自觉，但其"多元决定论"实质上却意味着空间化的方法倾向，因此，爱德华·W. 苏贾在《后现代地理学——重申批判社会理论中的空间》中将阿尔都塞批判"经济决定论"的理论贡献比喻成"法国理论空间化转向的主要前奏曲"①。爱德华·W. 苏贾将新马克思主义对结构主义的"情有独钟"归结于结构主义"打开了上层建筑领域"，这恰恰是空间理论走进激进社会的科学之处。爱德华·W. 苏贾在《第三空间——去往洛杉矶和其他真实和想象地方的旅程》（1996）一书中，将世界的存在诠释为"历史性""社会性"和"空间性"的"三元辩证法"也颇具结构主义的理论色彩。与阿尔都塞生活于同一时代的列斐伏尔也受到了结构主义的影响，对此，爱德华·W. 苏贾曾赞誉道，将"辩证逻辑应用于荟萃存在主义现象学和阿尔都塞结构主义精华并去其糟粕的，列斐伏尔却是开先河者"②。列斐伏尔运用结构主义对资本主义工业社会的空间问题进行了现象学的研究，其基于资本批判的马克思方法基础，更加凸显了空间的后现代样态，在《空间的生产》（1974）中，将任何空间都视为是"空间实践""空间再现"和"再现空间"的辩证组合。阿尔都塞的结构主义和列斐伏尔的空间与革命思想同时深刻地影响了曼纽尔·卡斯特，其将社会结构与空间结构视为一种互为作用、彼此依存的辩证关系，使得社会结构的嬗变可以运用不同的空间结构形式来表达和说明。曼纽尔·卡斯特在《城市问题：马克思主义方法》（1977）中指出，社会结构是由"经济的"和"政治的、行为的"以及"意识形态的"内容所组成的，这三个方面可以分别被"经济的空间""制度的空间"和"象征的空间"③所描述。美国现代地理学专家理查德·皮特曾直

---

① [美]爱德华·W. 苏贾：《后现代地理学——重申批判社会理论中的空间》，王文斌译，北京：商务印书馆2004年版，第63页。

② [美]爱德华·W. 苏贾：《后现代地理学——重申批判社会理论中的空间》，王文斌译，北京：商务印书馆2004年版，第75页。

③ Mamuel Castells. M. *The Urban Question*. London：Edward Arnold Publish Press，1977.

言不讳地指出:"曼纽尔·卡斯特的《城市问题》(The Urban Question)是关于城市的结构主义著作。"① 总之,马克思主义立足于人的实践,其理论必然深度地介入自然、社会和空间之间的整体关系,而结构主义马克思主义在继承马克思主义的这一特征的同时,又剔除了自黑格尔以降基于"历史—时间"原则的理论色彩,这就为新马克思主义空间理论的勃兴提供了最为根本的理论空间。

(三) 具有鲜明的后现代语境

西方学界对于"后现代"的理解众说纷纭,但却有着一个共识,即后现代(主义)抵制现代主义惯于宏大的元叙事,并且试图解构所有的历时性秩序。在他们的后现代语境下,提出了以"历史决定论"形态显现的传统马克思主义已然失去了对晚期资本主义社会碎片化、多元化境遇的解释效力的偏执观点。在大卫·哈维、爱德华·W. 苏贾等人看来,若要在整体层面寻求传统马克思主义的突破口,就应探索历史与时间的对立面,将马克思主义厘革为后现代地理学。大卫·哈维早在《资本的城市化》(1985)中就论证了资本的"第三级循环"已经不能仅仅依靠"时间修复",而必须通过"空间修复"才能维系资本自身的统治,其秉持了马克思"资本力求用时间消灭空间"的思想。他在《后现代的状况》(1989)中提出了"时空压缩"概念,即在资本积累的动力机制下资本主义生产的时间跨度不断减小、空间障碍持续消失。他认为,这种情况必然"造成了在一个高度一体化的全球资本流动的空间经济内部的分裂、不稳定、短暂而不平衡的发展"②。哈维在《新帝国主义》(2003)中进一步指出,"非均衡性"或"非对称性"成为帝国主义的一个主要特征。其实,哈维在《希望的空间》(2000)中就已经阐述自己的"辨证的乌托邦理想",试图运用"希望地理学"以解决以上问题,但是这种方案依然有待商榷与澄明。与哈维相比,爱德华·W. 苏贾在《后现代地理学》中做了详细的文

---

① [美] 理查德·皮特:《现代地理学思想》,周尚意译,北京:商务印书馆2007年版,第142页。

② [英] 大卫·哈维:《后现代的状况》,阎嘉译,北京:商务印书馆2003年版,第300页。

献梳理,从法国哲学家米歇尔·福柯、亨利·列斐伏尔追溯至比利时马克思主义学者欧内斯特·曼德尔,系统说明了"空间压抑"到"空间回归"的转向轨迹,在此基础之上竭力塑造空间性与历史性的平等地位,试图构建极具特色的"历史—地理唯物主义"方法论主张,而非简单否定以历史撰述为特征的现代主义。英国激进地理学家德里克·格里高利(Derek Gregory)就曾在《地理学的想象》(1994)中判定苏贾理论的原创点其用"空间性"来辨识现代主义与后现代主义。此外需要说明的是,消费文化的符号学与后现代语境的交融,从另一个角度影响了空间理论的批判,在该领域,法国后现代理论家让·鲍德里亚的符号秩序批判思想最具代表性。鲍德里亚晚期的《在沉默多数的阴影中》(1978)、《拟像与仿真》(1981)、《致命的策略》(1983)等一系列著作标志着其对现代性话语的彻底决裂并正式进入后现代话语当中。鲍德里亚认为,"政治的""社会的"乃至"经济的"东西,在以往被认为是"真实的东西",而在后现代主义社会中,都将被印上"超真实主义的类像特征"[①],"真实"与"类像"(又被翻译为"拟像")的边界已然"内爆",例如,原初是政治或工业场域的城市,"超现实"般的变幻成了"'符号'、传媒和'符码'的场所"[②],即"超空间"。鲍德里亚的这种思想深刻影响了美国马克思主义理论学者弗雷德里克·詹姆逊,他将"超空间"的后果归结为人的主体认知困难即"空间迷失",其在《后现代主义与文化理论》(1985)中近似武断地认为"后现代主义是关于空间的,现代主义是关于时间的"[③],后又在《晚期资本主义的文化逻辑》(1995)中将"空间"视为"理解后现代主义的一把钥匙"[④]。弗雷德里克·詹姆逊又在《文化转向》(2000)中阐明

---

① [美]道格拉斯·凯尔纳、斯蒂文·贝斯特:《后现代理论:批判性的质疑》,张志斌译,北京:中央编译出版社2004年版,第152页。
② 季桂保:《后现代境域中的鲍德里亚》,见包亚明主编《后现代性与地理学的政治》,上海:上海教育出版社2001年版,第98页。
③ [美]弗雷德里克·詹姆逊:《后现代主义与文化理论》,唐小兵译,北京:北京大学出版社1997年版,第243页。
④ [美]弗雷德里克·詹姆逊:《晚期资本主义的文化逻辑》,张旭东编,陈清侨等译,北京:三联书店1997年版,第293页。

其以空间为切入点分析后现代主义的目的是要构建起一种新的"认知图绘",并在《全球化与政治策略》(2000)中将"认知图绘"的分析指向落脚于全世界劳动组织的联合。总之,正如美国都市主义学派的代表人物迈克·迪尔(Mike Deere)所言:"后现代思想的兴起,极大地推动了思想家们重新思考空间在社会理论和构建日常生活过程中所起的作用。空间意义重大已成普遍共识。"①

二、国内研究理论动态

20世纪90年代以降,西方学界的各种空间理论陆续进入国内,引发了国内学界的诸多关注。目前,国内学界对于空间的研究可大致分为以下几种:

(一)介绍与分析新马克思主义的空间理论

1. 翻译与介绍西方空间理论尤其是新马克思主义者的相关著作

关于列斐伏尔,李春翻译了《空间与政治》(上海人民出版社2008年版),而列氏的成名作《日常生活批判》也被叶齐茂和倪晓晖共同翻译完成,社会科学文献出版社于2017年正式出版。目前,大卫·哈维以80余岁高龄依然活跃于学术界,他曾多次应邀访问中国,并持续关注"中国资本危机的空间转移问题"。因此,国内学者对于大卫·哈维的著作翻译也颇为丰富,主要有《后现代的状况》(阎嘉译,商务印书馆2003年版)、《马克思的空间转移理论——〈共产党宣言〉的地理学》(郇建立译,载《马克思主义与现实》2005年第4期)、《希望的空间》(胡大平译,南京大学出版社2006年版)、《新帝国主义》(初立忠、沈晓雷译,社会科学出版社2009年版)、《自然、正义和差异地理学》(胡大平译,上海人民出版社2010年版)、《资本的限度》(张寅译,中信出版社2017年版)、等等。大卫·哈维的著作不仅在中国大陆有着影响力,而且也受到了台湾地区学者的关注,例如黄煜文翻译了大卫·哈维的《巴黎,现代性之都》(台北:

---

① [美]迈克·迪尔:《后现代血统:从列斐伏尔到詹姆逊》,季桂保译,见包亚明主编《后现代性与地理学的政治》,上海:上海教育出版社2001年版,第84页。

群学出版有限公司2007年版),王志弘翻译了《新自由主义化的空间》(台北:群学出版有限公司2008年版),李隆生翻译了《资本社会的17个矛盾》(台北:联经出版事业股份有限公司2014年版)。弗雷德里克·詹姆逊的论著也与中国有着较深的渊源,他曾于1985年与2002年先后两次到中国访学,引起中国学术界的关注,随后其主要著作例如《时间的种子》(王逢振译,渡江出版社1997年版)、《晚期资本主义的文化逻辑》(陈清侨译,三联书店1997年版)、《后现代主义与文化理论》(唐小兵译,北京大学出版社1997年版)、《文化转向》(胡亚敏译,中国社会科学出版社2000年版)、《全球化的文化》(三好将夫译,南京大学出版社2002年版)等陆续翻译出版。弗雷德里克·詹姆逊的1985年中国之行,促成让·鲍德里亚思想在国内的首次登场,他在北京大学的讲座过程中,向国内学界介绍了让·鲍德里亚所独创的"类象"概念。让·鲍德里亚思想中涉及空间的讨论主要集中在夏莹翻译的《符号政治经济学批判》(南京大学出版社2009年版)和车槿山翻译的《象征交换与死亡》(译林出版社2009年版)等书中。相较于大卫·哈维和弗雷德里克·詹姆逊,目前国内学术界对于爱德华·W.苏贾思想的认识有待进一步加强,对其著作的译介也偏少,只有王文斌翻译的《后现代地理学》(商务印书馆2004年版)、陆扬翻译的《第三空间》(上海教育出版社2005年版)、李钧翻译的《后大都市:城市和区域的批判性研究》(上海教育出版社2006年版)和高春花、强乃社翻译的《寻求空间正义》(社会科学文献出版社2016年版)等。伴随着国内互联网浪潮的兴起,曼纽尔·卡斯特关于网络空间的主要著作,例如《网络社会的崛起》(夏铸九译,社会科学文献出版社2006年版)、《网络星空》(郑波、武炜译,社会科学文献出版社2007年版)和《网络社会:跨文化的视角》(周凯译,社会科学文献出版社2009年版)等也被相继引进。此外,随着研究的深入,西方学者的一些篇幅较小的经典名篇也成为国内译者译介其思想的载体,例如包亚明主编的《现代性与空间生产》(上海教育出版社2003年版)一书收录了诸如列斐伏尔的《空间政治学的反思》《空间:社会产物与使用价值》,大卫·哈维的《时空之间——关于地理学想象的反思》,福柯的《不同空间的正文和上下文》等文章。目前,国内学者并不局限于对新马克思主义单个学者的单一著作进行翻译，而是从两个方面进行深入分析，一是对新马克思主义单个人的著作进行整体文本解读，例如钱厚诚的《辩证的乌托邦理想——大卫·哈维空间理论的文本解读》（中国社会科学出版社 2016 年版）；二是对新马克思主义个人及其著作进行整体性的介绍，例如伊保红的《西方马克思主义空间理论建构及其当代价值》（光明日报出版社 2016 年版）。

2. 梳爬与分析新马克思主义空间理论的嬗变脉络

（1）整理现代性到后现代性的变迁过程

汪毅等学者将新马克思主义空间研究的逻辑起点归结于"经典社会学"，但"经典社会学"对于空间的分析却是"片段式的、零散的"，这种"现代性理论范式"无法解决 20 世纪 60 年代以后西方发达资本主义社会的"城市危机"。"社会理论空间转向以'辩证批判'作为重要的研究旨趣"[1]，形成了多种研究范式，新马克思主义被视为其中最为成熟的一种，新马克思主义从揭示由"生产的空间"到"空间的生产"伊始，就将空间的内涵不再局限于"几何学及其普通地理学所认为的自然概念"，而是包含着社会性和历史性的整体关系，并将"空间的生产"与该整体关系相融合，从而展开对资本主义的后现代性批判。与汪毅等学者不同，以冯雷为代表的学者则运用更加宏观的视角，以时间轴为中心，在整个"20 世纪空间观念激变"[2]的背景之下，将空间思想在 20 世纪内的发展划分为三个阶段，以此回应对于"空间"的现代主义与后现代主义二分法，认为：在 20 世纪上半叶，空间思想主要集中于对建筑或艺术研究的领域之内，很少涉及对整体人类社会问题及现象的反思，随后的 70 年代可被称之为第二阶段，空间思想将焦点转移至发达资本主义社会的"都市化"问题，从 80 年代后期伊始，空间思想又置于全球化的时代背景之中发酵。人类建筑或艺术领域的空间思想无疑属于现代主义，但是现代主义与后现代主义两者却同时纠缠于"城市空间论阶段"，在对于"都市化"问题的批判中，一

---

[1] 汪毅、何淼：《新马克思主义空间研究的逻辑与脉络》，载《华中科技大学学报》，2014 年第 5 期。

[2] 冯雷：《理解空间：20 世纪空间观念的激变》，北京：中央编译出版社 2017 年版，第 155 页。

些西方学者仍延续着现代性思维,而新马克思主义的一些代表人物及其思想例如弗雷德里克·詹姆逊的"超时空"评论等已然可以归属为后现代主义,大卫·哈维、爱德华·W.苏贾等在全球化的视域里尝试分析资本主义新的空间组织机制,"也是一种后现代空间论"。胡大平为代表的一些学者立足于马克思主义本身,认为空间理论并不是仅仅以空间本身而产生与发展,其是"现代性批判逻辑深化的一个自然结果"①,"空间问题"在马克思主义理论中存在着"谱系",从马克思到列宁、卢森堡乃至20世纪60年代后的萨米尔·阿明(Samir Amin)、特奥托尼奥·多斯桑托斯(Theotonio Dos-santos)和约瑟夫·弗兰克(Joseph Frank)等人的理论都成为该"谱系"的有机组成部分,以新马克思主义为代表的"西方激进理论的'空间转向'",实质是针对当代资本主义发展的现实状况"而把批判理论后现代化",列斐伏尔、卡斯特和哈维等在反对马克思主义的"历史决定论"的同时,已然充分使用着"历史唯物主义"理论武器,以此激活马克思主义的批判力。

(2) 摒挡政治解放价值的愿景差异

一些学者如王雨辰发觉国外马克思主义的"空间"转向与批判内在蕴含着"解放政治"的演变逻辑,西方资本主义发达社会的现实境遇与历史唯物主义的空间维度一起建构起了"新的解放政治学"②,第二国际抑或苏联自身所奉行的马克思主义被桎梏于科学性中,将"历史性的解放话语"贬低为资本命运的断定,把"客观性时间"降解为摒弃主体意志的历史规律。他进而认为,在事实层面,20世纪60年代后的激进思潮已然式微,正是国外马克思主义的"空间批判"扭转了这种颓势,在一定程度上为激进的政治解放主张提供了"解释力与指导力",马克思本人的空间思想也在"空间转向"的社会思潮中得以复苏,尤其是马克思涉及资本与空间之间内在关系的洞见为国外马克思主义的空间批判提供了理论力量。另一些学者如王贵楼在认同当代西方马克思主义为代表的后现代政治理论焦点已

---

① 胡大平:《马克思主义与空间理论》,载《哲学动态》,2011年第11期。
② 王雨辰、高晓溪:《空间批判与国外马克思主义解放政治的逻辑》,载《哲学研究》,2016年第11期。

经从"时间和历史"更替出"空间和地理"的基础之上,判定"空间政治化"呈现出"链条"①式的发展轨迹,并且进一步细化了该轨迹的基本特征;列斐伏尔将空间的内涵界说为一种社会关系,这就使得空间的社会性被彰显出来,进而为空间的政治价值提供了哲学依据,其视"空间生产"为缓解资本主义内部危机的有效手段,这就更加体现了空间与政治的内在关联;列氏"奠基性"地挖掘了空间政治价值;大卫·哈维把空间因素注入传统历史唯物主义当中,构建起了"新都市空间理论",从"城市权利"方面凸显了空间的政治化功能,并提出了"空间乌托邦思想"这一政治理念,"集成性提升"了空间政治价值;随后让·鲍德里亚的"超空间"、弗雷德里克·詹姆逊的"断裂的帝国主义空间"和苏贾的"第三空间"等都是"空间政治化链条"中不可忽视的重要环节,正在深刻地影响着当代政治理论学界。

（3）归纳批判的方式与工具

一些学者旗帜鲜明地认为,马克思主义是新马克思主义的方法论渊源。例如,范瑛落脚于城市空间理论,并从中研判出新马克思主义继承了马克思主义最为重要的"三种方法论"②,其一,"批判的方法":新马克思主义与马克思主义都是站在批判的角度审视资本主义,但两者"批判的焦点不同",究其原因则在于各自面对着不同的资本主义发展阶段;其二,"历史唯物主义":亨利·列斐伏尔抑或大卫·哈维、爱德华·W. 苏贾等人都是"从唯物主义的基本原理出发",并将历史唯物主义视为"链接空间形式与社会进程的桥梁";其三,"辩证法":爱德华·W. 苏贾等人观察到马克思、恩格斯早就在相关著作中谈及空间与社会之间的辩证关系,并在此基础上将其"发展成为一种全新的社会—空间辩证法"。另一些学者在赞同以上观点的同时,却对新马克思主义是否形成了自身的理论框架产生了质疑。例如王志刚以"批判范式"的宏观视角把控新马克思主义空间

---

① 王贵楼:《空间政治化与策略:当代西方马克思主义空间政治思想》,载《教学与研究》,2015年第3期。

② 范瑛:《城市空间批判——从马克思主义到新马克思主义》,载《政治经济学评论》,2013年第1期。

理论的整体特征，认为虽然新马克思主义是从马克思、恩格斯经典作家关于工业城市问题的论述中汲取理论营养，但其理论特点和研究方法"并非一个高度系统性的理论框架"①，法国学者较为关注"城市运动"，美国学者旨趣于"城市财政危机"，而英国学者则偏重于研究"集体消费"领域，新马克思主义不局限于学科的边界，以"超学科"的视域分析具有"元理论性质"的空间维度，将空间上升至"本体论"，进而提出新型又激进的政治构想，乃至创建出"空间政治学"。同时，王志刚更直斥新马克思主义的"理论症结"在于有着"浓厚的结构决定论色彩"，即他们的研究仅以过于厚重的理论笔调书写"资本积累"对于空间尤其是社会空间的"主导性作用"，而未认知到"社会整体合力的表现"。与以上观点不同的是，一些学者选取马克思的一个主要理论维度，以此作为进一步分析新马克思主义的切入点。例如，张凤超将"资本逻辑"作为理解新马克思主义者空间理论的一把钥匙，认为空间被驯服于资本逻辑，在资本逻辑的控制下，空间呈现出了从"空间形成""空间差异""空间过程"再到"空间作用"②的内在秩序；马克思的《资本论》可被称为"资本的第一循环"，而资本对于城市空间的形塑被称为"第二循环"，资本积累的后果必然引起例如"非均衡的地理发展"的"空间差异"，并且资本必然存在于一定空间内部才能得以流动，这也就是空间化的过程，空间本身的压缩与修复发挥了转移资本危机、调和内部冲突的巨大作用。

（二）挖掘与商讨经典马克思主义的空间意蕴

1. 论证马克思主义经典作家的空间思想

（1）从资本的角度展开的研究

第一，资本逻辑与空间。诸多学者将关注点集中于资本逻辑本身的运行过程对于空间生产的功能探讨之上。例如，刘顺娜着重分析了"资本逻

---

① 王志刚：《新马克思主义空间批判范式及当代意义》，载《北京行政学院学报》，2015年第5期。
② 张凤超：《资本逻辑与空间化秩序——新马克思主义空间理论解析》，载《马克思主义研究》，2010年第7期。

辑在空间生产中的功能品质"①。在资本主义时代，资本逻辑在驾驭空间生产中呈现出正负双重能量，使空间生产具有鲜明的资本主义现代性特征，空间演化为彰显资本正能量的"平台"，在"生产力发展""城市化进程""世界历史生成"等领域不断发力，将人类命运紧紧地裹挟在一起，同时空间又沦落为表现资本负能量的"宿主"，在"国际间不平衡依附""城市化趋同""人的异化"等方面逐渐加码，使人类社会出现了全方位的沦丧。

随着研究的深化，一些学者则更加注重于资本逻辑对于具体空间形态的塑造功能。例如，鲍伶俐对于"空间"的理解主要落脚于"经济空间"的范畴，并将资本逻辑视为"经济空间生成动力"②，其对比了西方主流经济学与马克思经济学两者研究范式的差异，认为与西方主流经济学不同，马克思对于资本逻辑的分析彰显出了过程性、动态性和结构性等整体特征，资本逻辑的运行从根源上不仅重新规划了时间，而且还塑造着合乎其需要的"经济空间"。一是"从自然空间到经济空间"，资本与生俱来就有着"一种通约力量"，将资产的实体形式化为"所有权表述"，致使因自然条件外部限制而封闭的人类活动得以激活，构建起了契约型、规范化的交换环境，从而推动了"经济空间"的生成；二是"从疆域空间到经济空间"，疆域有着十分明显的国家权力特征，不同的疆域亦可代表着差异性的政策、文化与习俗等因素，疆域为资本增殖供给了有效的外部资源，跨国资本的发展与壮大不断消融着"疆域空间"的边界，使得"经济空间"一再超越地理限制；三是"从地域空间到经济空间"，扩张中的资本在"地域"中发现可继续增殖的潜能，便会流动至此，例如城市建设，从而完成地域的经济性转变。

另外一些学者与之不同，他们将关注点落脚于资本逻辑对于空间的负面功能的反思上。例如，张春玲从伦理的视角阐发"资本逻辑与空间正

---

① 刘顺娜：《论资本逻辑在空间生产中的功能品质》，载《求实》，2013年第10期。

② 鲍伶俐：《资本逻辑与经济空间生成及扩张机制》，上海：上海人民出版社2017年版，第62页。

义"两者间的关系,"空间正义"的本质要求是全体社会成员能够普遍消费空间产品与分配空间资源,使空间生产能够"既合乎目的性又合乎规律性原则",以保障社会成员的空间权利,但是当资本逻辑"深深嵌入和宰制空间生产"之时,就导致了"空间生产的非正义",城市空间成为被资本逻辑控制的主要场所,而成为最重要的空间资源之一。再者,"资本逐利、公民空间权益、政府制度设计"① 三方围绕土地展开了激烈博弈,分别提出不同的利益诉求,城市空间的正义问题背后是城市空间资源的分配和空间生产成果的共享难题,这就亟须审视"国家功能的定位"即如何正确又有效地驾驭资本逻辑,既发挥资本的效力又认知资本的局限。

与一些学者眷注于资本逻辑对于空间的正负功能不同,另一些学者如王学荣,认为空间生产本身也自成逻辑,与资本逻辑共同存在于人类历史的发展进程当中,并且空间生产逻辑与资本逻辑之间展现出"二律背反"。空间的生产反映着社会生产力的高度提升,而社会生产力为满足人的需要提供极大丰富的物质资料,给人的发展奠定坚实的物质基础,同时空间的生产也为人的社会活动不断创造出丰富性与全面性,所以"空间生产的发展逻辑与人自身的发展逻辑具有内在的根本一致性"②,并与人的发展始终相随;而资本逻辑则相较与之不同,资本逻辑只存在于人类发展的特定阶段,虽然能够积极促进空间的社会化生产,但却与人的价值诉求有着明显的相悖性,在"物的依赖性"关系未被消散之前,资本逻辑所控制的空间生产一方面"由地域性向世界性、全球性转化",一方面却造成着"空间资源的过度消耗与浪费"。

更有学者并不局限于资本逻辑与空间两者之间的分析,其引入其他变量,以图在另一种视角中挖掘出资本逻辑与空间的内在关系。例如,林青分析认为空间的生产不仅显露资本逻辑,还"暗含着隐性的权力逻辑"③,这双重逻辑相互映衬、彼此支撑,空间的概念已经不仅仅局限于

---

① 张春玲:《资本逻辑与空间正义》,载《中共福建省委党校学报》,2014 年第 7 期。
② 王学荣:《论资本逻辑与空间生产逻辑的"二律背反"》,载《理论导刊》,2012 年第 7 期。
③ 林青:《空间生产的双重逻辑及其批判》,载《哲学研究》,2016 年第 9 期。

自然地理的属性，而是具有社会关系的内涵，资本逻辑的展现过程是人与自然、人与人之间整体关系的重塑，空间从外部性的生产资料，演变成"生产过程的内在要素"，承载着社会再生产的总过程，既是资本增殖的条件，又是资本增殖的因素。同理，正如福柯所言，"空间是权力的'容器'"，权力逻辑也参与到对空间的重构与分隔当中，空间的具体样态例如城市内部贫富居住区域的分布既反映"相对静止的权力关系和社会结构的配置"，其本身更是保持和维护现有权力结构的有效工具。

第二，资本积累与空间。资本积累的模式是伴随着资本主义发展阶段而不断变化的。一方面，一些学者认为资本积累模式的历时态变迁造就了空间批判理论从隐性走向显性。例如，李春敏将资本积累所构建出的社会空间划分为"同质性和断裂性的双重特征"①，即一方面资本积累过程中所创造的资本主义全球商品体系将人类社会塑造成了一个普遍的物化世界，商品的形式贯穿于整个社会空间之中，成为真正的统治形式；另一方面资本的全球积累使世界极其不平衡，"工业民族及其生产体系"占据中心地位，而"农业民族及其生产体系"却位于附属地位。马克思之后，列宁、尼古拉·伊万诺维奇·布哈林（Nikolay Ivanvich Bukharin）和罗莎·卢森堡（Rosa Luxemburg）等人在马克思空间分析的原有理路上，将目光聚焦于"帝国主义时代资本积累的空间特征"。与李春敏的观点非常相似，张梧认为，对于自由竞争资本主义，马克思分辨了资本的原始积累即"将非资本要素转化为资本要素"和资本的现代积累即"资本与资本之间的关系"②，资本的原始积累使劳动者与生产资料相分离，为资本的现代积累奠定了基础。在资本的现代积累过程中，从生产至生活、从地区到世界，空间变得日益"同质化"，当资本主义进入垄断资本主义阶段之后，帝国主义的资本积累模式表现为对非帝国主义的掠夺，这就产生了两种"异质

---

① 李春敏：《资本积累的全球化与空间的生产》，载《教学与研究》，2010年第6期。

② 张梧：《资本积累模式的变迁与空间批判话语的嬗变》，载《哲学研究》，2017年第4期。

性"空间,空间理论的批判则将重点转向了异质空间之间的剥削与依存关系,当晚期资本主义代替了垄断资本主义之后,资本积累的模式以"时空压缩"为代表显现出弹性化趋势,"空间的生产、流动和重组现象"出现,"差异性空间则是晚期资本主义的空间形态"。与以上观点不同的是,另一些学者并非就资本积累与空间之间关系进行直接论述,而是在研究马克思一个具体经济理论之时,才将资本积累与空间两者纳入自身的分析视域。例如,魏旭将资本积累与空间置于马克思"总体性产业转移思想"的理论框架之中,对马克思的生产价格理论和列宁的帝国主义论的原理做了空间解读,即各种资本为了获取在价值增殖中的比较优势,将产业空间进行重新选择与分布,这种空间变化深深植根于资本的扩张与积累,并不因产业主的主观意愿而改变,当多种资本获得平均利润,产业转移引起的空间尤其是自然与地理空间就会暂时保持稳定,但是资本流通的周期性危机铁律必然内在地持续打破地域限制,进行产业的国际转移,塑造出世界市场体系,资本"利用产业转移来实现对资本积累危机的空间修复,源于价值规律在世界市场的特殊作用"①,在世界市场中,商品的价值决定于世界社会必要劳动时间,发达资本主义占据着世界产业链的上游,并且具有高劳动生产率,"从而获取超过母国的剩余价值",自20世纪70年代后,"金融化积累"和"弹性"积累等新兴资本积累模式出现,"资本积累、空间修复与产业转移"之间关系的新样态又开始展现。

另一方面,一些学者将理论研究的焦点放置于资本积累模式的历时态变迁如何遭遇空间本身的有限性问题。例如,马文保辨析了资本积累的"限制"和"界限"问题,"限制"内含着超越、表明着无限,"资本积累的限制"只是暂时的而已,而"界限"有着"相对"与"绝对"之分,"绝对界限"是不可逾越的障碍,"资本积累"有着"空间"的"绝对界限"②,资本生产和消费规模的扩大最初能够突破自然空间的"限制",世

---

① 魏旭、谭晶:《资本积累、空间修复与产业转移》,载《经济学家》,2016年第8期。

② 马文保、程晓:《马克思资本积累的时空界限观念蠡测》,载《人文杂志》,2016年第6期。

界市场的形成便是明证，但"空间的有限性"却是资本无法克服的"界限"，帝国主义的出现正是空间被残酷掠夺的结果，资本对空间的重构的确能够加速流通，但却不能化解"空间"本身固定性所带来的矛盾，例如全球范围内"中心—边缘"的不平衡发展。值得注意的是，有学者援引其他学科的概念，以形象地构造出资本积累所遭遇的空间有限性的模式。例如，单许昌引用自然科学的"反馈环"①概念：在马克思所阐释的资本积累过程中，资本存在的终极旨归为自我增殖，剩余价值在资本积累中聚集，并持续充当资本再次扩张资本积累规模，即"剩余价值的资本化"的反复循环扩张，资本的"反馈环"机制并非能持续而稳定的运行，其依赖于一定的空间关系，当"资本空间化"受阻，该"反馈环"会产生负面效应从而引发危机，"空间修复"正是应对"资本空间化"危机的西式药方，"资本空间化"的确在一定程度上"增加资本主义调节危机的灵活性"。但是，按照马克思的逻辑，这种方式需要"付出血的代价"的同时，无法摈斥地理空间有限性的悖论。

第三，资本与空间的限度。一些学者结合资本主义发展史认为，自英国工业革命伊始，资本便在各种具体形态的空间内不断扩张，并一再触碰至空间的限度。例如，高玉林从三个向度即"地理空间""社会空间"和"思想空间"论证资本的空间扩张限度，认为资本世界范围内的数百年流动并引起的经济全球化正是"地理空间"扩张的典型表现，资本对于"社会空间"尤其是资本主义"社会空间"的统摄是全方位的，乃至在其扩张中生成了例如"人力资本""文化资本"等新的资本概念。并且需要指出的是，"思想空间"与"社会空间"紧密相连，倡导"回到古典自由主义"的新自由主义思想学说正是资本向"思想空间"扩张的必然结果。资本所催生出的科学与技术能力确实造成了所谓的"空间的爆炸"，但这并不代表着各种空间形态没有限度，地球范围内自然环境天然为"地理空间"划分了范围，而差异性的社会制度，例如社会主义则为资本对于"社会空间"的扩张提供了屏障，映射出资本主义社会空间的普遍失范，思想

---

① 单许昌：《空间经济生成动力机制及结构研究》，上海：上海人民出版社2016年版，第97页。

的启蒙又与社会主义制度一道制约着资本在"思想空间"内的妄为。总之,"资本主义的空间限度与其总限度和总危机是一致的"①。需要指出的是,资本的空间扩张限度,不仅体现在以上各种具体空间形态之内,更表现在资本自身形态的变化过程之中。车玉玲以资本的当代形态为线索,分析了空间资本化的诸多表现,认为资本自我增殖的本性从未改变,资本的形态演变从工业资本到垄断资本,再到商业资本和金融资本,乃至虚拟资本等等都是资本不断寻求"宿主"的历史过程,"空间"一直隐性的、内在的成为资本的增殖载体,晚期资本主义的到来使"空间"本身显现出资本化的趋势,地理空间具备了商品的特殊属性,并且连心理空间亦被资本所占领,资本内在矛盾不仅表现在"普遍化本性与其增殖本性"和"资本扩张无限性与空间有限性"②之间,更加直面"空间生产"本身的鸿沟,这就意味着当代资本主义危机一旦爆发便不仅是周期性的,而是结构性特征,资本的终极界限已然被触碰,"摆脱资本统治的、真正的社会主义是我们别无选择的唯一道路"③。值得注意的是,新马克思主义的发展为我们从不同的视角看待当代资本形态下扩张的限度问题提供了思路。沈斐在马克思与新马克思主义两者的理论融合之中,判断"消费恐怖主义社会的到来与空间生产自身的悖论,揭示着资本主义的空间限度的悄然逼近"④,他指出空间不仅为消费提供场域的可能,而且空间本身在资本的统摄下也成为可以消费的商品,人类社会内的群体与空间都被"虚假欲望和符号体系奴役",资本在空间内进行无节制地扩张,又实行着"同一化的空间生产",将一切空间既包括地理、自然等空间也包含社会、虚拟等空间裹挟进入资本主义社会体系内,消解着资本主义得以维持其存在的历史基础,资本终将触及但却无法超

---

① 高玉林:《资本的空间限度——马克思主义对资本主义的空间限度批判》,载《浙江社会科学》,2015年第8期。
② 车玉玲:《超越资本与空间生产的历史限度》,载《南京政治学院学报》,2014年第1期。
③ 车玉玲:《超越资本与空间生产的历史限度》,载《南京政治学院学报》,2014年第1期。
④ 沈斐:《资本的内在否定性与空间的脱域性》,载《哲学动态》,2011年第8期。

越空间限度，而更高经济形态的社会主义必将诞生和发展。

第四，资本、空间与时代。目前，国内学者对于资本、空间与时代的关系研究主要集中于三个方面，一是挖掘马克思、恩格斯如何看待工业资本主义时代资本的空间扩展。例如，刘红雨认为马克思、恩格斯对于工业资本主义时代进行了从"宏观"到"中观"再到"微观"空间的立体式、多角度审视。其中，"空间正义"是"空间转向"后的一个重要成果，成为马克思、恩格斯社会批判的焦点：资本为自身积累而在全球空间内扩张引发了"中心与边缘的对抗"，资本统御下社会关系的撕裂造成了"城市对乡村的'剥夺性积累'"，"资本参与重构"① 导致了以工人为代表的无产阶级在城市内居住空间呈现出"碎片化"状态，在马克思、恩格斯看来，"空间"已然变成了资本自我增殖的载体，全方位转嫁了经济危机，这成为工业资本主义时代的标志性特征。二是分析马克思主义关于空间与资本思想的当代使命，例如，魏强梳理了"马克思现代性思想的演进逻辑"②，并在此基础上分析马克思"空间批判理论"的出场路径。他认为，在19世纪中叶，马克思的现代性历史语境可被称为"旧全球化时代"，西欧工业资本在世界结构中相较于亚非拉"农业文明"占据着统治地位，资本所开辟的"物"的生产空间受制于"时间的生产"，而当代作为一种"新全球化时代"，"空间"本身作为一种资本的形态登上历史舞台，"空间资本—空间生产"成为历史语境的主导模式，如何抵御"空间生产"在自然生态、社会文化等领域的消极影响已然成为马克思主义走向当代的历史使命。三是判定马克思主义与新马克思主义空间思想的时代定位，例如王南湜断定新马克思主义者对于"时空压缩"的理解较为表面与浅层，马克思的剩余价值理论依然能充分而深层地解释"时空压缩"，通过"事前"和"事后"③ 两种视角分析剩余价值的实现方式，可以得出马克思所

---

① 刘红雨：《论马克思恩格斯空间正义思想的三个维度》，载《西北师范大学学报》（社会科学版），2013年第1期。

② 魏强：《马克思现代性思想的演进逻辑与空间批判理论的出场——从马克思主义出场学视域看》，载《学习与探索》，2014年第8期。

③ 王南湜：《解释"时空压缩"现象需要"空间转向"吗？——一种基于扩展马克思剩余价值论的透视》，载《学习与探索》，2015年第1期。

言说的"力求用时间消灭空间"的实质就是"空间压缩",而压缩空间最终是以"减少必要劳动时间""获取剩余劳动时间"为目的,即"时间压缩",新马克思主义的理论基点依然未能逃出马克思对于工业资本主义时代的批判。

(2) 从社会的角度展开的研究

目前,部分国内学者还从社会的角度,从两个方面发掘和论述马克思主义经典作家的空间思想,一是辨析"社会"与"空间"二者的关系,例如,胡潇基于主体的社会实践探索了"空间社会化"和"社会空间化"①的双向互动与建构。他认为,"空间社会化"即社会性生产是人的现实空间秩序的塑造根源,伴随着生产力的发展,城镇与乡村开始逐渐分化,马克思一度以"城乡空间变迁"为标志划分历史时期,并提出了"现代的历史是乡村城市化"的命题,生产中分工范围的扩大刻画了"人类生存空间的新格局",引起了全球化过程中"经济中心的空间漂移",资本主义的生产方式必然激发出资本配置的新逻辑,致使空间成为阶级对立的现实界限;"社会空间化"即空间对于人类社会生活的"回应、表征与保障",空间的表征实则是"社会权益格局"的反映,从空间的具象中不仅能够映射"人的社会品质",更能探索"社会发展轨迹"。二是将"社会"和"空间"两个概念合流衍生出"社会空间",并对其进行概念界定。例如,李春敏从广义和狭义两种视角界定了马克思的社会空间内涵,社会空间在广义上乃是一个"三种维度的统一体",即"物理—地理空间""社会—经济空间"和"文化—心理空间"的统一体;在狭义上指的是"社会—经济空间",又可划分为"商品生产与交换空间""劳动分工的空间网络体系"和"人与人之间的社会交往空间"②,无论广义抑或狭义,都并不是本体论,而是"认识论和价值论意义上的空间",是深受人的社会实践活动影响、呈现出特定社会属性的空间,"空间的社会性"成为马克思理论中蕴

---

① 胡潇:《空间的社会逻辑——关于马克思恩格斯空间理论的思考》,载《中国社会科学》,2013年第1期。

② 李春敏:《马克思的社会空间理论研究》,上海:上海人民出版社2012年版,第52页。

含的社会空间分析的逻辑起点与理论基石。与李春敏不同,孙全胜将马克思理论蕴含的社会空间思想认定为非客观器皿或纯粹理念,而是"社会关系生产和再生产的动态演化历程"①,并在此基础之上引申出了三重主题,即资本批判:资本浸淫于社会空间之中,致使社会空间退化为其增殖的介质,产生了社会空间的异化;政治批判:资本主义社会空间秩序的稳定是建立在"空间生产和政治的结合"中,意识形态渗透入社会空间里,强化了空间内阶级的斗争性;生态批判:"纯粹的自然空间"因人的介入而演变为社会空间,但是人与其他生物共同原初占有自然空间,人并不具备权利的先在,当人过度占有自然空间中的资源之时,必将引发生态危机,以上三重主体的批判内含着马克思对于自由、平等和正义的价值追求。

(3) 从总体性的角度展开的研究

国内学者们以总体性角度从三个层面、循序渐进地对马克思主义经典作家的空间思想展开解读。一是总体性地分析马克思自身的空间思想。例如,孙江认为马克思的空间生产思想既有着现实语境,即资产阶级主导下城市化时代的勃兴、城市化内在动力资本化、城市结构的两级分离和城市发展方式的现代主义等,又有着理论语境,即"交往实践唯物主义"的哲学语境与以《资本论》解析资本主义生产方式的经济学语境,在这双重语境之下,马克思所批判的工业资本主义的空间生产呈现出一种"同质化和异质化"的"二元"结构,工业资本主义的空间生产一方面更加集中和标准,另一方面却引发农业文明社会在全球范围内的强烈对抗和博弈,这就造成了社会普遍的"空间断裂",引起了人们对于资本主义"空间样态"下"空间生产"和"空间消费"是否"正义"②的反思与追问。二是总体性地分析马克思所创建的历史唯物主义中的空间思想。例如,刘怀玉以"思想谱系"考古的形式对经典历史唯物主义的空间化问题进行了探讨,认为马克思在研究资本之时,就已然预感和触碰到资本"超越一切空间界

---

① 孙全胜:《论马克思社会空间批判理论的三重主题》,载《中共福建省委党校学报》,2016 年第 10 期。

② 孙江:《"空间生产"——从马克思到当代》,北京:人民出版社 2008 年版,第 29—30 页。

限"的问题,马克思对于历史进程的分析必然内含着"空间"维度,但在具体叙述之时却存在着"空间角度的缺失",现今的任务乃是如何从总体性的视角使得"当代历史唯物主义空间化研究如何可能",这就需要从三个方面进行全方位、立体式的理论认知。首先,"空间化概念的核心逻辑"即空间概念内涵不仅有自然空间和人化自然后的"社会生活空间",也有由社会关系再生产后所构建起的"空间性社会结构"和"空间性社会结构"的自我重构又生成的"空间化社会存在"。其次,"空间化理论的认识对象"即"日常生活空间""城市化社会空间"和"政治主权空间或者国家空间"等。再次,空间化视野中的"人类历史发展问题"和"社会批判与建设理论"等。三是总体性地分析马克思主义的空间思想。例如,张荣军以马克思主义内容的经典划分方式,从三个方面论述了马克思主义的空间理论根据:"实践唯物主义的本体论"[①] 是哲学基础,"政治经济学内在的逻辑论"是脉络伸展,而"科学社会主义的价值论"是人本归宿。他由此从三个层次分析了马克思主义的空间理论内涵:从宏观层面看,资本在全球空间内进行着扩张与布展,从中观层面看,城市与乡村之间在空间生产中不断分离,而从微观层面看,现代人在城市居住空间内部呈现出"分异与隔离"。他又从三重维度论证了马克思主义的空间理论结构:马克思主义空间哲学观是以实践为最根本的基石,空间政治经济学批判是以劳动为理论原点,而资本以"内生动因"贯穿于马克思主义空间理论的始终。

(4) 从实践的角度展开的研究

以倪志安为代表的学者指出以往国内学界对于马克思"空间"的分析缺乏对"实践的空间"内涵的挖掘,从而认为在马克思的视角中,"时间"和"空间"与主体的实践活动息息相关,从实践中既能理解"时间是人类发展的空间",又能把握"空间是人类发展的时间",实践的对象化直接产生并构建起了"三大空间"即"人化自然"空间、"人类社会"空间和"改造人"的空间,这"三大空间"分别为"人与自然""人与社会"和

---

① 张荣军:《马克思主义空间理论及其当代价值研究》,北京:中国社会科学出版社2016年版,第134页。

"人与自身"① 矛盾的否定性统一。

2. 阐释马克思主义经典文本的空间内涵

（1）关于马克思《1857—1858年经济学手稿》即《大纲》中的空间思想

目前，国内学者对于《1857—1858年经济学手稿》（此手稿在国外学界通常被称作《大纲》，下文简称《大纲》）内的空间内涵有着一些差异性的看待：有学者如王志刚将《大纲》中"现实的个人"的存在特性划分为"社会性""历史性"和"空间性"②，而"人的发展"的历史形态是一种空间化的过程，马克思"用时间消灭空间"的命题实质就是"资本逻辑的空间化批判"。王志刚判断《大纲》仅是在原初意义上"展开了资本主义空间关系的概念框架"，我们的任务就是要在《大纲》的基础上，"结合当代资本主义的现实情境"，增强马克思思想的解释力。但是，有学者则持有不同意见，例如袁久红认为马克思虽然没有在《大纲》中使用"空间生产"等词汇，但其"空间性"向度却十分明显，马克思以"货币转化为资本及资本发展的逻辑"③ 为主要脉络，对于"资本主义创生的'空间性'"历程有着细致的描述，并且，袁久红剖析"资本的空间化"实质源于"空间的资本化"，并受限于多种界限。此外，另有学者在肯定《大纲》中的空间内涵的基础之上，则对《大纲》中的资本空间生产问题做了伦理解读。例如，曹琳琳认为马克思在《大纲》中论述，资本空间扩张一方面导致地理空间的重组，颠覆了人的传统价值观念，使人变得更加"精于算计"，另一方面造成了"核心—边缘"的地理图景，致使城市与乡村之间、全球化"不发达"与"过于发达"区域之间的二元对立，当资本生产持续重组之际，"新型空间伦理观"比如"空间拜物教"逐渐替代"传统伦理

---

① 倪志安、冯文平：《论马克思"实践的空间"思想》，载《黑龙江社会科学》，2014年第4期。

② 王志刚：《马克思〈政治经济学批判大纲〉中的空间思想》，载《教学与研究》，2015年第3期。

③ 袁久红：《马克思〈1857—1858年经济学手稿〉中的空间思想及其政治意蕴》，载《天津社会科学》，2014年第4期。

观",并在"阶层分异"中激发弱势群体寻求"空间正义"①。

(2) 关于马克思《资本论》中的空间思想

第一,辨析《资本论》中的时间与空间关系。国内学者主要从两个维度辨析《资本论》中时间与空间的关系,一是两者地位的平等性,例如郑丽莹将"时间"与"空间"作为《资本论》中的并列性因素,贯穿于马克思对资本的生产、流通和积累分析过程,"空间"本身也内嵌于资本逻辑中,"资本空间化"就是"资本主义的空间策略",而"空间资本化"则为"空间的资本主义性质"②,"空间"与"资本"辩证交织、难以分割。不仅如此,以孙乐强为代表的学者进一步分析了马克思的"时间偏好"的深层原因,认为马克思早就在《资本论》中根本性地揭示了资本主义从"生产的空间"到"空间的生产"的转型,"特定的历史语境"造就了马克思时间与空间辩证法的内在理论基点,他通过对《资本论》的分析,判辨出马克思的视角已然从"强调时间优先的辩证法"变更为"以空间为旨归的辩证法"③,《资本论》不仅单单是偏向于"时间"的著作,其"在最终指向上恰恰是要借助于时间的运动来实现空间的变革",所以,《资本论》可被认为是一种"空间的政治经济学批判"。二是两者内在的关联性。例如,王维平在"资本循环与运转的时空之维"④ 中深入地考辨了"时间"与"空间"的关联,将"时空批判"作为《资本论》研究的脉络,以时空的整体性视角分析资本循环的"经济—工具"属性和"三维"模式。马天俊从《资本论》中的商品观这一侧面论证了《资本论》商品观的空间时间逻辑,从而触及《资本论》中的空间问题,他认为商品观是经济的,但不能忽视其所涉及的哲学性问题,商品结构中"隐喻化的空间性质"正是这一哲学性问题之体现,在人类迈入更高形态社会之后,商品的

---

① 曹琳琳:《资本的空间生产及其伦理解读——基于〈1857—1858 年经济学手稿〉的分析》,载《道德与文明》,2017 年第 2 期。
② 郑丽莹:《马克思主义存在空间缺场吗?——基于对〈资本论〉及其手稿的文本考察》,载《思想理论教育导刊》,2017 年第 10 期。
③ 孙乐强:《〈资本论〉与马克思的空间理论》,载《现代哲学》,2013 年第 5 期。
④ 王维平、张娜娜、付文军:《〈资本论〉与马克思的时空理论》,载《南京社会科学》,2016 年第 7 期。

时间性和空间性要素都将被扬弃。

第二，思索《资本论》中的空间内涵。《资本论》中的空间内涵是多重的，国内一些学者力求对其整体性的解读。例如，高云涌判定马克思在《资本论》中所运用的"空间"概念并非为恒定抑或标准的内涵，马克思深受"牛顿空间观"的影响，其对"空间的质的和量的规定性"论述的实质可归纳为"人类生产和生活场所的广延空间"①。另外，高云涌叙述"工人自身的发展问题"时所涉及的"空间"词汇使用则表示为工人发展的"可能性集合"，上述两种用法的"意指"截然不同，而且，《资本论》还内在隐含着第三种空间概念即人与社会总和的"关系空间"，该空间的实质为动态的社会结构。另一些学者则深挖"空间"多重内涵中的一种。例如，白刚将《资本论》定义为马克思的"希望空间"，即劳动者在资本主义生产条件之下出卖劳动力，既提供了"价值增殖空间"，又为其发展"创造新的空间"②，并在更高社会形态中进入到"未来的合作工厂"，从而培育出自由而全面发展的"个人空间"。资本在统摄着劳动者的同时，构建起了属于自身社会文明形态的空间，在该种历程中又构造出了"自身走向灭亡的空间"。马克思的"希望"正是建立在资本空间被扬弃而个人空间得以彰显的过程中，这种"希望空间"非常类似于以上高云涌所言的"可能性集合"。又例如，吴耀国以"价值"为切入点，通过探讨马克思在《资本论》中对于"价值"批判的过程来引发"空间"的思考，其研判在《资本论》这一历史唯物主义的宏大叙事中，马克思"悄然将价值和空间联系起来"，"价值实体"和"价值量"的论证中都意味着"空间意识"，两者共同形成了"价值的空间"。而马克思论及空间的多种具体形态，诸如"土地空间""生产空间"和"城市居住空间"③之时，空间作为商品开始具备价值即"空间的价值"凸显出来。吴国耀对于《资本论》内空间

---

① 高云涌、王林平：《〈资本论〉及其手稿中的三种空间概念》，载《吉林大学社会科学学报》，2013年第5期。

② 白刚、吴留戈：《〈资本论〉：马克思的"希望空间"》，载《天津社会科学》，2015年第5期。

③ 吴耀国：《从"价值的空间"到"空间的价值"——〈资本论〉中的价值概念与空间意识》，载《西南大学学报（社会科学版）》，2015年第5期。

内涵的理解近似于以上高云涌所言的"关系空间"。

第三，划分《资本论》中的空间形态。《资本论》内的"空间"有着多元的具体形态，目前国内学者有着普遍的共识，对于这些具体形态的溯源归结于资本的效力，但对资本如何形塑出具体空间形态的理解却有着些许的不同。例如，仰海峰聚焦于《资本论》的第一卷，其认为资本逻辑的实现过程即是空间的重新规划的过程，资本逻辑即追求剩余价值的实现重新建构起了"劳动空间"，进一步扩散至其他诸如"生活空间"和"城市空间"[①]，致使这些空间也被重组，资本逻辑全方位地裹挟社会关系，并塑造了"心理与意识"等深层次空间，推动着全体社会成员对其的认同。与仰海峰着眼于"资本逻辑"相比，姚新立则强调"工业资本空间化"问题。姚新立在明确肯定了《资本论》中存在着空间维度之后，解析其首要表现为"不平衡地理发展理论"，而布哈林、考茨基和列宁等人从不同的理论指向发展了该理论。但是，《资本论》的空间维度并不局限于此，现代人应"通过当代语境的新解读"凸显出其他长期被忽视的空间维度，以期实现"历史唯物主义的空间化"，而"《资本论》的历史语境为工业资本主义"，所以"工业资本空间化"衍生出"劳动空间""生活空间""城市空间"和"精神空间"[②]等多种形态，同时，面对资本主义更加复杂的内部矛盾，姚立新呼吁"在一定程度对历史唯物主义进行方法论上的升级和理论视域的拓展"很有必要。

(三) 关于空间理论对中国的当代价值

1. 空间理论对于中国城市化建设的当代价值

毋庸置疑，空间理论肇始于西方，尤其是西方的城市空间理论为国内学者研究当代中国城市问题提供了新颖的学术视角。例如，白永平将"中国的城市空间作为世界空间体系的重要节点"[③]，认为中国的城市空间建构

[①] 仰海峰:《资本逻辑与空间规划——以〈资本论〉第一卷为核心的分析》，载《苏州大学学报》，2011年第4期。

[②] 姚立新:《〈资本论〉中的空间维度》，载《理论视野》，2012年第8期。

[③] 白永平、时保国:《空间生产、资本逻辑与城市研究》，载《宁夏社会科学》，2012年第6期。

呈现出两种历史趋势：一是中国的"城镇连接"现状深受新全球化替代旧全球化过程影响，"成为全球资本转移新的空间"，该境遇与哈维等学者的"资本循环"理论描述较为相似；二是中国高速发展转入中高速发展并面临着经济增长方式转变与产业结构升级等现实性问题，必然引起城乡空间形态的巨大变化乃至重新建构，矛盾的焦点集中于土地使用与分配，在西方空间理论语境下，土地使用与分配不仅涉及"空间生产"，还映射着"空间正义"，但这些理论的现实背景乃是西方发达资本主义国家的城市化过程，所以"中国学者在借用西方城市理论的同时，应扎根中国城市发展的实际"。

国内学者将学术视野投入西方空间理论的同时，主要从两个方面审视了该理论的实践意义。一方面是政策制度层面。例如，林顺利在空间理论的视野中立足于"城市贫困"现象，将城市贫困者的出现归结于"在空间竞争中处于劣势"，遭受到了资本在市场运行中和政府在政策规划中的"空间主导力量"的"剥夺"及"排斥"，致使城市贫困者长期处于社会空间结构的角落，"城市贫困"现象的实质就是一个"空间正义"问题。目前中国也在一定程度上存在着"城市贫困"现象，应在社会政策层面进行框架性建设以走向"空间正义"，实行"积极的空间介入"①，改造空间生产内的关键要素甚至整体系统，合理分配"空间资源"，实现政府、市场和社会三大主体的通盘参与和协作，均衡各个主体之间的空间利益。正如陈忠所说的，"集体行动：城市正义的主体建构"。另一方面是伦理价值层面。例如，陈忠认为中国正处于"城市化、城市空间扩张的加速期"，中国将在数十年的周期内完成西方发达资本主义国家二三百年的城市化进程，这在很大程度上会引起"城市失序"，"中国城市秩序的伦理建构"成为应对"城市失序"的一条重要理路。城市本身就是人类璀璨的物质文明的象征，但城市的内在也必然承载着人类的精神文明。"城市意义"即城市空间的"内在精神统一性"，便是"城市有机体的伦理纽带"②，从这种

---

① 林顺利：《城市贫困的社会空间研究》，北京：人民出版社2015年版，第196页。
② 陈忠主编：《空间理论与城市秩序》，哈尔滨：黑龙江人民出版社2011年版，第20—21页。

意义上讲，新马克思主义对于城市问题关注的背后是对"城市意义"丧失的反思，构建"意义共同体"便是当今中国城市进程中重构城市空间秩序尤其是内在秩序的伦理方案之一，这种"意义共同体"既不同于古代传统农业社会，也不等于西方市民社会，必须既能体现出人类的一般文明，又展现出中国城市的历史、民族等特征，为生产生活于城市中的国人提供精神皈依。

城乡关系是中国城市化进程中不可忽视的领域，空间理论的兴起为国内学者供给了另一种学术工具以探究城乡关系。例如，龚天平判断资本与空间的共谋既是资本扩张的新型途径，又是"城乡关系变化的根本原因"，城市空间生产和资本空间化之间为同一硬币的两面，当资本扩张至第一程度之后，必然延伸至乡村空间，打破了乡村诸多原生空间形态，引起乡村的全方位变化。一是城市对于地理空间选择性优势，城市通过改造、消融周边乡村的地理空间，当"城市需要什么样的自然资源，资本就会渗入乡村空间"①，城乡之间资源配置不平等；二是资本裹挟下的城市对"乡村的强势性空间介入导致乡村社会空间解体"，对于农民而言，虽然掌握有一定土地的使用权，但并不能满足全部生活资料的供给，从而不得不进入城市打工而获取报酬，农民在乡村内原有的社会关系开始变化，既有的伦理体系、价值取向和传统文化逐渐变化；三是城市对乡村生态空间的破坏，生态问题是资本空间化的结构，而自然空间的过度资本化又给乡村带来生态灾难。

2. 空间理论对于马克思主义中国化理论范式的当代价值

西方空间理论特别是新马克思主义空间理论进入中国之后，引起了国内学者尤其是马克思主义研究领域内学者的相当关注，这些学者对该理论进行客观类比分析后，肯定了其对于国内马克思主义研究的借鉴意义。例如，武剑将西方空间理论的借鉴意义归纳为三点：一是改变了马克思本人及之后绝大部分马克思主义者批判社会关系的时间维度偏好，把空间作为分析资本主义社会的基本视角，从"原来的'劳动力—资本'二位一体上

---

① 龚天平、张军：《资本空间化与中国城乡空间关系重构——基于空间正义的视角》，载《上海师范大学学报（哲学社会科学版）》，2017年第2期。

升到'土地—劳动力—资本'的三位一体的高度"①，进而增强了马克思主义对于资本主义的批判力；二是升级了马克思所创造的历史唯物主义哲学方法论，使其演变为"历史—地理唯物主义方法论"，从而加强了马克思主义对现实世界新发展形态的解释力；三是汲取了国际上对于马克思主义研究的理论精华，国内学者在扬弃国外理论的过程中解放了思想。

但是，这些启示必须立足于中国的实际境况，才能推动马克思主义中国化的创新与发展。因此国内学者主要从以下两个方面加以论述：一是空间理论与中国语境。庄友刚把空间生产视为"马克思哲学当代出场的一个基础路径"，但是将空间生产安置于当代中国语境之中，该理论就会呈现出复杂的样式，近代以降中国社会实践尤其是经济发展领域相较于西方资本主义发达国家而言一向处于相对落后状态，这就造成了当代中国语境十分明显的二元性特征，空间理论肇始于西方学者对于发达资本主义社会中的城市化负面问题的关注与反思，与此同时中国的城市化进程正方兴未艾，中国社会实践滞后的发展背景产生了如何"既努力实现现代化发展目标又尽可能避免西方现代化进程中出现的负面后果"②的现实问题；不仅如此，社会主义中国的发展目标与发展任务又异于其他西方资本主义国家，所以中国的社会实践在遵循人类一般社会发展规律的同时，也彰显着自身的特殊性即中国特色，所以空间理论必须立足于中国语境，才能实现马克思主义哲学的中国化创新。二是空间理论与中国经验。张志从功能性的视角解析了空间维度抑或空间视域对马克思主义中国化的意义，指出"唯物史观、生产力原则、剩余价值论及对于资本主义批判理论"③等构成了整个马克思主义的坚硬内核，当马克思主义进入中国并在中国生根发芽之后，经常会遭遇"来自经验的反驳"，而"空间维度与空间视域作为一个辅助性假设"则维护了以上"硬核"，构建起了马克思科学研究的"缓冲带"，使马克思主义与中国经验相结合，在实质上从世界范围内发展了

---

① 武剑、林金忠：《马克思主义空间政治经济学：研究进展及中国启示》，载《江苏社会科学》，2013年第4期。

② 庄友刚：《空间生产范式的资本批判与中国马克思哲学创新论域》，载《南京政治学院学报》，2011年第6期。

③ 张志：《马克思主义中国化的空间视域》，载《学术论坛》，2013年第9期。

马克思主义。

第三节 研究脉络与方法的说明

本书的研究主题设定为"资本逻辑批判视角下的马克思空间思想研究",以《资本论》及其手稿等经典文本为分析基础。空间概念在《资本论》及其手稿中处于一种较弱的话语地位,但这并不代表这些经典文本内未蕴含丰富的空间思想。空间理论视野的兴起为资本逻辑批判彰显了时代的意蕴。马克思在《资本论》及其手稿中对于资本逻辑的批判即是资本逻辑自身运行、发展和演变过程的揭示,而该过程即是"空间"本身生成、扩展和资本化的过程。基于此,本书试图对资本逻辑与空间的耦合过程,进行认真梳理,并在此基础上展开伦理反思,从而更加深刻领会中国特色社会主义现代化建设。

一、研究脉络

(一)追溯资本逻辑批判的"空间之维"

空间理论肇始于西方尤其是新马克思主义,成为西方左翼学界继承和反思经典马克思主义,对西方发达资本主义社会诸多失范现象进行深刻反思的有力思想武器。西方发达资本主义社会诸多失范现象的终极根源依然是当年被马克思在《资本论》及其手稿中揭示的资本逻辑问题。机器大工业时代以降,资本关系作为"普照的光",近乎将整个人类社会裹挟进入它自身运行的逻辑轨迹中。资本逻辑在发挥巨大效应的同时,也有着不可超越的内在否定性,并将在历史长河中被扬弃。即使西方学界的普遍"空间转向",依然未能逃离马克思所言明的资本逻辑所处的历史时代,因此,马克思依然"空间在场"。从资本逻辑批判的视角,最能够使我们总体性地认知空间、关系性地理解空间和内在性地分析空间。

(二)梳理"资本空间化"的主要内容

"资本空间化"即"资本的逻辑通过借助空间从而使自身转变成为现

实的社会存在的过程,人类社会的空间现象是资本逻辑运行的结果"①,其包含两个主要方面:"空间生成"和"空间扩展"。基于此思路,本书第二章主要阐述资本逻辑运行的现实基础——"空间重构",包括"自然空间变化""劳动空间的聚集"和"地理空间的扩散"。第三章主要论述资本逻辑发展的必然趋势即"空间扩展",包括"经济空间的生成""政治空间的宰制"和"意识空间的建构"。

(三) 分析"空间资本化"的基本内涵

"空间资本化"即"在人类劳动实践基础上构建出来的社会空间从商品转变成资本的过程"②,其是"资本空间化"发展的必然结果。"空间资本化"的实现有着基本的前提条件,空间本身从产品嬗变为商品,并能够进入流通领域之中。新马克思主义从自然空间资本化、社会空间资本化和精神空间资本化等多重维度,对"空间资本化"有诸多深入的研究。马克思在《资本论》及其手稿中相较于新马克思主义者,其"空间资本化"的理论焦点在于"土地的地租转化"和"固定资本的流动"上。需要指出的是,"空间资本化"乃是资本逻辑演变的更高形态,必然也具有类似资本逻辑的二重性特征。

(四) 追寻"空间正义"的伦理反思

"空间正义"即"就是一种符合伦理精神的空间形态与空间关系,也就是不同社会成员或社会主体能够相对平等、动态地享有空间权利,相对自由地进行空间生产和空间消费的理想状态"③。资本逻辑主导下的资本主义社会,相较于封建社会有着极其巨大的历史超越性,但依然是一种特定历史时期的存在物,必将在更高社会形态来临之际被扬弃。在这种特定历史时期内,资本逻辑统摄下的社会乃处于全方位的异化状态,"空间"也必然在资本逻辑的支配中呈现出"非正义"。例如,"全球空间内中心与边

---

① 张梧:《资本空间化与空间资本化》,载《中国人民大学学报》,2017年第1期。
② 张梧:《资本空间化与空间资本化》,载《中国人民大学学报》,2017年第1期。
③ 陈忠:《空间辩证法、空间正义与集体行动的逻辑》,载《哲学动态》,2010年第6期。

缘的对抗""区域空间内城市与乡村的撕裂"和"生活空间内人的主体性的丧失"等。

(五) 挖掘《资本论》及其手稿中空间思想的当代价值

《资本论》从第一卷于1867年发表以来,至今已150多年了。虽然《资本论》中个别、具体结论在人类历史发展实践中已被实践超越,但是从世界范围内看,马克思《资本论》中得出的"资本的限制在于资本自身"的逻辑非但并未过时,而且在一系列周期性的世界经济危机中不断被证明。在充分挖掘《资本论》及其手稿内空间思想之后,如何彰显该思想的时代价值,成为一项重要的理论任务。《资本论》及其手稿内的空间思想,既可以推动马克思主义政治经济学批判的空间化,又可以构建马克思主义空间经济学的新研究范式,还可以加强中国特色社会主义的空间实践的探索。

二、研究方法

(一) 文本分析法

文本分析法是本研究最为重要的方法,马克思主义经典作家的文本跨越了时间的限制,承载着经典作家们最为核心的思想内涵。文本的立论基础就是试图从《资本论》及其手稿的经典文本中梳理出马克思对于资本逻辑批判的脉络,进而挖掘出资本如何形塑出各种空间形态,空间又如何具备资本特性的双向建构过程,以期较为完整地阐明马克思的空间思想,从根本上回应马克思思想"空间缺场"的质疑。

(二) "视域融合"法

"视域就是看视的区域,这个区域囊括和包括了从某个立足点出发所能看到的一切。"① 在对《资本论》及其手稿的理解中,不仅存在理解者的"视域"即"前见",也同时存在文本本身的"视域"。理解者身处的历史

---

① [德] 汉斯-格奥尔格·伽达默尔:《诠释学Ⅰ:真理与方法》,洪汉鼎译,北京:商务印书馆2010年版,第427—428页。

环境和历史条件（新时代中国特色社会主义）势必制约着其对文本的理解限度，文本则是由处于机器大工业时代的马克思针对19世纪资本主义发展境况而创作的。真正的理解应产生于理解者视域移入文本视域、文本视域置入理解者视域的双向互动当中，即两者的"视域融合"。这两种"视域"之间从对立到融合，衍生出一种理解，即马克思主义政治经济学批判的空间向度。

（三）"三重循环"法

"三重循环"分别是以文本、理解者和理解本身为中心的循环。以文本为中心，即理解者通过理解文本中的句子、段落和章节（部分）等，进而驾驭全文内"空间"的意义。同时，理解者在熟悉文本整体内容之后，则将更加深刻理解文本具体涉及的"空间"论述的细节。以理解者为中心，即理解者将自身置于马克思创作《资本论》及其手稿的历史语境当中，实现对马克思当时创作活动的再"重构"，进而理解工业资本主义时代的"空间"意蕴。以理解本身为中心，即理解者在"理解"（获取马克思的"空间"思想）之前，受历史传统的制约，存在着一种不可摒弃的"前理解"（西方学者对于"空间"内涵的界定），理解与"前理解"（前见）之间的循环实质意味着当代与历史的大循环，三重循环层层递进。

（四）实践生成法

实践生成法，"是关于事物在内在联系中的生产的哲学"[①]。人的实践活动最能够将人与自然、人与人之间的内在联系融为一体，人的社会历史的生成与发展在根本上是人的实践活动的展开。人的实践活动创造出资本，而资本的生长自成逻辑，并且反噬人的实践活动。本书将从"空间"的初始形态即自然与地理空间着手，研究资本逻辑裹挟下人的实践活动如何推动空间的不断生产与扩张，以得出资本逻辑与空间之间的生成规律的总体图景，并在此基础之上，反思该过程的伦理旨趣，进而设想"空间"在更高社会形态内的生成结果。

---

① 鲁品越：《走向深层的思想——从生成论哲学到资本逻辑与精神现象》，北京：人民出版社2014年版，第3页。

第四节　核心概念的辨析与界定

一、空间概念的历史流变

时间与空间作为人类存在的两个基本坐标，成为人类自诞生伊始就始终不懈关注的对象。空间是什么？这个概念在人类社会科学的历史发展进程中出现已久，其内涵却纷繁复杂，可以说，对于空间概念的理解本身便是人类思想发展史的一种浓缩。本书从古希腊到近代再到现代的脉络，分析空间概念的历史流变，以期完整展现空间的多重内涵。

(1) 古希腊的空间观

古希腊哲学的实质是自然哲学，其对空间认知最为重要的一个特点是形而上学。例如，毕达哥拉斯派近乎将空间与几何结构化为相等，而几何结构的背后则对应着数字，"点"生"线"、"线"生"面"、"面"生"体"，"体"又生"气土水火"四要素。原子论者如留基波（Leukippose）、德莫克里特（Demokritos）等人认为，虚空（kenon）与充实乃是互为相反，原子作为不可分割的最小微粒代表着充实，虚空则为无限般包容着物体的器皿，在原子论者的话语体系中，虚空实乃空间的代名词。爱利亚学派则在讨论空间之时紧紧将时间因素与其绑定在一起，留下了"飞矢不动""阿基里斯追不上兔子"等著名诡辩。柏拉图在《蒂迈欧篇》中将空间视为"分立于理式和现象的第三种存在"[①]，空间不灭不朽、无质无形并承载与润泽着万物。亚里士多德汲取了古希腊哲学中众家之言后，形成了自己对空间独具特色的认知。亚氏运用位置（topos）来定义事物的位移运动，每种事物都具备不因人的行为而改变的原属位置，只有受到外界的力量才会被动地改变，原属位置又被其他事物所占据，位置与

---

① 陆扬：《论柏拉图的空间思想》，载《复旦大学学报（社会科学版）》，2018年第4期。

位置之间循环罔替，并不存在虚空，所有的位置之和为空间，该和的空间极致便是宇宙。

(2) 近代的空间观

"近代时空观与经典力学理论密不可分。"① 牛顿是经典力学的鼻祖，其对空间的理解主要建立在对宇宙运动规律的把握当中，牛顿认为物体在宇宙里始终处于不断的运动之中，物体运动的空间乃是相对空间，该相对空间仅仅是绝对空间的"可动部分或量度"②，绝对空间具备更大的抽象的广延，并具有无限性、静止性等特征。需要指出的是，此前人们的空间观是一种集哲学、数学和物理学等多种学科的混合型理解，自牛顿之后，哲学家们始从认识论的范畴阐释对于空间的界定。康德认为牛顿将空间剖析为一种包罗万象的东西的同时，却无法解释"第一推动者"，以至晚年把地球的转动归因于"上帝的一脚"。康德在先后扬弃了牛顿、莱布尼茨等人的空间观之后，宣称空间与时间一样，乃是一种感性纯粹直观形式，并"表述空间的先验观念性、经验实在性以及两者的奠基关系"③。在康德之后，黑格尔博采众长建立自己的形而上学哲学体系，其思想"致广大而尽精微"④。在黑格尔的意识中，"绝对精神"作为一种逻辑出现于自然和人类社会之前，运动并产生着万物，"运动是过程，是由时间进入空间和空间进入时间的过渡"⑤，空间仅为"绝对精神"运动的外在表现而已，并在该运动过程中不断否定自己，最终复归于"绝对精神"本身。值得注意的是，黑格尔思想深深地影响了马克思，马克思汲取了黑格尔辩证法这一"合理内核"，将包括空间在内的所有概念溯源于物质生产与社会实践。

---

① 冯雷：《理解空间：20 世纪空间观念的激变》，北京：中央编译出版社 2017 年版，第 32 页。

② 姚新立：《资本空间化的历程与状况——一种对〈资本论〉的当代解读》，苏州大学博士学位论文，2013 年。

③ 刘胜利：《空间观的"哥白尼革命"——康德对传统空间观的继承与批判》，载《科学文化评论》，2010 年第 6 期。

④ 子思、毛佩琦、刘敏：《中庸全集》，北京：中国纺织出版社 2012 年版，第 297 页。

⑤ [德] 黑格尔：《自然哲学》，梁志学等译，北京：商务印书馆 1980 年版，第 60 页。

(3) 现代的空间观

自黑格尔之后，西方哲学浮现了众多流派，这些流派思想多元复杂，并与重大社会运动互动紧密，全方位解构黑格尔的体系哲学。需要指出的是，人类长期存在关注时间优于空间的偏好，这种境况自现代哲学产生以来有所改变。这种改变的一个重要原因在于，现代哲学不再以外在超脱的角度看待空间，而是引入人的主体因素，将人的意识、感知等安置于空间当中，迸发出空间的多种新理解，主要为"心理学实验分析的空间概念和存在论的空间概念"①。贝克莱受洛克等人的启发，试图通过身体器官如视觉、触觉和听觉等知觉空间阐释空间概念，这些身体器官的知觉之间存在根本性差别，视觉知觉并不能深度感知空间，只能依靠经验感觉的联合。与贝克莱相反，梅洛·庞蒂则将关注的焦点从以视觉为代表的知觉转移到了"客观世界"即"客观化了的空间和客观化了的身体"②，通过对"客观世界"的否定与批判以建立起对于空间的"涉身认知"，从而打破了传统的主客对立，将身体与空间同质化的对待。如果说梅洛·庞蒂的空间观是夹杂了心理学和存在论，那海德格尔的空间观则以更加彻底的姿态立足于存在主义。在海德格尔视域中，"人与空间的关系无非是从本质上来思考的居住"③ 即人的存在，空间并不是人之外的独立对象，也不是人之内的知觉体验，空间乃是一种人之存在的"逗留"。

综上所述，空间的概念伴随着时代的变迁不断变化，甚至相互龃龉，却有着一个共同的弊病，无论是形而上学的描述空间，还是静止或运动地看待空间，亦是申述空间的主体维度，都没有将空间阐明为人类能动性的实践活动结果。在20世纪中叶以后的"空间转向"浪潮中，西方马克思主义者从马克思的思想中汲取理论资源，这些学者对于"实践"意蕴的理

---

① 王志刚：《社会主义空间正义论》，北京：人民出版社2015年版，第36页。
② 冯雷：《理解空间：20世纪空间观念的激变》，北京：中央编译出版社2017年版，第48页。
③ 邓晓芒：《西方哲学探赜：邓晓芒自选集》，上海：上海文艺出版社2014年版，第353页。

解差别，成为形成自身独特理论探索的重要原因之一，此境况又进一步致使空间内涵的丰富。例如，列斐伏尔不赞同马克思将实践过多理解为社会生产，而是在本体论层面强调一种总体性的生命实践辩证法即"诗创实践"，日常生活才是"诗创实践"的领域，但是在现代资本主义社会中，日常生活在资本逻辑的统御下逐渐扭曲和异化，所以列氏选择将日常生活失范进行空间解读，提出了著名的"空间三元论"，使空间的内涵横跨物质领域、精神领域和社会领域，并在马克思"生产方式"概念的基础之上，创立了"空间的生产"思想。此举引领了西方社会科学领域内声势浩大的"空间转向"运动，促使空间被广泛地关注。在列斐伏尔之后，大卫·哈维、爱德华·W. 苏贾、弗雷德里克·詹姆逊和曼纽尔·卡斯特等人相继形成和提出了自己对空间的独特见解和理论。哈维的空间观建立在对历史唯物主义的反思之上，其认为长期以来人们对于历史唯物主义教条式的解读造成了历史唯物主义本身的空间缺失，使得历史唯物主义在面对现代主义的诸多具体新变化之时，丧失了强大的解释力，所以，他提出了"历史—地理唯物主义"理论，而空间成为该理论的核心范畴。值得注意的是，大卫·哈维并非将空间等同于地理，在其看来，空间是一个非常复杂的概念，具有多重含义，所以必须在社会实践中去界定空间的具体内涵，"社会过程决定空间形成是哈氏空间观的核心立场与基本原则"[①]。与大卫·哈维比较相似，爱德华·W. 苏贾也注重从空间与社会之间实践联系的视角认知空间，但不仅从认识论上更将空间置于本体论的维度，这相较于大卫·哈维显得更为激进。爱德华·W. 苏贾将空间划分为三种类型，"第一空间"即空间是一种可从外部世界客观感知的物质空间，"第二空间"即空间是一种人的主观意识与观念的精神空间，"第三空间"即空间是一种社会生产的与"第一空间"和"第二空间"交互的开放空间。不同于大卫·哈维抑或爱德华·W. 苏贾，弗雷德里克·詹姆逊从社会实践历史发展进程中把握空间内涵的嬗变，他对社会进行了现实、现代与后现代社会的划分，鲜明地提出了"后现代主义是关于空间的，现代主义是关于

[①] 尹保红：《西方马克思主义空间理论建构及其当代价值》，北京：光明日报出版社2006年版，第52页。

时间的"① 重要研判,而后现代社会存在着"空间优位"。后现代空间乃是资本主义高度发达所导致的超空间,超空间内充斥着各种摹拟体,致使人普遍产生了认知困境,造成了人的主体迷失。曼纽尔·卡斯特秉持着对空间内涵的掌握必然立足于社会实践的特定阶段的态度,专注于信息时代下网络社会里空间的最新演变形态即"流动空间",认为信息符号通过网络媒介实现全球化的互动,解构传统社会结构,形成了新型的全球政治经济关系。

新马克思主义的发展重新激发了人们对于马克思和空间之间关系的探讨。新马克思主义的理论基点在于认为马克思的思想中存在着"空间缺场",只有使用空间的理论工具才能够科学阐释出晚期资本主义的矛盾与危机,例如资本主义的城市(化)问题等,恢复马克思所创造的历史唯物主义的高度批判性。伴随着新马克思主义思潮的不断传播,似乎马克思的"空间缺场"成为一种固定"前见"。本书认为,这种"前见"缺少合法性,理解者所身处的历史环境和历史条件势必制约着其对作者思想的理解限度,新马克思主义的重大理论贡献并不在于道明马克思的"空间缺场",而是在从"社会"角度认知空间,为我们开启了重新理解马克思思想的一种新理路。判定一个逝去的伟人是否具备某种思想或理念,最为客观的方法便是回归其所传世的文本作品。马克思留下的文本至今已经有一百余年,该"时间间距"并非成为我们理解文本的障碍,反而是现代人摒弃意识形态的束缚,重新客观地把握文本内在思想的纽带和中介,在充当对"前见"的"过滤"功能当中促进了文本意义的流动性生长。汉斯-格奥尔格·伽达默尔曾言道:"时间距离常常能使诠释学的真正批判性问题得以解决,也就是说,才能把我们得以进行理解的真前见与我们由之而产生的误解的假前见区分开来。"② 马克思被新马克思主义者诟病缺少对空间的探索有着客观的因素。一方面,在马克思所处的机器大工业时代,晚期资本

---

① 弗雷德里克·詹姆逊:《后现代主义与文化理论》,唐小兵译,北京:北京大学出版社1997年版,第243页。
② [德] 汉斯-格奥尔格·伽达默尔:《诠释学Ⅰ:真理与方法》,洪汉鼎译,北京:商务印书馆2010年版,第422页。

主义所发生的空间失范并未普遍凸显，马克思所著文本内涉及空间的直接落墨确有不足；另一方面，马克思曾言："我是黑格尔这位大思想家的学生"，其深受黑格尔"历史哲学"的熏陶，致使马克思在文本内的叙述方式上存在着时间偏好。实质上，马克思的文本内有着丰富的空间思想，我们必须回到文本才能探究马克思的空间观。马克思为我们留下了卷帙浩繁的著作，其空间思想散见于各个具体文本之中。例如，马克思在《资本论》中写道："空间是一切生产和一切人类活动所需要的要素。"① 这体现了其对于空间功能认知的端倪。马克思又在《共产党宣言》中指出"资产阶级，由于开拓了世界市场，使一切国家的生产和消费都成为世界性的了"②，这就澄明其早就已经具备了"地理空间"的思想。《1844年经济学哲学手稿》中的笔记Ⅰ与Ⅲ中所论及的社会分工问题明显存在"劳动空间"思想。《德意志意识形态》的"国家和法同所有制的关系"章节则体现了"政治空间"中阶级权利实质。《资本论》及其手稿是马克思最为成熟的文本，最为全面地展现出了马克思诸多思想内涵。基于此，本书试图从当代视角下系统梳理与解读《资本论》及其手稿中的空间思想，以期在文本基础之上回应新马克思主义对马克思"空间缺场"的错误诘难。

本书研究的空间的概念厘定。人们对于马克思空间思想的传统理解集中于"时空"的整体范畴之中，自新马克思主义的"空间转向"，开启了人们从空间的概念厘定维度审视马克思的思想内涵，由此主要产生了两种结论：一些学者囿于教条主义的思维范式，直接承继新马克思主义的学术立场，执意判断马克思并没有系统而独特的空间观念；另一些学者则浮于对马克思经典文本的表面体悟，基于文本内涉及自然地理的些许片段，就认定马克思只存在着较为朴素的物理空间观，以上两种结论，皆属于形而上学的认知。

实质上，马克思在其著作文本中确未曾有过对于空间的专题章节，"而是将相关探讨隐含于其他问题的阐释之中"③。对于资本逻辑的科学批

---

① 马克思:《资本论》第3卷，北京：人民出版社2004年版，第875页。
② 马克思、恩格斯:《共产党宣言》，中共中央编译局译，北京：人民出版社2009年版，第31页。
③ 李春敏:《马克思的社会空间理论研究》，上海：上海人民出版社2012年版，第10页。

判乃是马克思终其一生所作出的巨大贡献，成就了马克思在人类社会发展历史中的不朽之名。其实，马克思在对资本逻辑进行批判的过程中，蕴含着非常丰富的社会空间观，但是如何使得社会空间观得以彰显，就必须汲取新马克思主义所提供的社会空间的"视域"，运用历史唯物主义和辩证唯物主义的方法论，以实现真正的"以马解马"。本书厘定的空间概念包括两个层面：

一是资本逻辑运行基础的物理空间。"没有自然界，没有感性的外部世界，工人就什么也不能创造"①，"自然空间"表征着自然界的广延，是人类生存与繁衍最为根本的基础，其先于人类的产生而存在，并因人类的实践活动而改变。资本逻辑的实质是资本主义社会实践的反映，必然只有在"自然空间"的界限内得以运行。"人数较多的工人在同一实践、同一空间（或者说同一劳动场所），为了生产同种商品，在同一资本家的指挥下工作，这在历史上和概念上都是资本主义生产的起点。"② 资本主义的生产为提高劳动生产率。进而挤压"自然空间"，形成了"劳动空间"。资本逻辑的运行形成了新的空间结构，使空前的"地理空间"从"自在自然"中剥离，被纳入人的劳动生产之中，"圈地运动就是这种剥离的一个重要方式"③。

二是资本逻辑发展表征的社会空间。资本逻辑发展的背后乃是各种资本形态在流通中的正常循环，具体表现为货币资本循环（G—W…P…W′—G′）、生产资本循环（P…W′—G′—W…P）和商品资本循环（W′—G′—W…P…W′），这三种资本循环所衍生出的社会经济关系网络如所有制关系、信用体系和交换法则等被称为"经济空间"。资本关系作为"普照的光"统摄着资本主义社会的各个领域，"它无情地斩断了把人们束缚于天然尊长的形形色色的封建羁绊"④，使得资产阶级在国际和国内都紧紧占据社会公共权力场域即"政治空间"的中心位置。资本的过度积累必然诱发"资本

---

① 《马克思恩格斯全集》第42卷，北京：人民出版社1979年版，第92页。
② 《马克思恩格斯全集》第44卷，北京：人民出版社2001年版，第374页。
③ 仰海峰：《〈资本论〉的哲学》，北京：北京师范大学出版社2017年版，第240页。
④ 《马克思恩格斯全集》第4卷，北京：人民出版社1958年版，第468页。

空间化"危机,所以资本逻辑的进一步发展将触及完全与"物理空间"相异的另一种"虚拟空间","虚拟空间"本是未来剩余价值分配的一种"经济空间"新样态,伴随着信息技术革命与互联网时代的来临,"虚拟空间"边界一再通过数字媒介不断扩展,成为包含生活各种领域在内的一种全方位的社会空间。而且,从社会关系的视角认知空间,能够为人的主观意识活动构建出"非实体的场境"基础,致使意识本身亦被空间所表征,即"意识空间"。

二、资本逻辑批判的内涵追溯

"逻辑"从词源上始于古希腊时期的"逻各斯",意为"语言、比例或尺度",赫拉克里克最早将"逻各斯"用于哲学范畴的探讨,后逐渐引申为事物潜在的变化规律或秩序,类似于中国传统文化内本体论意义上"道"的含义,从某种意义上"逻各斯"就是西方的"道"。从广义上讲,逻辑分为形式逻辑和辩证逻辑。从狭义上讲,逻辑单指形式逻辑。在西方思想发展的历史中,形式逻辑一直占有重要地位,"是一门以思维形式及其规律为主要研究对象,同时也涉及一些简单的逻辑方法的科学"[①]。亚里士多德对于形式逻辑的理解在西方具有奠基性作用,其在《工具论》中系统阐述了"三段论",在《形而上学》中详细分析了"矛盾律"和"排中律"。近代以降,培根的"归纳逻辑"、笛卡尔学派的"数理逻辑"、康德的"一般逻辑"和穆勒的"归纳逻辑"等都在不同程度上不断扩展着"形式逻辑"的内涵边界。从发生学的角度,辩证逻辑的概念要产生于形式逻辑之后,辩证逻辑概念更加偏重于"辩证",是人类辩证思维高度发展的产物。从古希腊至今,辩证思维内涵纷繁复杂,直至黑格尔首次构建起了一个庞大的辩证逻辑体系,该体系虽然隶属于唯心主义,但却对后世产生了极其重大的影响。"辩证(法)"在古希腊时期的话语体系中意为一种对话术,一些哲学家希冀于从人与人之间对话的矛盾中探查知识的确定性,例如苏格拉底的"引与发"对话方式就被称为"精神助产术"。吊诡

---

① 金岳霖主编:《形式逻辑》,北京:人民出版社1979年版,第1页。

的是，古希腊的辩证（法）思想并未催生出辩证逻辑，反而成为形式逻辑发轫的来源之一。究其原因，辩证逻辑就是研究"思维形式在认识发展过程中的联系和转化问题"①，就是从非"感性"的角度揭示思维中的矛盾问题。黑格尔认为思维矛盾的解决蕴藏于思维的发展中，而思维的发展必然历经从低级至高级的演变过程，该过程的实质乃是一种"正""反""合"的自我否定与扬弃，类似于"一个自身完整的圆圈"。马克思虽然从根本上否定了黑格尔的唯心主义立场，将思维矛盾的根源归结于人的社会实践活动中矛盾的反映或显现，但却汲取了黑格尔辩证逻辑中的"合理内核"，以唯物主义为基础构建了科学的辩证逻辑，也就是说，马克思"从黑格尔逻辑学中把包含着黑格尔在这方面的真正发现的内核剥出来，使辩证方法摆脱它的唯心主义的外壳并把辩证方法在使它成为唯一正确的思想发展形式的简单形态上建立起来"②。

资本逻辑乃是一种辩证逻辑。马克思曾言："辩证法不崇拜任何东西，按其本质来说，它是批判的和革命的。"③ 因此，资本逻辑在本质上就是一种资本内在的自我延伸、扬弃的逻辑。狭义上的资本逻辑乃是从商品至货币、再至资本的内在矛盾的不断外化与否定的递进发展过程。广义上的资本逻辑乃是资本以"普照的光"的形式将人与人、人与自然紧密地却又是颠倒地联系在一起的作用过程。以上两种资本逻辑类型存在循环递进的关系，都具备自反性向度，狭义上的资本逻辑发生于经济领域，广义上的资本逻辑乃是资本夺得主体性，从经济扩展进整个社会领域的运动表征。

进而论及资本逻辑批判，资本逻辑批判并非可被简单地理解为对资本的批判。"资本"一词，虽是资本主义社会的典型象征，但却产生于资本主义社会之前。在马克思眼中，在历史上，商业资本、借贷资本都是最古老的资本形式。但与作为资本主义生产关系占统治地位的资本不同。前者只是一种能够带来价值的价值，后者则是资本主义生产关系。欧根·冯·庞巴维克（Eugen Bohn-Bawerk）认为，资本在词源上始于"贷款的本金"，

---

① 金岳霖主编：《形式逻辑》，北京：人民出版社1979年版，第358页。
② 《马克思恩格斯全集》第13卷，北京：人民出版社1962年版，第532页。
③ 《马克思恩格斯全集》第44卷，北京：人民出版社2001年版，第22页。

最初仅指产生利息的借贷资本。"资本也存在于一个社会的经济运行之中，但它还不是经济运行中的主导逻辑。"① 在前资本主义社会中，劳动者在生产难以为继、基本生存需求不满之时，向放高利贷者直接借贷生产生活资料或者货币，并承诺在一定期限内归还本金与附带利息。但是，放高利贷者往往会趁机增加利息额度，超过借贷者的支付能力，从而引发社会矛盾。此时，对资本的批判主要属于一种伦理道义上的谴责。资本主义社会形态的一个重要标志就在于资本或资本的人格化，即资本家成为统摄一切社会关系的主宰。资本嗜血的本性从未改变。

在自由资本主义社会中，资产阶级为了实现资本的原始积累，背离基本的公平与正义，不惜采取暴力与欺诈等手段实现自身持有资本的扩张，以英国为例，对内进行臭名昭著的"圈地运动"，造成了骇人听闻的"羊吃人"的奇特现象，对外积极开展海外殖民掠夺，为充分占有劳动力以实现剩余价值的剥夺，进行黑奴贸易，给非洲大陆带来了深重灾难。伴随着科学技术的进步，第一次工业革命极大地促进了社会生产力的发展，资本主义进入了机器大工业时代，资本演变为产业资本的具体形态，完全使生产目的从使用价值转变为价值扩张，全社会陷入商品拜物教、货币拜物教和资本拜物教的狂潮之中。自此，资本不仅在社会的经济领域，同时也在各个领域之中完全占据了主导逻辑，人与自然、人与社会之间关系并未因社会生产力的飞速发展、物质财富的极大聚集而和谐共生，反之因资本逻辑的统御呈现出普遍的失范。例如，工人的劳动力被贬低为资本索取剩余价值的单纯生产要素，而工人自身却处于悲惨的境遇，"人为的高温，充满原料碎屑的空气，震耳欲聋的喧嚣，等等，都同样的损害人的一切感官，更不用说在密集的机器中间所冒的生命危险了"②。面对该种现象，资产阶级政治经济学家们也从各自角度进行了反思，但囿于自身阶级利益的局限性，资产阶级政治经济学家们的批判流于表面而未能从资本逻辑的内在根源展开批判。例如，亚当·斯密早在马克思之前就发现机器的大规模

---

① 刘严宁：《马克思的资本逻辑批判理论及其当代回响》，上海师范大学博士学位论文，第29页。

② 马克思：《资本论》第1卷，北京：人民出版社2004年版，第490页。

使用致使劳动分工愈加细化，劳动者沦落为机器的附庸，仅仅能够简单重复地从事生产流水线中的一小部分劳动，"很容易就丧失了用脑筋的习惯，大多数时候，就变成了人类可能变成的那种愚蠢和无知的人"①。但是，亚当·斯密（Adam Smith）的解决之道并非从整体的社会关系入手，而是寄希望于具体技术层面的教育措施。亚当·斯密认为劳动者的异化等社会问题是人类进步过程中不可避免的必要牺牲，只能依靠政府强力运用公共权力以推行普遍教育才能减少负面效应。但是，亚当·斯密也认识到自身理论对策的局限性，"某些富有阶层的人一生中大多数时间所从事的职业也不像寻常百姓所从事的职业那样简单和单调，它们差不多全都非常复杂"②。相较于亚当·斯密，大卫·李嘉图（David Ricardo）则更加悲观与偏激，李嘉图视资本主义社会的一切失范现象为人类迈入现代的客观规律的结果，所有试图改变的行为都是枉然与徒劳，生存于资本主义社会化大生产中的劳动者只能选择被动地接受，"劳动阶级必受害无疑"③。

再看马克思的资本逻辑批判，马克思在留世的经典著作之中，从未有过"资本逻辑"这样的现代术语，但其对资本主义生产方式的运行原理和内在规律的科学揭示则是按照历史与逻辑统一的方法展开的，贯穿了科学有力的逻辑分析。我们今天把马克思的资本主义批判归为资本逻辑批判是符合马克思的原意的。马克思一生颠沛流离，先后从德国去到比利时，迁居法国，流亡英国。马克思一生受到德国古典哲学、法国社会主义思想、英国工业文明和市场经济思想的影响，他的思想来源于德国古典哲学、法国社会主义、英国古典社会主义。世界历史的广袤空间造就了马克思和马克思的思想。所以，马克思对于资本的理解已然站在了人类思想的一个巅峰。从经济思想史角度来看，在马克思之前，无论是以布阿吉尔贝尔为先驱的重农学派，还是亚当·斯密与大卫·李嘉图，抑或是以让·巴

---

① [英]亚当·斯密：《国富论》，张晓林、王帆译，长春：时代文艺出版社2011年版，第386页。
② [英]亚当·斯密：《国富论》，张晓林、王帆译，长春：时代文艺出版社2011年版，第387页。
③ [英]大卫·李嘉图：《政治经济学及赋税原理》，郭大力，王亚南译，北京：商务印书馆2014年版，第229页。

蒂斯特·萨伊（Jean-Baptiste Say）为代表的庸俗经济学者们，虽然他们对于资本的理解都有着独特的论断，但却只是狭隘地在"物"的生产与积累的视域内剖析、批判资本的内涵、特点和属性。正如马克思所研判的那样，这些人"单纯从资本的物质方面来理解资本，把资本看成生产工具，完全抛开使生产工具变为资本的经济形式，这就使经济学家们纠缠在种种困难之中"①。而马克思则与众不同，他在自己创建的辩证唯物主义和历史唯物主义的方法论体系中，"将资本的本质理解为具体的社会关系，而其中最为根本的是生产关系"②。马克思正是以更加宏观与深邃的视域对资本逻辑展开了全方位、立体式的批判，《资本论》的副标题为"政治经济学批判"，在一定程度上可以说，"政治经济学批判"就是对于资本逻辑的批判，《资本论》及其手稿中蕴含着马克思最为成熟与深刻的资本逻辑批判思想。但在《资本论》及其手稿写作之前，马克思的资本逻辑批判思想有一个孕育着认识不断发展、观点不断成熟的思想进程。

马克思资本逻辑批判经历了一个不断发展的思想历程。马克思一生中绝大部分精力与时间都在致力于剖析资本主义社会运行的内在机理即资本逻辑，以践行其早在中学毕业论文《青年选择职业时的思考》中就树立的为了"人类的幸福和我们自身的完美"③ 人生目标。马克思关于资本观念的萌芽应启于《莱茵报》工作时期，其遭遇到了要对"物质利益初次发表意见的难事"，国家权力在私有利益和公众普遍权益发生冲突之时，总是站在了私有利益的一边，这种情景使马克思充分探知到了理性国家的虚幻。马克思在《论犹太人问题》之中，尝试从政治经济学的角度理解人类解放问题，认为犹太人仅基于宗教批判的政治解放并不能消除现实中的各种不平等，"物质力量只有用物质力量来摧毁"，只有完全消除私有财产的统治，才能实现全人类的自由。随后马克思在《黑格尔法哲学批判》中认为现代社会（即资本主义社会）诞生于市民社会与政治国家的分离之中，

---

① 《马克思恩格斯全集》第46卷（下册），北京：人民出版社1980年版，第89页。

② 王巍：《马克思视域下的资本逻辑批判》，北京：人民出版社2016年版，第27页。

③ 《马克思恩格斯全集》第44卷，北京：人民出版社1982年版，第27页。

该种分离的显著标志为历史前进，其背后动力为资产阶级。但此时的马克思还没有充分而深入地研究古典政治经济学，未能真正把握市民社会的内在本质。1932年，《1844年经济学哲学手稿》的发现和出版引发学术界的广泛关注甚至争议，澄明了马克思在1844年已将经济学纳入自己的研究视野之中。在《1844年经济学哲学手稿》中，马克思的思想已然开始超越古典政治经济学家们的理解边界，挖掘出资本关系所掩盖着的人与物、人与人的关系，例如马克思曾直言资本主义社会的"物的世界的增殖同人的世界的贬值成正比"①的社会状况。众所周知的是，受费尔巴哈人本主义的影响，马克思在《1844年经济学哲学手稿》内的思想主旨乃是一种人本主义的批判，一种人的类本质的价值预设，但还未能从对资本主义的伦理道德批判走向资本主义发展规律的揭示，即便如此，马克思对资本主义的价值批判和质疑仍是留给我们的伟大精神遗产。马克思认为，资本是"对他人劳动产品的私有权"②，并用由结果到前提再回到前提，由具体到抽象再上升为具体的科学抽象法和严密逻辑推理，分析了劳动产品、劳动过程、人的类本质和人与人相异化等四种劳动异化形式，为后人留下了虽带有思辨色彩但又极其深刻珍贵的私有制条件下劳动异化的批判理论。

马克思在《1844年经济学哲学手稿》中抽象地理解资本、资本逻辑的情景在《德意志意识形态》中，特别是在《关于费尔巴哈的提纲》中得到彻底的思想飞跃。在《关于费尔巴哈的提纲》中，马克思科学揭示了"人的本质不是单个人所固有的抽象物，在其现实性上，它是一切社会关系的总和"③，这就把人的本质的理解由超现实的抽象的"类"带进了广阔而现实的社会关系空间中。而人的社会关系产生于实践，物质生产又是最为根本的实践活动。用我们今天的视角看，从此，马克思的实践观成为其认知事物对象包括资本逻辑的潜在基本原点；马克思的社会关系总和观成为其从空间立体角度描述资本逻辑作用场域的内在基本依据。接下来，在《雇佣劳动与资本》《工资、价格和利润》等文中，马克思从资本主义社会物

---

① 《马克思恩格斯全集》第3卷，北京：人民出版社2002年版，第267页。
② 《马克思恩格斯全集》第42卷，北京：人民出版社1979年版，第62页。
③ 《马克思恩格斯全集》第3卷，北京：人民出版社1960年版，第7页。

质生产实践中深刻剖析了资本主义生产方式的本质，通过解析劳动与劳动力的概念区分，初步深刻揭示了资本主义剥削的秘密。这些观点都成为"科学理解资本逻辑增殖秘密的前提"①，为《资本论》及其手稿成熟的资本逻辑思想奠定了重要理论基础。《共产党宣言》的发表标志着马克思科学社会主义的诞生，马克思、恩格斯两人在该文本中以"生产力与生产关系的矛盾运动"为主线，阐述了资本主义总的历史发展趋势。资本自身的运行逻辑在历史上产生了巨大的效果，"资产阶级在它不到一百年的阶级统治中所创造的生产力，比过去一切时代创造的全部生产力还要多，还要大"②，同时却也"把人的尊严变成了交换价值，用一种没有良心的贸易自由代替了无数特许的和自力挣得的自由"③。资本逻辑也在创造历史中生成了覆灭自身的力量。"社会所拥有的生产力已经不能再促进资产阶级文明和资产阶级所有制关系的发展"④，"随着大工业的发展，资产阶级赖以生产和占有产品的基础本身也就从他的脚下被挖掉了"⑤。马克思、恩格斯从而得出结论：资本主义在自身发展和资本逻辑中产生的规律性、价值性两个方面的巨大空洞使其必然成为一个过渡性的生产方式。

《资本论》及其手稿是马克思对于资本逻辑批判的最为成熟、系统和科学的文本，这些文本群内资本逻辑批判思想亦会在下文得以较为完整地展现。

---

① 刘严宁：《马克思的资本逻辑批判理论及其当代回响》，上海师范大学博士学位论文，2016年。
② 《马克思恩格斯全集》第4卷，北京：人民出版社1958年版，第471页。
③ 《马克思恩格斯全集》第4卷，北京：人民出版社1958年版，第468页。
④ 《马克思恩格斯全集》第4卷，北京：人民出版社1958年版，第472页。
⑤ 《马克思恩格斯全集》第4卷，北京：人民出版社1958年版，第478页。

第一章 空间之维：
资本逻辑批判的时代意蕴

第一节 资本逻辑批判的发生学考察

一、资本逻辑的生成路径

资本逻辑是一种历史存在物，广泛存在于"物的依赖性"的人类发展阶段，必将在人类的更高社会形态之中被消散。资本逻辑是如何生成并且进一步成为资本主义社会的主宰逻辑的，资本逻辑的内在机理又是如何有效运行的，这一切都必须从资本逻辑本身的生成路径中深入剖析。

（一）资本逻辑的生成条件

资本逻辑的生成条件之一是"人的依赖关系"的解体。马克思在《经济学手稿（1857—1858）》中将人类社会划分为"人的依赖关系""物的依赖关系"和"人自由而全面的发展"三个阶段。资本逻辑仅仅是人类历史发展进程中的一种历时态现象，产生于"物的依赖关系"的社会阶段。需要指出的是，资本逻辑产生之前，必然就已经存在着成熟的社会关系土壤即"人的依赖关系"的解体。正如马克思在《政治经济学批判》"序言"里所阐述的那样，"无论哪一个社会形态，在它所能容纳的全部生产力发挥出来以前，是决不会灭亡的；而新的更高的生产关系，在它的物质存在条件在旧社会的胎胞里成熟以前，是决不会出现的"①。作为一种经济

---

① 《马克思恩格斯全集》第13卷，北京：人民出版社1962年版，第9页。

生活现象的资本主义最早在"13世纪至14世纪之间"的"意大利半岛"①,伴随时间的推移,资本主义的发展中心由地中海的威尼斯转移至大西洋沿岸的荷兰、西班牙和英国等地。该历史的背后是资本主义市场经济不断兴起,亦是封建自然经济持续衰落乃至消亡。马克思曾生动地描述封建社会的自然经济"就像一袋马铃薯是由袋中的一个个马铃薯汇集而成的那样"②,在这种经济形态之下,社会分裂为农民和地主两大阶级,人口占绝对多数的农民处于自给自足的生活状态,其生产生活需要可以基本由小农经济所满足,并未有充足的动力与外界产生广泛的社会交往,经济上的小单元存在导致了彼此的疏远与隔离,难以生成繁复的社会关系,进而难以在社会正常状态之下构建出属于自身的社会组织,更无法实现自身政治诉求的表达,农民对于地主呈现出非独立的"人的依赖关系"。"资本主义社会的经济结构是从封建社会的经济结构中产生的。后者的解体使前者的要素得到解放。"③封建社会的经济结构必然伴随着市场经济的发展而解体,市场经济条件下劳动力的商品化成为资本主义经济结构得以生成的必要条件。马克思在《资本论》中十分清晰地论述了资本主义经济结构得以生成的几个必然条件:(1)劳动者人身是自由的,可完全支配自身的劳动力。(2)劳动者除了自身所拥有的劳动力之外,并不掌握任何生产资料,只能依靠出卖劳动力来满足生活需要。劳动者与资本所有者之间不再是人身的依附,而是基于资本主义市场经济条件下的劳动雇佣,呈现出对资本主义条件下商品货币占统治地位、资本占支配地位的"物的依赖"。

资本逻辑的生成条件之二是一般生产逻辑的局限。无论哪一种社会形态,都有一个共同的存在前提即物质生产,"生产的一切时代有某些共同标志,共同规定"④。"生产一般"即作为物质生产的社会形式贯穿于整个人类发展历史进程之中,体现着人与自然之间的关系。生产总是在一定历史时空中的生产,正如马克思曾言:"以一定的方式进行生产活动的个人,

---

① 黄仁宇:《资本主义与二十一世纪》,北京:生活·读书·新知三联书店2015年版,第1页。

② 《马克思恩格斯全集》第8卷,北京:人民出版社1961年版,第217页。

③ 马克思:《资本论》第1卷,北京:人民出版社2004年版,第822页。

④ 《马克思恩格斯全集》第30卷,北京:人民出版社1995年版,第26页。

发生一定的社会关系和政治关系。"① 因此，马克思考察的物质生产是社会生产，即在一定社会生产关系下的生产。"生产空间"和"社会空间"矛盾的潜在分析模式由此被马克思开启。在自然经济占统治地位的小商品生产社会中，如在封建社会之中，物质生产的目的主要在于满足生产者的生活需要与再生产需要，而不是将劳动产品转化为商品。在这种社会形态之中，广大农民处于自给自足的状态，但这并不代表着不存在较为社会化的物质生产，事实上，较为社会化的生产往往依靠封建王权的政治行为催生，并不源于经济领域的内在动力，而且该生产目的并非用于市场中的交换，而是作为贡品或其他必要的基础设施用于直接满足统治阶级上层的物质享受，在社会关系中由于活动和交往空间的局限性，因而是人身依附关系的狭隘形式统摄着。随着发展到资本主义时代，"只要谈到资本主义生产，生产劳动的这个定义就完全不够了"②，自给自足的生产逻辑已然凸显出自身的局限性。资本不仅仅是生产要素，更是社会关系。作为生产要素，资本成了绑架"生产一般"的工具；作为社会关系，资本则在对劳动者的剥削和永无停止地追求价值增殖中生存和运行的。该种社会关系必须借助于"生产一般"的物质生产的力量才能得以实现与维持，交换、流通和分配仅仅是生产的环节或展开。马克思敏锐地看到了，在资本主义时代，资本增殖的要求已成目的，而物质生产的要求仅是手段，即以资为本的时代来临了。揭示资本主义生产，就必须将理论视野从生产逻辑中脱离出来，安置于资本逻辑之中。资本关系是一种"特殊的以太，它决定着它里面显露出来的一切存在的比重"③。换言之，在资本主义社会之中，资本逻辑开始统摄着包括生产逻辑等在内的一切社会生产方式。一般生产逻辑中的分工、协作和机器大工业等生产形式被作为"普照的光"的资本关系，"改变着它们的特点"④。它们本为生产力发展的表征，却在资本逻辑的作用下演变成阻碍人自由而全面发展的桎梏，造成了人普遍的异化状

---

① 《马克思恩格斯全集》第3卷，北京：人民出版社1960年版，第28页。
② 《马克思恩格斯全集》第44卷，北京：人民出版社2001年版，第169页。
③ 《马克思恩格斯全集》第30卷，北京：人民出版社1995年版，第48页。
④ 《马克思恩格斯全集》第30卷，北京：人民出版社1995年版，第48页。

态。马克思由此产生了思想飞跃，将原本计划写作的《政治经济学批判》历史地改为《资本论》，而将政治经济学批判降为副标题，还由此推导出资本主义制度的历史过渡性，即资本逻辑对于一般生产逻辑的统摄并不是历史的永恒，其狭隘的"生产空间"与社会化大生产的"社会空间"的对立与冲突，使其内在的缺陷即社会化生产与私有制度之间不可调和的矛盾必然在未来更加高级的社会形态中被扬弃，"资本逻辑的超越使生产逻辑的意义在此呈现出来，并在新的历史阶段获得了新的意义"①。如前所述，在封建社会以及之前的社会形态之中，物质生产仅仅表现为人在自然条件制约下的有限能动性的发挥，历经资本逻辑的催化，物质生产愈发彰显出人的本质力量，同时引发出人与自然关系的失范。在更加高级的社会形态之中，一般生产逻辑内恰于"人的丰富性"之中，为人自由而全面的发展提供了坚实的物质基础。

（二）资本逻辑的演绎过程

首先，商品交换空间即市场的出现。在马克思的《1857—1858年经济学手稿》中指明，生产、分配、交换和消费等构成了社会再生产的基本环节，生产具有决定性的作用，但在生产的基础之上，"交换当然也就作为生产的要素包含在生产之内"②。换言之，交换并非作为四环节之一而独立存在，其因生产的变化而变化，并对生产起着相当的反作用，"交换方式……与生产方式一起构成了理解人类历史的基础"③。在资本主义时期之前，自然经济是人类最为普遍的经济形态，在自然经济中，作为主要劳动产品的农产品绝大部分并不进入流通领域，而是被直接消费掉抑或以实物形式作为赋税上交，"最初的交换也只是表现为多余产品的交换"④。即

---

① 仰海峰：《〈资本论〉的哲学》，北京：北京师范大学出版社2017年版，第84页。

② 《马克思恩格斯全集》第46卷（上册），北京：人民出版社1979年版，第36页。

③ 孙承叔：《资本与历史唯物主义：〈资本论〉及其手稿当代解读》，上海：上海人民出版社2017年版，第49页。

④ 《马克思恩格斯全集》第46卷（上册），北京：人民出版社1979年版，第36页。

使是古代专门将交换作为职业的犹太民族，也仅仅是"存在于世界的空隙之中"，作为"中间人"奔波于"生产民族"①之间而已。商品是在自身异质属性的基础上，通过所有者之间的交换，以满足人们某种需要的劳动产品，交换被局限于一个狭窄的空间之中。在《资本论》及其手稿中，马克思将"商品"视为资本逻辑运行的原初细胞，其原因之一是资本主义是商品生产占据统治地位的社会，二是资本主义社会把所有的东西都变为了商品，三是剩余价值的生产是商品生产的资本主义形式，即资本逻辑是商品逻辑的继承和嬗变者。回观商品经济发展的历史，历史上伴随着私有制和社会分工的出现带来的生产力的发展，剩余劳动产品增多，产品所有者开始在特定狭小空间内将剩余劳动产品用于交换，以获得自身需要的商品，"简单商品经济"开始出现，并不断瓦解自然经济的根基。在"简单商品经济"时期，商品交换并没有成为整个社会生产的基础，仅仅是自然经济的补充，偶尔的商品交换是基于人的自然需求。从空间角度来看，在历史上，"交换空间"和"分工空间"相互制约、相互促进，商品交换本源于不同分工的互通有无，反而进一步促进了分工的发展。正如恩格斯所言："由分工而产生的个人之间的交换，以及把这两个过程结合起来的商品生产，……完全改变了先前的整个社会。"②到了资本主义时期，整个社会表现为"庞大的商品堆积"③，亦是说"生产空间"和"交换空间"得到了极大的扩充。

其次，商品内在矛盾的空间化解决。如前所述，使用价值与价值是商品的两因素。马克思说"物的有用性使物成为使用价值"④，不止商品拥有使用价值，未进入市场流通的劳动产品抑或许多非劳动产品的自然物如森林资源、水资源等对人而言也具备非常重大的使用价值。商品的使用价值由自身的自然属性所决定，与产品的使用价值没什么区别。作为使用价值和价值统一体的商品之不同于自然经济下的产品，其主要特征就在于：一

---

① 《马克思恩格斯全集》第48卷，北京：人民出版社1985年版，第367页。
② 《马克思恩格斯全集》第21卷，北京：人民出版社1965年版，第198页。
③ 马克思：《资本论》第1卷，北京：人民出版社2004年版，第65页。
④ 马克思：《资本论》第1卷，北京：人民出版社2004年版，第48页。

是劳动产品,二是用来交换的劳动产品,三是能满足人的需要的劳动产品。换言之,商品的使用价值即作为价值的表现形式的交换价值的物质承担者。交换价值是价值的外在表现形式,"表现为一种使用价值同另一种使用价值相交换的量的关系或比例"①,例如,1夸特小麦等于X英尺丝绸。两种完全不同的使用价值相交换的基础在哪里?马克思以前的经济学家都没有解决这个问题,马克思用他的劳动二重性理论解决了这个交换之谜,从而使"交换空间"社会化扩张的共性基础得以解答。在两种具有截然不同使用价值的劳动产品当中,却"有一种等量的共同的东西"②。假如摒弃商品的使用价值,那么商品就仅剩余了劳动产品属性,商品的一切可以触及与感知到的自然属性消逝了,换言之,作为劳动产品的商品的具体形式没有了。所有劳动的差别被抹平,就仅仅剩下了一点,即"它是人类劳动力的耗费"③,人类劳动力耗费后凝结的"一般"即抽象劳动的凝结则成为商品的价值。所有的物品只要具备"有用性"之时就拥有使用价值,但是只有当该物品成为商品之后才具有价值。我们还可以看到,在马克思的分析中,蕴含着一种应对商品生产内在矛盾的狭隘性的、内在矛盾外在化的解决方案,即"交换空间"社会化扩展,正是这种社会化的"交换空间"给资本主义商品经济提供了扩张舞台。商品的两因素是彼此依存又彼此对峙的,作为卖者,出售商品并非为了获取使用价值而是为取得价值;作为买者,购买商品是为了让渡价值以期获得使用价值。商品的使用价值与价值的矛盾绝不可能在自我封闭的狭隘空间里被解决,只有通过交换才能得以解决。然而,交换过程本身亦存在着难以调和的矛盾,"同一过程不可能同时对于一切商品占有者只是个人的过程,同时又只是一般社会的过程"④。一方面,商品占有者将属于自己的商品与其他人交换,以满足自身的需要,这本是个人的过程;另一方面,商品价值的实现决定于能否满足其他人的需要,这又是一般社会的过程。

---

① 马克思:《资本论》第1卷,北京:人民出版社2004年版,第49页。
② 马克思:《资本论》第1卷,北京:人民出版社2004年版,第50页。
③ 马克思:《资本论》第1卷,北京:人民出版社2004年版,第57页。
④ 马克思:《资本论》第1卷,北京:人民出版社2004年版,第105页。

再次，一般等价物的确立与交换空间的扩展。商品的使用价值是有外在形式的。价值作为人与人之间交换社会劳动的关系，没有外在形式。在商品经济的发展实践中，就必须为价值创造形式，价值形式的发展诞生了作为一般等价物的货币。具体来说，如果商品交换采取物物交换的方式，那么交换过程就会呈现出偶然性，变得十分困难。因为，在物物交换中，商品占有者不易同时既满足个人的需求，又满足他人的需求，即个人与社会过程难以同于一体。生产力的发展导致剩余劳动产品的增多，可用于商品交换的种类及范围日益扩张，即交换空间不断扩张，物物交换形式的矛盾不断显现。该矛盾的发展，必然要求从商品之中脱离出一种特殊商品充当一般等价物，行使"商品的独特的社会职能"①，以表现其他商品的价值，作为一般等价物的"这个商品就成为货币"②。货币的出现既非天然存在，也非主观发明，乃是商品内在矛盾层层延伸的产物，"商品内在的使用价值和价值的矛盾就外化为商品和货币的外部对立，商品成为使用价值的象征，货币成为价值的化身"③。

复次，劳动力商品的出现与商品空间的扩大。社会生产力的发达促进了商品数量呈现几何级的增长，商品的交换不再局限于对于使用价值的追求，而是以价值的获得为目的。这种以价值增殖为目的的商品生产就成了资本主义生产的基本特征，价值规律转换为剩余价值规律在起作用。由此必然要求"交换空间"扩张，资本家要找到一种能创造比自身价值大得多的价值的生产要素。封建社会瓦解中提供的"两种意义上的自由人"，既无产者被迫变成了劳动力商品。马克思明确地指出："最大的交换，不是商品的交换，而是劳动同商品的交换。"④ 也就是说，劳动者将自身的劳动力作为商品，投入市场之中用于交换满足自身及后代基本生存的生活资料。劳动力乃是一种特殊的商品，虽然如其他商品一样具有使用价值与价

---

① 马克思：《资本论》第1卷，北京：人民出版社2004年版，第105页。
② 马克思：《资本论》第1卷，北京：人民出版社2004年版，第105页。
③ 梅建军：《〈资本论〉新解与研究》，北京：经济科学出版社2012年版，第36页。
④ 《马克思恩格斯全集》第46卷（上册），北京：人民出版社1979年版，第101页。

值两因素，但劳动力的使用价值可以创造价值，并且创造出相较于自身价值更大的价值，同时购买劳动力商品的资本家仅仅支付等于甚至低于劳动力自身价值的报酬，以获得剩余价值，完成资本的自我增殖。所以，资本逻辑的起点就在于劳动力成为商品通过交换进入市场流通领域。

最后，资本逻辑的生成与资本空间的攻势。马克思曾言"资本在历史上起初到处是以货币形式出现的"[1]，在古老的商业资本作用的年代里，特别是在重商主义时代，货币是财富的"一般"，被广泛追求和索取，成为"货币拜物教"的发端。正是在商品经济的发展中，法权关系最终战胜特权关系，商品经济最终占了统治地位，一无所有的自由人出现了，劳动力历史地成为商品，从而使购买劳动力商品的货币转化为资本，资本空间开始逐渐改造和占领商品空间，资本拜物教和商品货币拜物教并行不悖，并且占了上风。交换空间、商品空间、资本空间都被资本逻辑所影响，因为剩余价值的实现既在流通中又不在流通中，劳动力商品形式上的等价交换和实质上的无偿占有成为资本逻辑的必然，资本空间的攻势日益强化。关于此，马克思分析道：货币之所以能够成为资本，就在于"工人成为雇佣工人"[2]，即劳动力成为商品。只有在这个意义上，对于货币的理解就是对于资本的理解，资本就是可以提供剩余价值的货币而已。需要指出的是，剩余价值的产生并不决定于劳动和货币之间的交换，却也不能摆脱劳动和货币之间的交换。马克思在《资本论》中明确指出，商品流通公式为 W—G—W（W 表示商品，G 表示货币），该公式起于商品，又终于商品，为买而卖。这种流通方式的意义就在于不同质的社会劳动的交换，商品占有者各自获得了自身所需要的使用价值。而资本流通公式 G—W—G′（G′表示增殖后的货币）则截然相反，该公式起于货币，又终于货币，为卖而买。这种流通方式的意义因两极都是货币而不再有质的交换，只有两极数量的相异，"最后从流通中取出的货币，多于起初投入的货币"[3]。多余的 G′从形式上看似乎产生于交换之中。但是，在等价交换中，货币占有者从流通

---

[1] 马克思：《资本论》第 1 卷，北京：人民出版社 2004 年版，第 171 页。
[2] 《马克思恩格斯全集》第 47 卷，北京：人民出版社 1979 年版，第 353 页。
[3] 《马克思恩格斯全集》第 23 卷，北京：人民出版社 1972 年版，第 172 页。

中取得的价值并不会大于投入，在不等价交换中，货币占有者有亏有赚，货币仅仅是在占有者之间重新分配而已，但货币所代表的交换的总价值却是不变的。幸运的是，"货币占有者在市场上找到了这样一种独特的商品，这就是劳动能力或劳动力"[1]。作为商品的劳动力亦具有二因素，货币占有者在流通中将货币与劳动交换，获得劳动力的使用价值即创造出比自身价值大的价值，又在生产中促使劳动力的使用价值在具体劳动过程中得以真正地发挥。作为"货币的货币"变成了"资本的货币"，此刻，货币从商品价值形式变化的"奴仆身份"嬗变为商品世界中的"统治者和上帝"[2]。值得注意的是，资本并不仅是货币，其实质是一种社会生产关系，货币作为媒介联系着资本与雇佣劳动。"一旦资本成为资本"[3]，其自身就变成了"前提"逻辑，成为我们认知现代资本主义社会的"钥匙"。资本的本性，就是追求对劳动力的剥削，实现自身的增殖。在资本主义社会之中，资本逻辑以绝对化的主体力量而存在，一切社会关系都紧紧围绕着资本逻辑而生成，一切社会关系又都被资本逻辑所统御。

二、资本逻辑的双重特性

（一）价值增殖的必然路径

在资本逻辑统辖之下的社会生产，首先是生产使用价值即劳动产品的劳动过程。劳动过程的实现必须依赖于劳动本身、劳动对象和劳动资料等基本要素的组合。劳动抑或称之为劳动力的使用，是劳动过程展开的最重要因素，劳动力能动地改变着人与自然之间的物质交换，劳动力的发挥并不是无意识的作用，而是劳动者在机能器官紧张中有目的地改造自然和作用于劳动对象。劳动对象是劳动发生作用的一切客观存在物，不仅包括诸如矿产、河流和森林等的"自在自然物"，亦包括历经劳动加工后的例如

---

[1] 马克思：《资本论》第1卷，北京：人民出版社2004年版，第195页。
[2] 《马克思恩格斯全集》第46卷（上册），北京：人民出版社1979年版，第171页。
[3] 《马克思恩格斯全集》第46卷（上册），北京：人民出版社1979年版，第457页。

有色金属、农作物等的"人化自然物"。劳动对象的属性直接决定了劳动的具体形式，小块农田的耕种由单一或数个劳动力即可完成，而矿产资源的开发则必须由相当规模的劳动力进行复杂的协作与分工。劳动资料或称之为劳动手段，是劳动力作用于劳动对象之时所采取的一切传导手段和条件，其中生产工具具有重大影响力，马克思将生产工具作为"劳动借以进行的社会关系的指示器"①，并依据生产工具的差异把社会的发展划分为石器、铜器、铁器和大机器等时代。可以说，劳动资料在根本上反映了人类改造自然的能力，成为社会生产力发展水平的"测量器"。综上所述，劳动过程乃是贯穿于人类历史的"一般生产"逻辑的具体体现，以满足人类的基本物质需求为目的，"它是人类生活的一切社会形式所共有的"②。但是，劳动过程绝非纯粹存在于历时态之中，而是被所在历史阶段内的社会生产关系所裹挟，因劳动的社会形式不同，不断显现出具体特殊性。在原始社会，劳动过程就是人类对于基本生存条件的追逐；在奴隶社会，劳动过程是奴隶主对于奴隶的劳动占有；在封建社会，劳动过程就是地主对于农民的劳动压迫；在小商品经济或简单商品经济时代，使劳动过程和价值实现过程相统一；资本主义社会到来之后，劳动过程则就是资本主义商品生产过程即劳动过程和价值增殖过程的统一。作为资本人格化的资本家组织生产的最终目的在于获取剩余价值，以实现资本的价值增殖。正如马克思所说："资本只有一种生活本能，这就是增殖自身。"③

诚然，价值的自我增殖是建立在价值形成的基础上的。商品生产本身需要消磨原料、工具等生产资料，这些生产资料的价值就是"生产该产品前阶段劳动的物化"④，成为商品价值的一部分。而在商品生产过程之中，耗费的劳动转移至商品之中，成为商品价值的另一部分，两者共同构成商品的价值量。以造纸为例，假如制造 100 千克纸张需消耗 100 千克纸浆、1 个铜网和 1 个劳动者的 4 小时劳动。100 千克纸浆的价值量为 30 小时劳

---

① 《马克思恩格斯全集》第 23 卷，北京：人民出版社 1972 年版，第 204 页。
② 《马克思恩格斯全集》第 23 卷，北京：人民出版社 1972 年版，第 209 页。
③ 马克思：《资本论》第 1 卷，北京：人民出版社 2004 年版，第 269 页。
④ 白暴力、白瑞雪：《马克思经济理论：〈资本论〉读书笔记：体系·难点·比较·发展》，北京：经济科学出版社 2009 年版，第 205 页。

动，1个铜网的价值量为5小时劳动，二者的价值总和为35小时劳动，成为100千克纸张价值的一部分，而在生产纸张的过程中，1个劳动者的4个小时劳动又成为100千克纸张价值的另一部分。综上，100千克纸张的总价值量为39小时。100千克纸张的价值量成为资本占有者之所得，与资本占有者的支出是相等的，那么，剩余价值的来源成为一个问题。作为商品的劳动力具有二重性，劳动力的使用价值即劳动能够形成的价值与劳动力本身的价值是有差异性的。换言之，劳动力所创造的价值可以大于劳动力的价值，而资本占有者正是基于此种差异性，才会购买劳动力，资本占有者"不仅要生产使用价值，而且要生产价值，不仅要生产价值，而要生产剩余价值"①。资本占有者所组织生产的商品仅仅是作为价值和剩余价值的物质承担者而已，其本身并不是资本占有者所追寻的终极目的。在资本主义的生产方式之下，劳动者（资本占有者所雇佣的工人）的劳动所具有的二重性特征，即具体劳动和抽象劳动，具体劳动在创造使用价值过程之中转移了生产资料（劳动资料和劳动对象）的原有价值；与此同时，抽象劳动则创造出包括劳动力价值补偿和剩余价值的新价值，抽象劳动所创造的价值如果与劳动力价值相等，则为价值形成过程，所创造的价值如果相较于劳动力价值还多，则为价值增殖过程。由此得知，生产资料和劳动力在价值增殖过程中发挥着不同的作用，马克思根据这种不同将资本划分为不变资本 c 和可变资本 v，不变资本即在价值增殖过程之中自身价值量不发生变化，以生产资料形式存在的一部分资本，例如造纸中的纸浆和铜网等；可变资本即在价值增殖过程中自身价值量发生变化，以劳动力形式存在的另一部分资本，例如造纸中造纸工人的劳动力。恩格斯认为，马克思"第一个详尽地阐述了剩余价值形成的实际过程"，而"这个区别提供了一把解决经济学上最复杂的问题的钥匙"②。资本逻辑的支配下，资本占有者（资本的人格化）为获取价值增殖，在竞争规律和价值增殖规律双重压力形成的资本扩张机制的驱使下，疯狂攫取劳动力在剩余劳动时间所创造的剩余价值，资本逻辑正是资本扩张机制的作用使然。正如马克思所说，

---

① 马克思：《资本论》第1卷，北京：人民出版社2004年版，第218页。
② 马克思：《资本论》第2卷，北京：人民出版社2004年版，第22页。

"生产剩余价值或赚钱,是这个生产方式的绝对规律"①。

资本对剩余价值的追求和占有方式是随着资本空间的延展而发展的。资本空间的扩张与科技发展和劳动生产率变化分不开,正是科技进步使得资本空间得以延展,无论厂房设备的扩展还是生产规模的扩展,都使得资本的剥削方式发生变化。资本主义早期技术落后,资本作用空间狭小,资本规模受到限制,从而只能用时间赢得空间,通过延长劳动时间获利。随着机器大工业的发展,劳动生产率的提升,资本的剥削形式也发生了变化。由此可知,资本逻辑的作用也历经了一个由野蛮型向隐蔽型转移、规模型向效率型转变的过程。关于此,马克思在《资本论》中主要从绝对剩余价值和相对剩余价值两个历史阶段论述剩余价值生产的具体方法和途径:"绝对剩余价值的生产"是一种在劳动生产率不变的条件下取得剩余价值的方式,马克思将工作日分为"必要劳动时间"和"剩余劳动时间",劳动者在"必要劳动时间"生产"劳动力价值",而在"剩余劳动时间"生产"剩余价值",资本占有者总是设法延长劳动者的工作时间,从而增加"剩余劳动时间",该种举措是受制于劳动者的生理极限的,同时被社会道德所约束。所以,资本占有者亦可采取增加劳动力雇佣数量的举措,得到更多的绝对剩余价值,但是该举措同样有着如社会劳动力总量供给等多方面限制。其实,"绝对剩余价值的生产"是粗放型的资本逻辑运行模式,并不能促进生产力的提高;"相对剩余价值的生产"则是一种提高劳动生产率或降低劳动力价值取得剩余价值的方式,个别资本占有者通过增加劳动强度或者改良生产技术等手段,提高劳动生产率。例如一个工作日内造纸数量从100打变成200打,在必要劳动时间不变甚至增加的情况下,资本家仍然可以通过产品量的增加而扩大剩余价值的占有。这样,必要劳动时间相对缩短了,而剩余劳动时间则扩展了。例如原来50打纸产品可以交换到劳动力价值,而现在只需20打纸产品,剩余劳动量便自然增长了,显然"相对剩余价值的生产"是效率型的资本逻辑运行模式。从这个过程的时序性来说,个别资本家企业的劳动生产率提高只能是这个资本家获得超额利润,只有当绝大部分资本占有者同时采取以上手段之时,全社会的

---

① 马克思:《资本论》第1卷,北京:人民出版社2004年版,第679页。

劳动生产率才得以普遍提高，才能使全社会范围内的劳动力价值降低，相对剩余价值生产对绝对剩余价值生产的替代才得以实现。因为，同一种商品在流通领域是遵循统一的社会价值标准交换的，当个别资本占有者所生产的个别商品价值低于社会价值，却根据社会价值而被交换，那么该资本占有者就会取得"超额剩余价值"，例如一个造纸资本家生产100打纸张的价值为10个小时劳动，而市场中生产100打纸张的价值为15个小时劳动，这个造纸资本家一旦出售该商品，就会多余获得了5个小时劳动的剩余价值量。资本逻辑的运行就是价值增殖的轨迹，是资本占有者基于各种方式对劳动力所创造的剩余价值的剥削过程，也是客观上推进技术进步和劳动生产率提高的过程，这就是资本逻辑的双重作用。

（二）社会关系的建构根源

资本逻辑既包括狭义中"资本自身的逻辑"，又包括广义中"资本作用的逻辑"①。从狭义的视角看，G—W—G′为资本运动的总公式，价值的无限增殖便是资本逻辑运行的内在必要特质。从广义的视角看，"资本主体性"逐渐显现，资本演变为"普照的光"或"特殊的以太"②，其作用领域不仅局限于商品生产与流通，生成的资本主义生产方式将整个资本主义社会甚至是人类社会都裹挟在一起，人与人之间社会关系的重新建构便是资本逻辑运行的又一内在必然特质。这也就是资本空间扩展过程由资本空间化向空间资本化的嬗变过程。

马克思、恩格斯在《共产党宣言》中用"魔术师"来描述"现代资产阶级社会"，"用法术呼唤出来的魔鬼"③ 就是资本逻辑。作为资本人格化的资本占有者殚精竭虑地获取劳动者的剩余价值，却在客观上间接促进了"现代资产阶级社会"生产力的全面发展，"尽管按照资本自身的本性来说，它是狭隘的，但它力求全面地发展生产力，这样就成为了新

---

① 王巍：《马克思视域下的资本逻辑批判》，北京：人民出版社2016年版，第94页。
② 《马克思恩格斯全集》第12卷，北京：人民出版社1962年版，第757页。
③ 《马克思恩格斯全集》第4卷，北京：人民出版社1958年版，第471页。

的生产方式的前提"①。生产力的本质就是人与自然之间的物质交换，两者之间的交换形式、强度和广度等方面的一切改变都是源于对"资本的作用"的服从而已，但人的本质力量也在"资本的生产"过程中得以提升与彰显。马克思正是站在历史唯物主义的视角，高度赞扬了资本逻辑塑造下的资本主义社会的先进性与文明面，这也说明了资本逻辑的二重性作用。

马克思认为："资本一出现，就标志着社会生产过程的一个新时代。"②"现代资产阶级社会"是在资本的作用逻辑之下产生的，该种社会关系并非人类历史发展的最高形态，依然存在着资本占有者对于劳动力创造的剩余价值的剥削。"现代资产阶级社会"的先进性体现在相较于以往社会，拥有者更加文明的剩余价值剥削方式。在原始社会中，由于社会生产力低下，几乎所有劳动产品直接被用于满足人的基本生活需要，未有剩余劳动的发生，也就没有剩余价值的产生，遑论剩余价值的剥削问题了。在奴隶社会中，奴隶主将奴隶视为自己的一种财物，对于奴隶有着绝对的人身自由控制权，完全占有奴隶所创造的剩余价值。在封建社会中，地主以地租、捐税等形式向农民索取一部分剩余产品，农民亦可保留自己所创造的另一部分剩余产品。在资本主义社会中，如果说在绝对剩余价值时代，资本剥削表现出野蛮型，无限度地占有和侵入劳动者的生活空间，到了相对剩余价值时代，资本占有者对劳动者剩余价值的榨取由于对劳动者的回报采取了工资形式，因而是非常隐蔽的，这种"划时代的剥削方式……不可比拟地超越了以往的一切时期"③，劳动者不易从劳动过程中精确判断出必要劳动与剩余劳动的比例，资本占有者不是赤裸裸地依靠暴力与强权获取劳动者的剩余价值，资本占有者运用货币雇佣劳动，即使先撇开生产空间，以交换空间的运行来看，以货币为媒介的基本前提，在表面上是认可交换双方的自由与平等地位的，虽然这种自由与平等仅以形式而存在，但

---

① 《马克思恩格斯全集》第46卷（下册），北京：人民出版社1980年版，第34页。
② 《马克思恩格斯全集》第23卷，北京：人民出版社1972年版，第193页。
③ 《马克思恩格斯全集》第24卷，北京：人民出版社1972年版，第44页。

足以被称之为人类文明的显著进步。"流通中发展起来的交换价值过程，不但尊重自由和平等，而且自由和平等是它的产物；它是自由和平等的现实基础。"① 基于此，马克思在自己的著作之中，时常把"资本主义社会"和"现代社会"作为同义词来使用②。从资本空间的国际化扩展来看，资本逻辑构建出的社会关系在世界范围内产生了巨大的影响。在18世纪60年代之前，各个民族、国家和地区之间虽然也存在多元联系，但囿于自然经济的生产方式，彼此之间仍然未能形成世界范围内的普遍交往。所以，"世界史不是过去一直存在的；作为世界史的历史是结果"③。英国工业革命以降，机器大工业所催生的新型资本主义生产方式造就了人类社会亘古未有的巨大变革。"资本一旦合并了形成财富的两个要素——劳动力和土地，它便获得了一种扩张的能力。"④ 资本主义社会生产关系不再局限定格于单一国家，而是在国际分工的过程中塑造了世界市场，从而成为世界历史生成的典型表征，我们可以称此为资本逻辑向世界历史空间的扩展。马克思所生活的时代，正是历史向世界历史转变的过程，即全球化的初始塑形时期，这时期的实质是资本逻辑随殖民扩张与掠夺统御世界的过程。

虽然，资本逻辑所构建出的社会关系相较于以往任何社会关系都具有文明和进步色彩，但是马克思同时指出该种社会关系的普遍失范。在资本主义社会中，资本占有者仅仅是资本的人格化而已，与劳动者一样都置于"异化"的桎梏之中，遭受着资本逻辑的抽象统治，所有人之间的关系退化成单纯的物与物之间的关系："人的尊严"仅仅是交换价值的体现、人的情感仅仅是利己主义的打算、人的交往仅仅是自身需求的利害，人与人之间的矛盾与对立已然成为人类历史进程中的极端现象。

---

① 《马克思恩格斯全集》第46卷（上册），北京：人民出版社1979年版，第477页。

② 王多吉、代立梅：《〈资本论〉现代发展观哲学维度研究》，北京：光明日报出版社2014年版，第73页。

③ 《马克思恩格斯全集》第46卷（上册），北京：人民出版社1979年版，第48页。

④ 马克思：《资本论》第1卷，北京：人民出版社2004年版，第697页。

三、资本逻辑的内在扬弃

（一）资本逻辑的内在否定性

"在资本的简单概念之中已经潜在地包含着以后才暴露出来的矛盾。"①资本逻辑在历史出场之时便具有不可克服的内在缺陷。资本占有者对于生产资料（劳动资料和劳动对象）拥有私人所有权，完全支配着生产资料的运用，伴随着资本逻辑催生出的生产力的突飞猛进，生产的社会化又成为必然趋势，资本增殖的生产空间和资本实现的社会空间两者之间的矛盾难以避免地出现了，该矛盾的极限发展成为资本逻辑运行的最终瓶颈，资本逻辑必然在更高社会形态之中得以全面消散，重归人类社会发展的生产逻辑。生产社会化与资本主义私有制之间的矛盾乃是资本逻辑运行的"一般"矛盾，该"一般"矛盾并非时时刻刻在资本主义社会内显现，而是"遮蔽"于一系列"具体"矛盾之中。

一是生产手段与目的之间的矛盾。马克思指出，"手段——社会生产力的无条件发展——不断地和现有资本的增殖这个有限的目的发生冲突"②。资本占有者组织工人从事劳动生产过程的终极目的是为了获取剩余价值，社会生产力的发展仅仅是达到这一目的的手段而已，该手段必然要求生产过程的秩序协作与规划。如前所述，剩余价值产生于生产领域，却实现于流通领域，而生产资料的私有制造成了生产的总过程分割为相互独立的直接生产与流通，这就是资本生产空间与资本实现空间的矛盾，也即资本关系狭隘性与社会化大生产的矛盾。所以，在资本主义社会之中，资本占有者最终获取剩余价值，则必然完成于分离的时间和空间内。在生产之中，社会生产力的发展成为资本有机构成提高的主要诱发因素之一，但资本家不愿看到的资本利润率逐渐下降，这背离了资本无限获取剩余价值的目的，必然引起生产规模的扩大化，使得更多的商品流入市场之中。

---

① 《马克思恩格斯全集》第 46 卷（上册），北京：人民出版社 1979 年版，第 398 页。

② 马克思：《资本论》第 3 卷，北京：人民出版社 2004 年版，第 279 页。

与此同时，资本占有者对于劳动者的劳动力的货币支付，往往仅仅能够甚至不能够满足劳动者的基本生活需要，这就造成了劳动者难以具备支付多余需求的消费能力即"有效需求不足"。拥有支付能力需求获得者即资本占有者的消费需求无论如何奢侈无度也仅占社会全部成员整体消费需求的一小部分，缺少或丧失支付能力劳动者无法消费市场内的绝大部分商品，剩余价值在流通之中就难以真正实现。"在资本逻辑主导下，生产的无限扩大与消费能力的有限增长之间的矛盾凸显。"① 这就是资本逻辑驱使下资本生产和实现空间的扩展与消费空间固化甚至缩小之间的矛盾。

二是生产过程与结果之间的矛盾。马克思认为，"生产剩余价值或赚钱，是这个生产方式的绝对规律"②，"这个生产方式"便是资本主义生产方式。资本主义的生产是资本为实现自身增殖而最大限度索取剩余价值，并将剩余价值不断再转化为资本的资本积累过程，该过程的结果却是"贫困的积累"③。在任何一个社会经济形态之中，劳动者所创造的价值在总体上是有限的。在资本主义生产方式中，资本最大限度地剥削剩余价值，又将剥削的剩余价值最大限度地进一步转化为资本，以实现资本的快速积累。所以，资本占有者以最少的货币换取最多的劳动力和生产资料，这必然导致生产资料的生产者亦会尽可能减少对所雇佣的劳动力的货币支付，以上方式所增加的剩余价值又变成了继续榨取劳动力的力量。所以，资本就"像吸血鬼一样，只有吮吸活劳动才有生命，吮吸的活劳动越多，它的生命就越旺盛"④。而且，科学技术的资本主义应用，在创造出巨大生产力的同时，也减少了活劳动在生产中的直接作用范围，造成劳动力的相对过剩，改变了劳动力市场的供需结构，降低了劳动力的市场价格。正是在多重压力之下，广大劳动者们在"资本的积累"过程中，得到的却是"贫困的积累"结果。

---

① 刘严宁：《马克思的资本逻辑批判理论及其当代回响》，上海师范大学博士学位论文，2016年。
② 马克思：《资本论》第1卷，北京：人民出版社2004年版，第732页。
③ 马克思：《资本论》第1卷，北京：人民出版社2004年版，第761页。
④ 《马克思恩格斯全集》第23卷，北京：人民出版社1972年版，第260页。

(二) 资本主义总危机

如前所述，"资本自身逻辑"的内在否定性必然首先出现于经济领域。资本主义私有制之下，生产资料被资本占有者掌控，引发社会财富在全社会资本或土地占有者和劳动者之间分配失衡，继而压抑占社会成员绝大多数的劳动者的货币支付能力，致使社会再生产过程中"有效需求不足"，造成资本主义生产相对过剩，在商品和货币之间的转换不能得以稳定延续后支付链条中断，经济危机便来临了。所以，根据马克思的理论推导，"危机的深刻根源在于制度本身"①。只要资本主义私有制继续存在，那么经济危机便不会消失，而且还将以周期性的形态不断出现。

"资本作用逻辑"的内在否定性体现于资本主义社会的各个领域，使得资本主义政治、生态和社会等全方位危机显现出来。在政治领域，资本主义国家内部逐渐形成了资本占有者与普通劳动者两大政治阵营，彼此之间围绕着企业的剩余价值被无情剥削和整个社会财富的分配不公问题展开了激烈的抗争，而任何阶级斗争都是政治斗争，在马克思时代的许多国家建立了工人阶级政党，时至今日，工人阶级和劳动人民经常通过集会、游行示威和组织工会为自己的权益而斗争。对外而言，资本主义的无序竞争必然引发生产的集中，而生产的集中又必然造成垄断。资本主义国家国内市场未能满足资本对于垄断利润的疯狂攫取，从而导致资本输出至较落后的国家。发达资本主义国家间的主体性联合，又形成了国际性垄断联盟，最后通过战争来解决问题，在全球范围内瓜分世界，帝国主义时代到来了。列宁曾明确指出，"垄断代替自由竞争，是帝国主义的根本经济特征，是帝国主义的实质"②。帝国主义并不能从根本上消除竞争，"与之并存，因而产生许多特别尖锐特别剧烈的矛盾、摩擦和冲突"③。帝国主义在国际政治中的延续体现为帝国主义战争，实质是垄断资本主义国家重新瓜分世界市场和势力范围以及帝国主义对于民族国家的侵略。可以将此理解为资

---

① 王巍：《马克思视域下的资本逻辑批判》，北京：人民出版社 2016 年版，第 113 页。
② 《列宁全集》第 23 卷，北京：人民出版社 1958 年版，第 103 页。
③ 《列宁全集》第 22 卷，北京：人民出版社 1958 年版，第 258 页。

本空间向资本国家空间,再向经济一体化空间,最终向国际化空间的蔓延。在生态领域,生态环境是人类得以生存的必要"生活条件系统",其内部蕴含的强大自然力成为人类开展大规模物质生产实践的能量来源,其内部生成的巨大自然资源成为人类创造社会财富的生产资料。资本逻辑一旦作用于生态环境,就会在实现资本积累的过程中最大限度地运用"自然力"与占有生产资料。一方面,诸如有色金属、天然气和土壤等自然资源具有不可再生性,资本占有者对其的过度掠夺仅仅为完成价值的转移,所形成的商品数量远远大于社会实际需求,造成严重的浪费。另一方面,虽然部分"自然力"和自然资源被消耗仍可再生,但是再生周期往往远远长于资本的积累周期,资本对于"自然力"和自然资源的"竭泽而渔",造成了再生过程的中途断裂。而且,生产的社会化必然造成生产过程的废水、废气和固体废弃物等数量呈几何增长,这些"三废"被直接排泄至自然环境之中,超出了自然环境的降解能力,危害着人类的可持续发展。正如恩格斯所指出的,资本主义生产方式,"仅仅以取得劳动的最近的、最直接的效益为目的。那些只是在晚些时候才显现出来的、通过逐渐的重复和积累才产生效应的较远的结果,则完全被忽视了"[①]。在社会领域,人受抽象的资本力量所统治而普遍处于异化状态。西方马克思主义对于"人的异化"的理解停留于马克思早年所创作的《1844年哲学经济学手稿》,将人的本质意会为人本主义的价值悬设。西方马克思主义者认为,人应是一种不受任何外界力量所制约和支配的主体,可自由地从事创造性的活动,以彰显自身的本质力量,任何阻碍"人的解放"的社会力量都应受到激烈地批判。实质上,马克思对于人在社会领域的异化,是"一种现实社会关系中发生的客观的自反性"[②]。在资本主义社会中,交换价值成为终极目标,一切存在物都可以变为交换价值,交换价值乃是个人进入社会共同体的独有方式,伴随着一般等价物演变为货币,货币就拥有了"神秘的力量",人的全面性简化为对货币的追逐与迷恋。人与人之间的关系在交换

---

① 《马克思恩格斯全集》第26卷,北京:人民出版社2014年版,第771页。
② 张一兵:《回到马克思:经济学语境中的哲学话语》,南京:江苏人民出版社2013年版,第650页。

价值的颠倒后，"人的社会联系转化事物性的社会状态"①，人与人的关系被遮蔽于"物的外壳"之下，人反而拥有了虚假的"物相"。因此，在社会领域，人的普遍异化决不能简单地归结于诸如西方马克思主义者霍克海默、马尔库塞等人所提出的"技术统治"，而是在于人与人的关系颠倒后个体碎片化的客体式生存失范，即受技术异化的影响，个人的生存或活动空间日益狭窄，而技术力量造成的社会空间对个人的压力越来越大，以至于每个人都处在技术异化造成的阴影中。

（三）资本逻辑的缓解及限度

马克思对于资本逻辑内在否定性的批判，揭示了资本逻辑终将消散于历史进程之中的必然趋势。但需要指出的是，资本逻辑统摄下的资本主义社会并没有迅速灭亡，反而继续存在于当代世界体系之内。究其原因，当代资本主义社会内部广泛采取了诸多经济、政治等方面的措施，极大地缓解了资本逻辑内在否定性的作用范围，减少了社会化大生产与生产资料资本主义私有制之间固有矛盾的激化程度。在经济领域，经济危机的一再爆发，显现出生产与流通领域相协调的重要性，资本占有者采取扩张流通的方法，例如采取福特制的生产方式，在提高劳动生产率的同时降低生产成本，以增加劳动者收入，从而促进社会整体消费能力的增加，一定程度上改善了"有效需求不足"的情况。另外，经济全球化的飞速发展，也在较大程度上化解了"生产相对过剩"的困境。资本主义国家利用其所占据的国际经济体系地位优势，通过各种手段对发展中国家"剪羊毛"，进而攫取高额财富。在政治领域，拥有普选权的劳动者能够在资本主义议会制中有限表达自身的部分政治诉求，并且伴随着经济发展，资本主义国家相继建立了较为完善的社会福利体系，使劳动者获取少许经济红利，从而缓和了内部矛盾。在生态领域，发达资本主义国家在产业升级的过程中，将"三高"（高污染、高耗能、高排放）产业转移至其他国家与地区，使生活于这些国家与地区的人民承担了生态环境破坏的恶果。另外，发达资本主

---

① 《马克思恩格斯全集》第46卷（上册），北京：人民出版社1979年版，第104页。

义国家意识到生态环境的破坏也威胁到自身的根本利益，所以亦做出了一些善待自然、保护环境的举措。在社会领域，个人所在的社会关系已经表征为一个被挟持或引导的消费世界，资本逻辑渗透至日常生活，致使日常生活全面异化，个人已普遍身处其中而不自知，麻木地由以使用价值为中心的消费翻转为以"符号"为中心的新消费，"消费关系的再生产范畴成为资本主义政治经济学新的'普照之光'"①。换言之，资本主义社会领域中的个体，在资本主义意识形态之内对资本逻辑内在否定性的理解已然广泛丧失了批判精神与抵抗意识。

20世纪初国际共产主义运动在实践中所遭遇的挫折，使得资本主义的统治被视为"历史的终结"。但是，资本逻辑的内在否定性以全球经济危机的事实雄辩地澄明其自身的历史性存在。例如，2008年，美国次贷危机席卷全球又再次证明了马克思这一千年思想家对于资本逻辑终结结果的判断。资本逻辑的缓解并不能从根本上解决资本主义生产资料私有制与社会化大生产之间的矛盾，在未来人类的发展之中，资本逻辑的运行终将遭遇不可调和的矛盾，正如马克思所言，"生产资料的集中和劳动的社会化，达到了同它们的资本主义外壳不能相容的地步。这个外壳就要炸毁了。资本主义私有制的丧钟就要响了"②。

（四）资本逻辑的终极归宿

马克思在《资本论》中，以英国工业资本主义的生产关系为典型的研究对象，并从中规纳出资本逻辑"出场"、运行、发展和必然灭亡的一般规律，其目的在于揭示资本与雇佣劳动关系在历史进程中的特殊阶段性，为无产阶级最终取得历史主体性地位，从而结束资本的统摄作用，实现共产主义制度的伟大革命奠定科学的理论旨归。

资本逻辑失效于资本与雇佣劳动关系基础的动摇。"资本和雇佣劳动的关系……决定着这种生产方式的全部性质。"③ 资本主义生产方式就是建

---

① 刘怀玉：《现代性的平庸与神奇：列斐伏尔日常生活批判哲学的文本学解读》，北京：中央编译出版社2006年版，第256页。
② 马克思：《资本论》第1卷，北京：人民出版社2004年版，第892页。
③ 《马克思恩格斯全集》第25卷，北京：人民出版社1974年版，第995页。

立在对劳动者剩余劳动无偿获取的基础之上，这种获取又是以雇佣劳动制度的广泛存在为前提的。劳动者将自身所拥有的劳动力作为商品出售给资本占有者，资本无限制得到劳动力商品才能实现自身不断增殖。一言蔽之，资本和雇佣劳动的关系是一种"物的依赖性关系"，无论是资本占有者抑或劳动者只能通过商品、货币与资本的关系来表现自身的社会性存在。所以，马克思在《工资、价格和利润》中早就指出，劳动者围绕着工作日时间、日工资水平的日常斗争，"反对的只是结果，而不是产生这种结果的原因"①。即使资本占有者面对劳动者的激烈斗争而同意做出让步，使得劳动者能够从自身所创造的剩余价值内获取一部分，但这也仅仅是"止痛剂"，而不能"祛除病根"，也仅仅是"游击式的搏斗"，而不能改变"奴隶状态"。如果劳动者想要从根本上获得解放，那么就"要在自己的旗帜上写上革命的口号：'消灭雇佣劳动制度'！"②当劳动力不再成为商品而供资本所驱使，劳动者与资本占有者不再是"物的依赖性关系"之时，资本逻辑将随之失去效力，资本占有者亦将归化于劳动者之中，劳动者能够自由而全面地发展，整个社会乃是自由劳动者的联合体。

资本逻辑隐没于更高社会形态对私有制的废弃。在资本逻辑的支配下，劳动者与生产资料相分离，生产资料的私有者通过使用货币购买劳动者的劳动力以实现自己所拥有的价值的增殖，而劳动者则只能"自由"地选择自身劳动力被哪个生产资料私有者所购买。生产资料的私有制决定了劳动过程的私有性即私人劳动，另一方面社会分工则是商品经济得以存在的前提条件，劳动者之间彼此联系、不可分割，这就造成了劳动过程的社会性即社会劳动，私有劳动往往具有盲目性、偶然性。资本主义私有制"这个一定的历史形式达到一定的成熟阶段就会被抛弃，并让位给较高级的形式"③，那么这个"成熟阶段"就是共产主义，而"较高级的形式"则是生产资料公有制。马克思认为，"共产主义的特征并不是要废除一般

---

① 《马克思恩格斯全集》第16卷，北京：人民出版社1964年版，第169页。
② 《马克思恩格斯全集》第16卷，北京：人民出版社1964年版，第169页。
③ 马克思：《资本论》第3卷，北京：人民出版社2004年版，第96页。

的所有制，而是要废除资产阶级的所有制。"① 自由的劳动者联合起来，使用"公共的生产资料进行劳动"，众多个别的劳动力就会凝聚为"一个社会劳动力"，劳动产品就天然地作为"社会产品"，一部分又更始为生产资料，另一部分则由联合体集中分配②。从劳动资料以及劳动外部条件到劳动过程，都不再具备私有性质，而是完整属于社会的，那么，资本逻辑就隐没于生产资料公有制之中。需要指出的是，私有制的废弃必须建立在生产力高度发达的基础之上，"如果没有这种发展，那就只会有贫穷、极端贫穷的普遍化；而在极端贫困的情况下，必须重新开始争取必需品的斗争，全部陈腐污浊的东西又要死灰复燃"③。

资本逻辑消散于资本主义制度掘墓人的历史伟力之中。资本逻辑在推动社会生产力巨大发展的同时，也无意之中触发了资本主义社会内部的阶级对抗，锻造出资本占有者的"掘墓人"即无产阶级。正如马克思所言，"大工业区也创造了这样一个阶级，这个阶级在所有的民族中都具有同样的利益，在它那里民族特殊性已经消灭，这是一个真正同整个旧世界脱离而同时又与之对立的阶级"④。在工业资本主义化初期，以蒸汽机为代表的机器的广泛运用，在大大提高了劳动生产率的同时，也造成了手工业工人的相对人口过剩，当时的工人群体将自身的悲惨境遇归结于机器的发明，进而掀起了著名的"卢德运动"⑤。但是，这种无产阶级的抵抗并不能改变资本逻辑作用的客观规律，无助于自身命运的改变。无产阶级逐渐意识到，只有从根本上改变现存资本主义社会内部的阶级关系，才能真正获得自身的解放，束缚无产阶级的"锁链"是资本关系本身，而非资本逻辑所催生出的机器应用。"理论只要彻底，就能说服人。"⑥ 正因为马克思主义相较于以往任何理论具备着彻底的革命性，为无产阶级提供了解释世界与

---

① 《马克思恩格斯全集》第4卷，北京：人民出版社1958年版，第480页。
② 马克思：《资本论》第1卷，北京：人民出版社2004年版，第96—97页。
③ 《马克思恩格斯全集》第3卷，北京：人民出版社1960年版，第39页。
④ 《马克思恩格斯全集》第3卷，北京：人民出版社1960年版，第68页。
⑤ "卢德运动"是英国工人以破坏机器为手段反对工厂主压迫和剥削的自发工人运动，相传一名为卢德（Ludd）的工人为抗议工厂主的压迫，第一个捣毁织袜机。
⑥ 《马克思恩格斯全集》第1卷，北京：人民出版社1956年版，第460页。

改造世界的有力理论武器，无产阶级在十月革命之后，建立了第一个社会主义国家。无产阶级为最先进生产力的代表，拥有着无与伦比的历史伟力，不仅要消灭作为资本人格化的资本占有者，更是要消灭阶级的存在，解放包括自身的所有人。

第二节 资本逻辑批判的空间话语

一、"空间转向"的历史显现

（一）空间问题的始源

自诞生伊始，人类对于空间的探索、认知甚至改造就从来没有暂停，空间长期以来作为人类社会实践的客观载体而存在，但是人类习惯于从时间角度把握自身的历史进程，未能给予空间较多的关注。空间本身作为一个问题被纳入人类的视野，还是源于20世纪以降资本主义生产方式在世界范围内取得统治地位之时。资本不仅将空间作为自我积累的基本要素，也将空间转化为统治的必要手段，更使空间本身具备了资本的某些属性。空间问题被普遍审视，最先开始于资本逻辑统摄下人类全球化、城市化和信息化现象所引发的反思。

"资本逻辑以及这一逻辑与世界历史转变的关系，仍然是我们考察全球化的一个重要理论参照。"① 资本追逐利润的天性会不断打破阻碍自身流动的空间壁垒，资本所表征的物与物关系的背后是人与人之间的关系，所以资本主义生产方式出现伊始，便具有天然的交往性特征。伴随着资本积累的过程，人与人之间渐渐由区域型交往扩展为世界型交往，人类社会逐步向全球化演变。全球化在资本主义不同发展阶段，展现出特有的形态。在自由竞争的资本主义阶段，全球化表现为世界市场的形成，在垄断资本

---

① 丰子义等：《全球化的理论与实践——一种马克思主义的视角》，南京：江苏人民出版社2016年版，第2页。

主义阶段，全球化表现为殖民地的瓜分与掠夺，在现代资本主义阶段，全球化又主要表现为金融资本垄断下的世界政治经济体系。在全球化的过程中，不同国家、民族和地区等主体并非机会均等地分享全球空间重塑所带来的成果与红利，反之呈现各主体彼此之间的诸多不平等境况，资本主义发达国家与地区拥有经济、科技等先发优势，从而过度地窃取全球化利益，广大发展中国家却依附于资本主义发达国家，长期处于贫困落后状态，这造成了世界各地人民普遍关注全球空间内部的平等性等问题。

在人类的历史进程之中，城市要早于资本主义生产方式而出现。在工业革命之前，城市多因作为政治、交通和宗教等中心而形成，"现代意义的城市则是资本主义生产发展的结果与载体"[①]。资本作为根源动力将各种各样的生产要素聚集在一定的地理空间之内以便进行社会化大生产。资本主义社会化大生产依赖于充足的劳动力供给，外来劳动者的大规模涌入，直接引发了强大的聚集效应，带动基本生活设施的建设，新兴资本主义工业城市就此逐渐形成。例如，"莱茵—鲁尔区"位于鲁尔河与利珀河之间，密集的河流网络为工业生产提供了便利的交通，并且该区域内煤矿资源十分丰富，又为工业生产供给了巨大的能源，因此该区域成为欧洲最大的工业区，集合着数量巨大的劳动人口，最终形成了鳞次栉比的城市带。城市空间在人类的社会生活之中扮演者愈发重要的角色，已然成为影响人类可持续发展的"第二自然"，本应"是人民的集合，他们团结起来在丰裕和繁荣中悠闲地共度更好的生活"[②]。对于劳动者而言，新兴的城市空间却成为被资本剥削与压迫的巨大的现代牢笼，内部遍布的贫民窟、周围堆积的垃圾场等现象表明城市空间问题已不再是城市本身的问题，而是社会关系失范的外在表现。

"以信息科技为基础的技术范式，使得成熟工业经济所潜藏的生产力

[①] 刘怀玉：《历史的解构与空间的想象》，南京：江苏人民出版社2013年版，第284页。

[②] [意大利]乔万尼·波特若：《论城市伟大至尊之因由》，上海：华东师范大学出版社2005年版，第3页。

得以彻底发挥。"① 马克思曾根据生产要素中因科技水平所致的生产工具的不同将人类历史划分为"石器时代""青铜时代"和"铁器时代"。信息科技作为新型生产要素,对于社会生产力的提高具有重要的意义,信息科技的及时性、交互性和便捷性等优点能够克服地理空间的距离问题,从而使人能够高效率地组织生产活动。正因为信息科技被广泛运用于资本的自我增殖过程,信息资本主义成为继商业资本主义、工业资本主义和金融资本主义之后的资本主义新形态。在发达资本主义国家中,信息科技的率先应用导致的空间效应超越了传统物理意义上空间的范围,致使人类空间实践的广度得以呈几何倍数地扩展,构建出了一种新的空间样式即"网络空间"。资本的超国家性致使"网络空间"成为人类的共有空间,并且将这种共有空间纳入自身的生产方式之中,"网络空间"本身并无好坏之分,资本主义生产方式的内在缺陷才是造成"网络空间"出现诸多失范现象的根本原因,正如曼纽尔·卡斯特所言:"空间是一个物质产品,相关于其他物质产物——包括人类——人牵涉于'历史地'决定的社会关系中,而这些社会关系赋予空间形式、功能和社会意义。"②

(二) 从"空间"中的生产到"空间生产"

在马克思、恩格斯等经典作家的著作之中,"生产"的内涵主要包括物质资料的生产与再生产、自然人的生产、社会关系的生产和再生产以及精神意识的生产③。物质资料的生产是所有生产中最为基础的内容,其他任何的生产都在根本上源于物质资料的生产。马克思、恩格斯身处于工业资本主义时期,其对于"空间"的理解,更多地偏重于将空间视为一种客观存在的各种生产对象、工具、条件或载体,空间外在地容纳资本主义生产过程,资本主义生产过程又内在地改造着空间,相对于时间而言,空间

---

① [美] 曼纽尔·卡斯特:《网络社会的崛起》,夏铸九、王志弘等译,北京:社会科学文献出版社 2003 年版,第 117 页。
② [美] 曼纽尔·卡斯特:《网络社会的崛起》,夏铸九、王志弘等译,北京:社会科学文献出版社 2003 年版,第 383 页。
③ 刘怀玉:《历史的解构与空间的想象》,南京:江苏人民出版社 2013 年版,第 277 页。

是作为包括资本主义生产之内的一般生产逻辑存在另一种必要维度而已。例如，在《1844年经济学哲学手稿》中，马克思揭示了人类生活的无机界的范围越广阔，人类就离纯粹的动物相距越远；在《德意志意识形态》中，马克思恩格斯阐述了资本主义生产对于地理局限的突破，并历史地塑造了城乡的二元空间对立；在《共产党宣言》中，马克思论述了资本主义生产在全球范围的布展以及打破了各民族、各地区之间的空间壁垒。可以说，在马克思、恩格斯的理论体系之中，空间并不是直接的研究目的，而是作为外在元素出现于对生产方式分析的过程中。并且，马克思、恩格斯深受德国古典哲学尤其是黑格尔哲学的影响，创建了历史唯物主义思想，用于解析作为一种历史存在的资本主义生产方式。马克思、恩格斯所创建的历史唯物主义并非是以时间维度中借助于进化论去理解一切历史存在物，而是要确定总体性的宏大视野，以理解历史进程中的具体主体，正如马克思、恩格斯所言，"这些原理的实际运用，随时随地都要以当时的历史条件为转移"。所以，虽然马克思、恩格斯经典著作之中涉及空间落墨较少，空间作为"特定历史自身生产的总体"，是理所应当包含于历史唯物主义的理论视野内，但囿于资本主义发展阶段的历史局限性，对于"空间"的论述多集中于"空间中的生产"的范围。

马克思以深邃而敏锐的洞察力早就预感到物理空间界限必然被资本主义社会化大生产所突破，而资本主义生产关系本身的生产与再生产亦将出现。他在《1857—1858年经济学手稿》中就指出："资本按其本性来说，力求超越一切空间界限。因此……用时间去消灭空间。"① 在列斐伏尔看来，虽然马克思当年的研判十分具有前瞻性，但是马克思本人也因时代的局限性，多关注于空间与物质资料生产两者之间的关系，却未能看到现代资本主义发展的具体变化，即资本主义生产关系已然超越了空间制约下物的生产领域，演变为空间的自我生产，换言之，"资本主义社会的生产关系的生产与再生产本身就是空间的"②。现代资本主义之所以未像马克思所

---

① 《马克思恩格斯全集》第30卷，北京：人民出版社1995年版，第521页。
② 刘怀玉：《历史的解构与空间的想象》，南京：江苏人民出版社2013年版，第278页。

判定的那样在生产力与生产关系不可调和的矛盾中走向灭亡,就在于从"空间中的生产"进化为了"空间生产"。

空间生产绝非是资本主义内在矛盾的解决之道,相反是资本主义危机的当代表征。在马克思身处的时代,资本主义危机集中表现为周期性爆发的经济危机,资本主义生产关系与生产过程尤其是物质资料的生产过程息息相关,空间还未成为资本主义生产关系本身,仅仅作为物质资料生产及其实现形态的存在要素。列斐伏尔在肯定马克思所作的历史贡献的同时,也批评了后继马克思主义者延续"实体主义"的思维方式,未能重视马克思的再生产理论。"只有从再生产的视角,资本主义生产方式的扩展性和自我突破性才能得以更准确的认识。"① 因此,以列氏为代表的新马克思主义者集中于社会领域考察资本主义生产关系的再生产。再生产出的资本主义生产关系的存在方式就是空间,这里空间的根本属性不再是物质性,而是社会性。"空间里到处弥漫着社会关系,它不仅被社会关系支持,也生产社会关系和被社会关系所生产。"② 空间本身成为资本主义生产关系的抽象化重新整合,而"空间的生产"是资本逻辑对于日常生活等社会领域的内在化操纵。第二次世界大战之后,资本主义的自我调节机制日趋完善,并表现出持续的经济发展,但这绝不能掩盖资本主义的固有内在矛盾,这种矛盾不仅仅以经济危机的形式出现,还表现为资本主义生产关系在全社会范围内部的失范状态的日益加剧,所以空间生产是"资本的中心和核心的衰亡"③。一旦空间生产爆发危机,那则是资本主义的真正"内爆",必将引发资本主义的现代危机。

(三) 从现代性到后现代语境下的"空间"

现代是一个时间概念,多指人类历史尤其是西方历史进程的一个阶

---

① 林密:《意识形态、日常生活与空间:西方马克思主义社会再生产理论研究》,北京:中国社会科学出版社2016年版,第283页。

② [法]亨利·列斐伏尔:《〈空间的生产〉新版序言(1986)》,见张一兵主编《社会批判理论纪事》第1辑,北京:中央编译出版社2006年版,第182页。

③ Henri, Lefebvre. *The Survival of Capitalism*, *Reproduction of the Relations of Production*. London: St. Martin's Press, 1978, p. 110.

第一章 空间之维：资本逻辑批判的时代意蕴

段，其肇始于文艺复兴之时，而现代性乃是"一个历史断代术语"①。长期以来，人们对于现代性内涵的理解纷繁复杂，对于现代性术语的使用宽泛多变。哈贝马斯认为，自18世纪以后，现代性就成为"哲学讨论的主题"②。对于现代性的关注虽然源起于西方，但其绝不仅仅是现代西方的独有现象，早已成为包括西方在内的人类共同的境况。西方普遍处于中世纪之时，基督教的宗教信条成为人的生活基石，整个社会置于宗教的图景之中，作为人的思想结晶的哲学被视为"神学的婢女"。文艺复兴运动将人的价值提升，使神的地位下降，反对基督教所宣称的救赎等思想，宣扬对人追求幸福的肯定，引导人脱离宗教的束缚以回归于丰富的现实生活，在文艺复兴运动之后，启蒙运动更加立场明确地批判教权主义以弘扬世俗主义，从这种意义上讲，现实性乃是"世俗化的过程"③。对于神学而言，理性成为最为有力的思想武器，启蒙运动就是要启迪人们理性地认知和把握事物本质与普遍真理的能力。黑格尔对于理性的理解站在了人类思想的高峰，其给予理性在所有人类精神意识内的最高位置，更为重要的是，黑格尔通过构建宏大的概念体系，以此论证了理性的精神发展史，"精神的历史永远是它的解放，把它所是的东西作为对象，认识它所是的东西，从而使自己摆脱这种东西，以此达到一个更高的阶段。历史就是自我意识的这种必然前进的发展"④。马克思汲取了黑格尔的辩证法思想的同时，摒弃了将"绝对精神"即理性作为世界的本源，论证了社会实践在人类历史发展中的终极动力，并且创立了历史唯物主义。由此得知，现代性表征了人类精神从桎梏于宗教到解放于理性的变迁，意蕴着人类不可逆转地走向自由与进步的希冀。所以，在现代性的语境下，空间问题沉寂于

---

① 张一兵主编：《当代国外马克思主义哲学思潮》（下卷），南京：江苏人民出版社2010年版，第413页。
② [德]于尔根·哈贝马斯：《现代性的哲学话语》，曹卫东等译，南京：译林出版社2004年版，第1页。
③ 陈嘉明：《现代性与后现代性十五讲》，北京：北京大学出版社2006年版，第25页。
④ 薛华：《黑格尔对历史终点的理解》，北京：中国社会科学出版社1983年版，第20页。

"历史决定论"①之中了。后现代作为一种思潮产生于对现代性的批判之中,后现代不仅仅意味着对于现代(现代性)在时间顺序中的替代,也昭示着"同现代的一切理论与实践"的"决裂"②,正如哈贝马斯所认为的那样:现代性的话语体系"已经过时"③。后现代思潮出现的根本原因在于西方社会经济结构发生了深刻变化。现代性与资本主义是相辅相成的,第二次世界大战之后,西方资本主义的发展全方位暴露出了现代性的内在缺陷,例如过度崇拜甚至迷信理性、人与自然关系恶化和社会内部结构畸形等等。1968年,法国爆发了声势浩大的"五月风暴",这标志着对于现代性的反抗已然演化为一场新社会运动。后现代怀疑"理性""客观性"等现代性核心概念,反感人类社会历史的宏大叙事,寻求多元的理论框架解释社会问题。空间作为后现代对抗现代性的一个理论基点,有着深刻的社会实践背景。20世纪以降,人类社会尤其西方社会经历了激烈的全球化、城市化和信息化等切身"空间体验",改变了过去"在时间性秩序的概念之上,由此导出空间相位的性质"④的传统。"五月风暴"之后,西方社会科学领域普遍出现了"理论空间化"的倾向,麦克·迪尔总结道:"后现代思想的兴起,极大地推动了思想家们重新思考空间在社会理论和构建日常生活过程中所起的作用。空间意义重大已成普遍共识。"⑤

二、资本逻辑批判的"空间在场"

资本逻辑现代性与现代性的关联。现代性产生于西方,所以很多人试图从西方社会的传统文化中寻求现代性生产的缘起,例如韦伯认为"现代

---

① [美]爱德华·W. 苏贾:《后现代地理学——重申批判社会理论中的空间》,王文斌译,北京:商务印书馆2004年版,第19页。
② 张一兵主编:《当代国外马克思主义哲学思潮》(下卷),南京:江苏人民出版社2010年版,第414页。
③ [德]于尔根·哈贝马斯:《现代性的哲学话语》,曹卫东等译,南京:译林出版社2004年版,第5页。
④ 冯雷:《理解空间:20世纪空间观念的激变》,北京:中央编译出版社2017年版,第146页。
⑤ [美]麦克·迪尔:《后现代血统:从列斐伏尔到詹姆逊》,季桂保译,见包亚明主编《现代性与空间的生产》,上海:上海教育出版社2003年版,第84页。

性的核心是世界的理性化，而新教伦理是其主要来源"①，然而，无论是古希腊的理性主义抑或基督教的道德伦理均不能被视作现代性的最终源泉，传统文化的复兴与流变仅仅是物质基础改变的直接反应而已，资本的运行与作用逻辑才是现代性存在论基础的终极物质力量。对于资本逻辑的批判贯穿于马克思思想的始终，从这个意义上看，马克思的问题域是从属于现代性的，但是马克思也明确指出，"在资本的简单概念中必然自在地包含着资本的文明化趋向，等等，……同样必须指出，在资本的简单概念中已经潜在地包含着以后才暴露出来的那些矛盾"②，资本逻辑是现代性根源的同时，也因自身的生长塑造了现代性的失范，后现代思想正是基于此而勃兴。如前所述，后现代思想前所未有的开始重视空间的重要性，弗雷德里克·詹姆逊旗帜鲜明地判定，"后现代主义是关于空间的，现代主义是关于时间的"③。新马克思主义代表人物普遍有一种潜在的理论意识，即资本逻辑与现代性之间存在着千丝万缕的联系，而马克思的资本逻辑批判范式决定了其本人并未将空间纳入自己的理论视野之内，因此必须使用空间才能重构马克思理论，以实现后现代的转向，例如，大卫·哈维在《资本的城市化》中宣称，"历史唯物主义必须升级为历史地理唯物主义"④。但是，革命性是马克思理论最为显著的特性之一，马克思试图通过革命主体（无产阶级）的社会实践来实现现代性的重建，这就彰显出马克思理论的巨大优越性。空间虽然被重视于后现代，但并不能由此断定马克思的资本逻辑批判范式内没有空间思想，只不过马克思的空间思想多具有现代主义的色彩而已。

（一）马克思早期资本逻辑批判的"空间在场"

《资本论》及其手稿是马克思最为成熟的著作，这些著作内蕴含的空间

---

① 鲁品越：《走向深层的思想——从生成论哲学到资本逻辑与精神现象》，北京：人民出版社2014年版，第385页。
② 《马克思恩格斯全集》第46卷（上册），北京：人民出版社1979年版，第398页。
③ [美] 弗雷德里克·詹姆逊：《后现代主义与文化理论》，唐小兵译，北京：北京大学出版社1997年版，第243页。
④ David, Harvey. *The Urbanization of Capital*. Baltimore: the john Hopkins University Press, 1985, p. xii.

思想最具有代表性，但是马克思早期的经典文本中亦存在着"空间在场"。

在《博士论文：马克思空间思考的重要起点》（以下简称"《博士论文》"）中，马克思反思了黑格尔的抽象空间观，为后期实践观念下理解空间奠定了基础，所以，《博士论文》被视为"马克思空间思考的重要起点"①。"黑格尔标志着时空观的重大转变"②，黑格尔第一次将时间和空间联系在一起，具体的物质与运动充塞于两者之中，使得两者先天的不可分离。黑格尔对于时间与空间的整体性理解方式至今依然闪耀着智慧的光芒，影响着现代人时空观的形成。但是，黑格尔将绝对精神视为统治人类社会的先在，时间与空间都是作为绝对精神逻辑展现的具体。但是，在黑格尔对于"绝对精神"推导的叙述方式，空间常常隐匿于时间之内。不同于黑格尔对空间的抽象化理解，马克思在《博士论文》中梳爬伊壁鸠鲁的自然哲学，摒弃黑格尔的形而上学，力图通过"静态的对外世界的感性活动"③来掌握"空间"，成为后期实践的认知空间的最初原点。

在《德意志意识形态》中，马克思清算了费尔巴哈、鲍威尔和施蒂纳等人代表的德意志意识形态家们的思想，并在该清算过程中涉及城乡空间对立、全球空间塑造和社会空间结构等多种问题。如前所述，马克思在《博士论文》中立足于感性活动以认知周围的空间，这种理解方式在《德意志意识形态》中被根本性地改变。费尔巴哈视野中的空间仅仅为一种外部的自在自然，而非历史性与实践性的存在物。马克思对此给予了彻底的批判，其认为空间"绝不是某种开天辟地以来就直接存在的、始终如一的东西"，而是社会实践尤其是物质生产实践的产物，所谓的"可感知的环境"都是"人化后的社会性空间"④，正是在此基础之上，马克思在该文本

---

① 李春敏：《〈博士论文〉：马克思空间思考的重要起点》，载《天府新论》，2010 年第 4 期。

② 冯雷：《理解空间：20 世纪空间观念的激变》，北京：中央编译出版社 2017 年版，第 33 页。

③ 李春敏：《〈博士论文〉：马克思空间思考的重要起点》，载《天府新论》，2010 年第 4 期。

④ 王文东：《〈德意志意识形态〉中的空间正义思想解读》，载《哲学研究》，2016 年第 4 期。

内阐述了诸如城乡、全球和社会空间等问题。首先，马克思认为生产力的先进程度表现为分工的具体程度，从事"工商业劳动"与"农业劳动"的分离，必然"引起城乡的分离和城乡利益的对立"①，城市空间孕育出现代资本主义。其次，马克思指出，"美洲和通往东印度的航线的发展"标志着人类交往范围的扩展，"整个生产运动"得以前所未有的推进，西欧一隅的资本主义市场"日益扩大为世界市场"②，"活动资本的积累"依赖于整个世界市场的运转，世界市场的出现使得现代人以全球的视域理解空间形态。再次，马克思从"部落所有制""公社所有制和国家所有制""封建的或等级的所有制"的相互关系以及各个所有制内在的秩序结构的维度分析了社会空间的具体形态，而这些社会空间的具体形态尤以阶级关系为基础。

在《共产党宣言》中，马克思、恩格斯勾勒了资本自我积累过程中所造成的全球范围内的空间扩张。这种空间扩张本身与世界历史的形成乃是一体两面，并且该过程并不以个人甚至国家意志为转移。在全球空间中，"阶级和民族国家双重分化"③，民族国家内部因资本主义生产方式的制约，剩余价值的分配愈发不公，社会逐步形成了无产者与资本占有者两个相互尖锐对立的阶级，这种显现已然成为世界性的现象，无产阶级作为被剥削者与被压迫者已经成为全球空间的革命主体力量。在民族国家之间，西方资本主义国家渐渐对落后的地区与国家开展殖民统治，"未开化和半开化的国家从属于文明国家，使农民的民族从属于资产阶级民族，使东方从属于西方"④。需要指出的是，马克思对于资本逻辑在全球空间内的运转结果的论断与现实境况存在着差异，马克思最开始研判社会主义革命在全球空间内取得胜利的时期即将到来，但他却未能预见资本主义自我调整的能力。社会主义事业虽仍在占世界1/5人口的国家显示出蓬勃生机与活力，但社会主义革命要在全球空间内取得普遍胜利的历史进程依然充满长期

---

① 《马克思恩格斯全集》第3卷，北京：人民出版社1960年版，第24页。
② 《马克思恩格斯全集》第3卷，北京：人民出版社1960年版，第64页。
③ 宋朝龙：《〈共产党宣言〉的空间逻辑与人类命运共同体的建构——第二届世界马克思主义大会纪念〈共产党宣言〉专题述评》，载《学术论坛》，2018年第3期。
④ 《马克思恩格斯全集》第4卷，北京：人民出版社1958年版，第470页。

性、曲折性和复杂性。但是,马克思对于全球空间未来形态的论断乃具有普遍的真理性,伴随着资本主义内在固有矛盾的总爆发,共产主义并非局限于某个地区或民族国家,而是广泛实现于世界主要文明国家乃至全球空间之中。

(二) 恩格斯早期资本逻辑批判的"空间在场"

恩格斯早期对于资本逻辑的批判中亦涉及空间问题,主要体现于《英国工人阶级状况》和《论住宅问题》中。

恩格斯在《英国工人阶级状况》中描述了资本本身获得巨大积累之时,英国工人阶级的悲惨境遇以及工人运动的现实问题,这其中"隐含着空间生产理论"[①]。英国资本主义在发展过程中,引发了城市形态的改变即工业城市的产生,尤其是以棉纺织业为典型的工业城市普遍出现。英国的"圈地运动"进一步促使广大失地农民进入城市转化为工人,为社会化生产提供了充足的劳动力,英国与"其他任何国家都不一样了:有居民达250万人的首都,有巨大的工厂城市"[②]。恩格斯并非从单一视角看待城乡空间的重塑,而是立足于整体性视角分析资本主义的"空间生产"。例如,恩格斯在该文本中运用较大的篇幅刻画了公路、铁路等交通设施的飞速提高对于资本在空间内流通速度的强大助力。需要指出的是,恩格斯已然开始对资本主义"空间生产"进行了伦理反思,其指出在英国的工业城市中,广大工人阶级"不可能像人一样地思想、感觉和生活"[③],工作空间内充斥着对工人自然力的过度使用甚至造成了工人自然力的不可再生,生活空间中弥散着对工人生理机能的各种损害甚至危及他们的生命。城乡之间表现出中心与边缘的空间不平衡发展,城市作为资本最为集中的空间吮吸着乡村空间内的各种资源,城市空间聚集的资源愈多,乡村空间内却呈现出普遍的萧条。恩格斯认为,"工人阶级的状况是当代一切社会运动的真

---

① 王文东、赵艳琴:《〈英国工人阶级状况〉中的空间生产与空间正义思想解读》,载《苏州大学学报》,2016年第4期。
② 《马克思恩格斯全集》第2卷,北京:人民出版社1957年版,第295页。
③ 《马克思恩格斯全集》第2卷,北京:人民出版社1957年版,第575页。

正基础和出发点,因为它是我们目前社会一切灾难的最尖锐最露骨的表现"①。只有依靠工人阶级的革命运动消灭资本主义制度以实现共产主义,才能在根本上改变包括空间在内任何领域的伦理失范。

恩格斯在《论住宅问题》中论述了居住空间所展现的境况如住房短缺问题。恩格斯强调,住房短缺问题所代表的居住空间失范,并非仅仅存在于一般工人阶级之中,而是"一切时代的一切被压迫阶级几乎同等地遭受过的一种痛苦"②,在资本主义社会中,工业城市空间内人口的骤然增加,引发了工人阶级居住空间的挤压,一些工人甚至丧失了基本的"栖身之处"。恩格斯进一步指出,工人的住房短缺相较于其他社会问题,"只是现代资本主义生产方式所造成的无数比较小的、次要的祸害之一"③而已。本是工人阶级所创造的剩余价值,却被资本占有者无偿掠夺,而工人阶级所获得的劳动报酬不能支付高昂的租金,只能被排挤至城乡间隔中的市郊。无论是"浦鲁东主义者",还是"仁爱的资产者"所提出的诸多解决"'住房短缺'问题"④的方案都不能真正行得通,只有"摆脱了一切历来的枷锁"的无产阶级,发挥革命主体性作用以实现铲除"一切阶级剥削和一切阶级统治"的彻底的"社会变革"⑤,任何居住空间失范也会随之消失了。

(三) 列宁资本逻辑批判的"空间在场"

列宁的空间思想生成于其对马克思主义哲学的深刻理解与积极发展中,唯心主义和唯物主义是划分哲学的两个基本派别,无论是康德式的客观唯心主义抑或马赫式的主观唯心主义都未将空间视为一种客观存在物,列宁却与之截然不同,他在《唯物主义和经验批判主义》一文中认为虽然"人类的时空观念是相对的"⑥,但是时间和空间都是物质存在的客观形式,

---

① 《马克思恩格斯全集》第 2 卷,北京:人民出版社 1957 年版,第 278 页。
② 《马克思恩格斯全集》第 18 卷,北京:人民出版社 1964 年版,第 237 页。
③ 《马克思恩格斯全集》第 18 卷,北京:人民出版社 1964 年版,第 238 页。
④ 《马克思恩格斯全集》第 18 卷,北京:人民出版社 1964 年版,第 237—238 页。
⑤ 《马克思恩格斯全集》第 18 卷,北京:人民出版社 1964 年版,第 245 页。
⑥ 《列宁全集》第 18 卷,北京:人民出版社 1988 年版,第 180 页。

"世界上除了运动着的物质，什么也没有，而运动着的物质只能在空间和时间中运动"①。

列宁的空间思想主要表现在其对帝国主义的批判中，在19世纪末20世纪初，资本主义生产领域发生了深刻的变化，正由自由竞争阶段演变为垄断阶段。列宁在《帝国主义是资本主义的最高阶段》一文中认为，从全球空间看，"资本主义已成为极少数'先进'国对世界上大多数居民施行殖民压迫和金融扼制的世界体系"②。资本逻辑的运行造成了资本主义生产的多维空间聚集，这种聚集必然产生了垄断的趋势，至此资本主义已然发展到了最高阶段，也就是帝国主义。在这个过程中，建筑铁路等空间生产行为，在表面上似乎是民主的、文化的、传播文明的，但实质上却是资本压迫的工具而已。全球空间的形成为帝国主义的寄生性和腐朽提供了必要的条件。帝国主义通过暴力战争、"剪票息"等形式对于非发达国家与地区进行经济掠夺，帝国主义也因掠夺的激烈性而彼此之间经常发生利益冲突，并由此引发重新分割世界的矛盾。

（四）第二国际理论家资本逻辑批判的"空间在场"

考茨基同样重视帝国主义问题，但较之列宁而言，其对于殖民主义和帝国主义概念的运用却截然不同。考茨基认为帝国主义并非是资本主义由自由发展至垄断的一个必然阶段，而是工业资本主义高度发展的产物。资本进入农村空间的目的不是为了促进农业的发展，仅为吞并农村空间。虽然帝国主义"带有明显的殖民和侵略色彩"③，但是与殖民主义还是存在着根本的区别。考茨基对于农村空间的关注可以追溯至其所创作的《农村问题》一文中，考茨基认为，农村空间不可能永远不变地持续存在，资本主义生产方式已然在整个社会内占据了主导地位，农村空间内的小农生产必将破产，与之相伴的小土地所有权亦遭消失，"绝望的农民……所处的这

---

① 《列宁全集》第18卷，北京：人民出版社1988年版，第180页。
② 《列宁全集》第22卷，北京：人民出版社1958年版，第183页。
③ 付明：《考茨基帝国主义与殖民主义概念辨析》，载《学术交流》，2014年第4期。

样的状况并不是暂时的"①。

卢森堡在《资本论》的基础之上完成了《资本积累论》，在该文中卢森堡提出了一个重要观点即非资本主义乃是资本逻辑得以有效运行的必要结构性条件，资本主义生产与"第三者"环境在空间内的同时并存，"资本主义就是可能的"②。卢森堡认为，资本积累在多种空间形态之中得以实现，一是劳动空间，劳动者在劳动空间内创造出远超自身劳动力价值的剩余价值；二是经济空间，商品在经济空间中得以交换，其中"最重要的阶段是资本家和工人劳动者的交易"③；三是全球空间，资本主义通过各种殖民政策对非资本主义国家、地区"赤裸的暴力、欺诈、压迫和掠夺"。劳动空间的资本积累属于生产性积累，而全球空间的资本积累却属于非生产性积累，这就造成了资本主义与非资本主义阶层、国家等体系的不平衡发展。卢森堡进一步指出，资本占有者和劳动者并不能够消费掉"剩余价值的资本化部分"，剩余价值的完全实现必须依靠"资本主义社会以外的购买者阶层"④，这种"消费不足"直接造成了资本主义的经济危机。换言之，经济危机乃是资本积累的外部现象。在经济危机中，因不平衡发展的地位，非资本主义体系成为真正的受害者。当全球空间内，非资本主义体系不再存在，资本主义体系成为唯一存在者之时，资本积累将达到极限，而资本主义生产方式亦将终结。而且，在资本主义积累过程之中，社会主义革命是极其有必要的，只有通过革命才能确立社会主义经济形态，从而彻底摒弃经济危机的根源，实现以生产积累完全代替资本积累。

三、资本逻辑批判的"空间形态"

资本运行与作用的逻辑既是资本主义发展的根本动力，也是现代社会

---

① 中国人民大学科学社会主义系编：《国际共产主义运动史文献史料选编》第2卷，北京：中国人民大学出版社1985年版，第198页。
② [德]卢森堡、布哈林：《帝国主义与资本积累》，柴金如，梁丙添译，哈尔滨：黑龙江人民出版社1982年版，第276页。
③ [德]罗莎·卢森堡：《资本积累论》，彭尘舜，吴纪先译，北京：三联书店1959年版，第364页。
④ [德]罗莎·卢森堡：《资本积累论》，彭尘舜，吴纪先译，北京：三联书店1959年版，第276页。

形成的主要动因。但是，资本逻辑作为"普照的光"统摄着整个社会的同时，也造成了人与自然、人与人之间关系普遍的失范，引起了人们深刻的反思。空间作为一种客观存在物，必然会被纳入资本的生产体制之内，"资本按其本性来说，力求超越一切空间界限"①。资本逻辑的具体形态呈现出不同的阶段性特征，由此引发的多元资本逻辑批判思想也就体现出历时态的性质，各种资本逻辑批判中涉及的空间形态亦展现出嬗变的过程。

马克思主义代表着人类对于资本逻辑批判的杰出思想成就，显示出先进思想家们对于资本逻辑批判的深邃洞见，本书主要以马克思主义为脉络，对资本逻辑批判的空间形态的演化进行初步的讨论。马克思、恩格斯等经典作家虽然没有将理论点聚焦于空间问题，但其著作中涉及的具体空间现象依然闪耀着智慧的光芒，他们的伟大之处不仅在于对具体空间现象的论述，而是深入阐述这些现象背后的资本运行与作用逻辑，这就为后人继续研究空间提供了清晰的理路和坚实的理论基础。从马克思、恩格斯至考茨基、卢森堡，又至列宁，再至列斐伏尔、卡斯特与哈维等，都有着一个显著的共同点即将资本主义生产方式与空间两者紧密联系在一起，形成了一个理论发展脉络，即从资本的空间化到空间的资本化过程，正是在这个过程之中"空间"表征出多种具体的形态。要全面而准确地把握空间形态，就必须"把各种不同的空间及其生成样式全部统一到一种理论之中，从而揭示出实际的空间生产过程"②。列斐伏尔乃是城市社会学理论的奠基人之一，其著作《空间的生产》成为空间研究的扛鼎之作。列斐伏尔在该书中提出，对于"空间"的理解应该涵盖"物质""精神"和"社会"等三重领域，并且这三重领域不可分割、紧密相连，空间在每个领域之内都会彰显出具体的形态。

马克思、恩格斯生活于机器大工业时代，目睹了工业资本主义的迅猛发展。如前所述，资本逻辑的运行必然不断突破物质领域，以持续占有劳动力所创造的剩余价值，实现自身的无限增长。工业资本主义前所未有地扩展了劳动对象的范围，使得"自然空间"发生了深刻的变化。工业资本

---

① 《马克思恩格斯全集》第30卷，北京：人民出版社1995年版，第101页。
② Henri, Lefebvre. *The Production of Space*. Oxford: Blackwell, 1991, p. 7.

主义是一种社会化的大生产，推动了"劳动空间"从手工作坊向工厂制转换。资本主义工业化首发于城市之内，城市空间又成为资本主义的扩张提供了基本条件，两者呈现出交互关系。马克思、恩格斯长期居住于柏林、巴黎与伦敦等资本主义工业城市之中，切身感受到资本主义与城市的关系，具有丰富的城市思想，直接启发了例如大卫·哈维等新马克思主义者对于城市空间的长期思考，他们认为，工业资本主义进一步催生出世界市场，促进了人类的普遍交往，构建起了真正意义上的全球空间。马克思、恩格斯囿于时代的局限性主要从物理层面阐述多种空间的具体形态，但其对于资本逻辑批判的一般原理依然普遍适用于当今时代。资本逻辑的绝对运行不可避免地呈现出基于空间的张力，换言之，资本逻辑具备天生的"脱域性"。"资本在扩展物质生产空间的同时，必然会通过生产关系的生产与再生产，开辟出比物质生产更为重要的社会空间。"① 一旦从社会领域理解空间，空间就不再是外在的、客观的、中立的、孤立的、和静止的，而是具备了复杂的属性，显现出多种的形态。列斐伏尔认为，社会领域视域下的空间，"是政治的、意识形态的"②。资本主义生产关系映射至政治空间中，造成政治参与者权力结构的不平衡以及权利享有的不对等，这种失范在民族国家内部具体表现为统治阶级对被统治阶级的压迫，在国际关系之中又具体表现为霸权主义与帝国主义的盛行。马克思认为，资本主义生产方式使得人与人之间的社会关系被物与物之间的交换关系所遮蔽，"这种遮蔽形成了资本主义社会中特有的意识形态"③，在"意识形态空间"中，商品拜物教占据着统治地位。当资本主义发展至较高阶段，时空被持续压缩，物质与社会领域的界限已经内爆，生成虚拟空间，信息技术与虚拟空间的相结合，营造出了一种新的社会形态即网络社会。

各种空间形态相继出现的根源是资本逻辑运行的不同社会阶段在空间

---

① 王巍：《马克思视域下的资本逻辑批判》，北京：人民出版社2016年版，第133页。

② 包亚明主编：《现代性与空间的生产》，上海：上海教育出版社2003年版，第62页。

③ 夏莹：《当代西方马克思主义社会批判的隐性逻辑》，南京：江苏人民出版社2013年版，第80页。

上的具体反映。"自然空间是通常的起点……甚至是起源性的基础"①，"自然空间"乃是任何生产方式发生作用的前提，任何生产方式都会在自然空间的基础上生产属于自身所有的"劳动空间""地理空间"等物理领域的空间形态。"一个社会的空间实践是通过对其空间的破译得到揭示的"②，资本主义社会空间实践的表象诸如"经济空间""政治空间"和"意识空间"等都被深深地烙着资本逻辑的印记。并且，资本主义的空间实践使得"空间"本身也具备了资本的属性，造成了"空间资本化"的特殊形态。

第三节 资本逻辑批判的方法论特质

一、总体性的认知空间

总体性并非所有事物的全部，人类不会在特定阶段认知所有的对象，正如科西克所言："总体并不意味着一切事实。通体意味着实在是一个有结构的辩证的整体。"③ 以资本逻辑批判的视角认知空间，天然地意味着总体性的优势。黑格尔将神秘的绝对精神视为一种有机体，该有机体的内外存在皆隶属于精神性。马克思摒弃了黑格尔唯心主义的同时，却继承了黑格尔关于有机体的总体性精华，并用以"创立了资本有机体理论，全面阐发资本总体性"④。作为有机体的资本不会固定存在，反之伴随着社会实践的发展而演化出特殊的形式，在这种演化的过程中，资本"使社会的一切要素从属于自己"⑤，那么空间也必然裹挟在内，而空间的具体形态亦表现在资本特殊形式的运行之中。在马克思看来，资本逻辑下的生产，总要将

---

① 童强：《空间哲学》，北京：北京大学出版社 2011 年版，第 36 页。
② Henri, Lefebvre. *The Production of Space*, Oxford: Blackwell, 1991, p. 38.
③ ［捷克斯洛伐克］卡莱尔·科西克：《具体的辩证法——关于人与世界问题的研究》，傅小平译，北京：社会科学文献出版社 1989 年版，第 119 页。
④ 彭宏伟：《资本总体性：关于马克思资本哲学的新探索》，北京：人民出版社 2013 年版，第 21 页。
⑤ 《马克思恩格斯全集》第 30 卷，北京：人民出版社 1995 年版，第 237 页。

一定的空间为基础，并需不断扩大这个空间规模，或者更多地拥有资本的空间地盘。他在《1857—1858年经济学手稿》中指出："以资本为基础的生产，其条件是创造一个不断扩大的流通范围，不管是直接扩大这个范围，还是在这个范围内把更多的地点创造为生产地点。"① 空间扩张是资本逻辑不可遏制的总体发展趋势。例如，工业资本主义的发展最先改变了物理领域的"自然空间""地理空间"和"劳动空间"等，垄断资本主义的出现又使得社会领域的"政治空间"进入人类的视野之中。不同于西方经济学家们机械的、形而上学的将资本看作单纯的物，马克思将资本视为运动的有机体，该有机体以总体性维度统辖了自身生成与作用逻辑所涉及包含空间的一切要素，所以空间也必然在资本逻辑批判的过程中被总体性地认知。

二、关系性的理解空间

马克思《资本论》及其手稿的研究主旨，"是资本主义生产方式及其和它相适应的生产关系和交换关系"②，这种生产或交换关系的实质乃是物与物之间关系遮蔽下的颠倒的人与人之间的社会关系。这"构成了资本逻辑存在和展开的根本'关系形态'"③。所以，马克思最为关注的并不是资本主义的一般物质生产，而是资本主义社会关系的生产与再生产问题。社会关系是所有社会形态包括资本主义的根本制约因素，其必须"不断革命化，否则就不能生存下去"④。社会关系虽然客观存在，但是却不能被人类所直接把握，其不断外化为物、制度、组织等，升华为思想、观念，沉淀为道德、文化⑤。马克思、恩格斯在《共产党宣言》中将该关系形态比喻为"魔法师"，认为其迸发出巨大的魔力支配着一切。空间作为一种要素

---

① 《马克思恩格斯全集》第46卷（上册），北京：人民出版社1979年版，第390页。
② 马克思：《资本论》第1卷，北京：人民出版社2004年版，第8页
③ 白刚：《资本逻辑的三种形态》，载《武汉大学学报（人文科学版）》，2016年第3期。
④ 《马克思恩格斯全集》第4卷，北京：人民出版社1958年版，第469页。
⑤ 孙承叔：《资本与历史唯物主义：〈资本论〉及其手稿当代解读》，上海：上海人民出版社2017年版，第285页。

亦不可避免地被资本主义社会关系所统治。资本逻辑是对于资本主义社会关系最为本质的凝聚，所以，资本逻辑批判能够最为深刻地理解资本主义社会关系下的所有要素包括空间。例如，在资本主义社会中，"自然空间"的样态本就是人与自然关系的外化，"劳动空间"的布局则为劳动关系的外化，而"政治空间"的格局呈现出人与人关系的升华，"心理空间"可被视为意识形态关系的沉淀。

三、内在性的分析空间

马克思对于资本逻辑的批判绝不仅是立足于纯粹的伦理视角对资本主义社会的各种失范现象进行指摘，而是对资本自身与作用逻辑的内在运行规律展开了深入地分析，从而凸显出资本主义社会形态不可克服的内在局限性，预示了更高社会形态必然来临的客观规律。马克思在《资本论》第一卷中将商品作为原始基因，资本主义社会表现为"庞大的商品堆积"，商品内在的二因素，商品价值形式又作为"逻辑中介"，引发"一般等价物"从商品内部分离，最终导致以使用价值为代表的商品一极与以价值为代表的货币一极的对立统一状态，从而为货币最终通过劳动力转化为商品进而转化为资本提供了条件。《资本论》三卷就是从资本生产到资本流通，再到资本主义生产总过程的内生性流变，意味着从抽象到具体的思维理路。所以，以资本逻辑批判为视角，最能够内在性地分析出诸如空间等具体问题背后的抽象，深刻把控问题的终极实质。例如，在资本主义社会中，"经济空间"生成的核心命题乃是时空转换与压缩，一些西方学者将该种境况归结于科学技术革新与应用，但根据马克思主义的观点，资本的无边界扩张才是"经济空间"生成的最为根本的内在动力，社会一旦有技术上的需要，则这种需要就会比十所大学更能把科学推向前进，这种需求的本质则是资本自我增殖的需求。

第二章 空间重构：
资本逻辑运行的现实基础

第一节 自然空间的变化

马克思认为，"人直接地是自然存在物"①，固然人的本质体现于现实性的社会关系的总和当中，但是自然却是人得以生存的前提与基础，这具体表现为人必然生存于一定的自然空间之内，并在自然空间内与其他诸多自然存在物发生关系。自然空间虽然"自在"，但却非永恒不变，除了自然本身的物理、化学、生物、地质等运动规律之外，人的实践活动则为自然空间变化的最大因变量，因而人的实践活动又是社会关系最为本质的反应，分析自然空间的变化必须立足于人的社会关系。马克思在《1857—1858年经济学手稿》中为创作《资本论》做艰巨的理论准备之时，客观分析了资本主义大工业对自然空间的历史作用。尔后，马克思在《资本论》及其手稿中阐述资本逻辑的同时，亦涉及自然空间的问题，资本逻辑乃是资本主义社会关系的实质，从资本逻辑出发，最能够理解诸多自然空间问题的根源，马克思集中于以英国为代表的资本主义大工业发展进程中的矛盾，尖锐地批判了自然空间内部的失范，揭示了资本主义社会人与自然关系的不可调和。

一、自然空间变化的表现：从"自在自然"至"人化自然"

就自然空间而言，一方面存在着"自在自然"空间，另一方面又存在

---

① 马克思：《1844年经济学哲学手稿》，北京：人民出版社1979年版，第120页。

着"人化自然"空间。从"自在自然"空间到"人化自然"空间是人类主体性力量的彰显,从一方面说,"自在自然"空间先于人类产生之前而存在抑或是尚未受到人类社会实践影响的自然。"没有自然界,没有感性的外部世界,工人就什么也不能创造。"① 黑格尔将思辨的哲学取代自然,绝对精神作为本因衍生出庞大而繁杂的体系,自然只不过作为"有缺陷的存在物"② 存在其中,只是人的思想发展历程中的概念性或观念性的东西。马克思却颠覆了黑格尔关于自然的认知,肯定了自在的自然空间的双重特性,即客观存在性和优先存在性。马克思在《资本论》中论述劳动的外在自然条件之时,提出并区别了生活资料与劳动资料的两个"自然富源"的概念,生活资料的自然富源诸如"鱼产丰富的水域""土壤的肥力"等在人类社会发展的初期对人类的生存发挥着至关重要的影响,伴随着人类社会迈入更高发展阶段,生产资料的自然富源如为机器大工业供给能源的煤炭、供应材料的有色矿产、提供运输的河道等等逐渐代替生活资料的富源成为决定性因素,而"这样的生产资料,它们是天然存在的"③。另一方面来说,又存在"人化自然",即人通过劳动实践使自在的自然空间凝聚了人的对象化的本质力量。人化自然"是经过形式变化而适应人的需要的自然物质"④。自在的自然空间在人的劳动实践改造中,表现出人化的独特载体,演化为人的"无机身体"呈现在人类的社会领域。自此,自然以"自在之物"转化为"为我之物"。无论自然空间的人化程度如何,"总还剩有一种不借人力而天然存在的物质基质"⑤。人类社会生产力的日益发展,致使自然逐渐不能够直接满足人类的大规模、各类型、多用途的需求。人类则运用主观能动性以自然物质的特性为基质,生产出可满足人类高级需求的各种人工自然物。人工自然物为人化自然的典型体现,其显现物质的基本样态、遵循自然的运行规律。

"自在自然"空间在人的主体感觉或精神之外存在,并不以其变化而

---

① 《马克思恩格斯全集》第42卷,北京:人民出版社1979年版,第92页。
② 《马克思恩格斯全集》第42卷,北京:人民出版社1979年版,第177—178页。
③ 马克思:《资本论》第1卷,北京:人民出版社2004年版,第214页。
④ 马克思:《资本论》第1卷,北京:人民出版社2004年版,第211页。
⑤ 马克思:《资本论》第1卷,北京:人民出版社2004年版,第56页。

转移，但"人化自然"空间则为人的感觉或精神的物化，其结构、样态等深受人的主观性影响。在马克思看来，首先，自然空间的人化是自然异化的表现。自然空间的人化是实现人的价值的历史过程，人的社会实践活动是自然空间人化的动力，自然空间的人化是一个极其漫长的历史过程，是人的主体自我价值的实现，人的主体自我价值多元性导致自然空间人化的多样性特征。其次，人的自然化是人的自然的社会存在的表征。人成为自然存在的一种异己力量，自然也是人存在的一种异己力量，技术进步是人的自然化的基本动力，人的自然化是一个自然的历史过程。最后，从自然空间的人化与人的自然化的关系来看，自然空间人化与人的自然化都是自然历史过程，自然空间人化是人的自然化形成的基础或条件，人的自然化有效地加速了自然空间的人化进程，自然空间的人化与人的自然化是一对辩证关系。马克思政治经济学批判的使命是在批判旧世界中呼唤新世界，在《资本论》对资本主义生产方式的批判中，马克思表达了他对扬弃了资本增殖为唯一目的的新社会制度的向往和追求，其中也包括对自然空间扭曲现状的揭示和对新的人化自然空间建设的构想。马克思在《资本论》中指出，"只有当社会生活过程即物质生产过程的形态，作为自由联合体的人的产物，处于人的有意识、有计划的控制之下的时候"①，人与自然之间、人与人之间的神秘的纱幕才能被揭掉。

"人化自然"空间中，人与自然的关系应从单向利用回归于和谐共生，在自然空间里从利用变为共生。在马克思、恩格斯之前，唯心主义极少将客观自然纳入自己所思考的精神世界，忽略客观自然空间在人类历史进程中所发挥的基础性作用，其摈弃人的因素，设计出一个纯粹自然本体，抑或单纯以人的主体性为基点架构出一个纯粹社会本体。他们总是"把人对自然界的关系从历史中排除出去了，人为造成了自然界和历史之间的对立"②。这些哲学理念导致人和自然之间的关系在前社会主义社会（除原始社会之外）始终不能达到普遍和谐的重要文化因素。马克思认为"只有自

---

① 马克思：《资本论》第1卷，北京：人民出版社2004年版，第97页。
② 《马克思恩格斯全集》第3卷，北京：人民出版社1960年版，第44页。

然主义能够理解世界历史的行动"①。换言之，人本身就是一个客观的自然存在物，并长期受外在客观自然的作用。客观自然并非表明自然自为地存在于人类社会实践之外，而是揭示人并不能忽视自然的客观运行规律，不能将主观意识无节制地注入自然之中，更不能无限度地因满足自我需要削减自然于无的境遇，正如马克思在《资本论》中指出的："人在生产中只能像自然本身那样发挥作用，就是说，只能改变物质的形式。"② 人理解客观自然应建立在外在自然和人的感性活动两者有机统一的基础之上。换言之，人的主体性得以真正彰显、人的生存价值和意义得以有效映现，只有确立在人真正地认知和利用客观自然，使自在的自然空间和人的主体性交融至人化的自然空间的整体联系当中。

总之，自然空间的变化实质是人与自然的关系，而"人与自然的关系直接包含着人与人之间的关系，而人与人之间的关系直接地就是人同自然界的关系，就是他自己的自然的规定……因此，根据这种关系就可以判断出人的整个文明程度"③。在更加高级的社会形态中，物质交换既不是像在自然经济和小商品经济条件中的受自然支配下以使用价值为目的的简单生产，也不是像在资本主义条件下的征服自然中以交换价值为目的的商品生产，物质交换仅仅表现为人最本质力量的发挥，表现出人的兴趣、才能等的普遍性。

二、自然空间变化的本质：人与自然之间的物质交换

物质交换是指能量、信息和价值等物质资源的循环、交流过程。《资本论》及其手稿中的物质交换、物质变换、新陈代谢和物质代谢是同义词。在自然空间中，人与自然之间的物质交换表现为三个方面：自然的物质交换、社会的物质交换和两者之间的物质交换。自然的物质交换是摈斥人化自然的原生自然，即一种狭义上的自然，指涵盖人在内的全部有机物在生长、分化、发育、消亡的演变历程和自然物在物理化学生物运动中的

---

① 马克思：《1844年经济学哲学手稿》，北京：人民出版社2000年版，第105页。
② 马克思：《资本论》第1卷，北京：人民出版社2004年版，第56页。
③ 《马克思恩格斯全集》第42卷，北京：人民出版社1979年版，第119页。

物质能量的交互、转换、循环的变化活动。社会物质交换是指人在社会实践当中，为获得生产资料、消费资料而直接或以一般等价物为媒介进行的物质资源的循环、交流过程。自然物质交换是社会物质交换的基础，社会物质交换是自然物质交换的延续，人的劳动实践使社会所交换的物质由自然自在的存在形式转变为满足人的需要的存在形式。社会物质交换是社会分工的产物，也受生产力发展的制约。马克思在《〈政治经济学批判〉导言》中指出："如果没有分工，不论这种分工是自然发生的或者本身已经是历史的结果，也就没有交换。""交换的深度、广度和方式都是由生产的发展和结构决定的。"① 在社会物质与自然物质两者的交换中，丧失使用价值的物质如产品、能量等伴随自然的物质交换而减损、解体乃至消散。换言之，人在改变自然物质以满足自身需求的同时，也将废弃物退归至自然，被自然承担。自然的物质交换和社会的物质交换并非单轨的平行运行，而是由彼此的协同中耦合出人与自然之间的物质交换。

在自然空间内，人与自然物质交换的中介是劳动。在人与自然的物质交换中，人的劳动发挥了至关重要的影响，劳动将人的目的性导入自然的物质交换网络，使自然渐趋于符合人类本性。"劳动首先是人和自然之间的过程，是人以自身的活动来中介、调整和控制人和自然之间的物质交换的过程。"② 劳动主要在三个方面体现人与自然物质交换的中介作用：其一，劳动资料——机器。自工业革命以降，劳动资料的革命都是以新型机器的发明为标志。机器并非内生的创造自然力，其使用价值在于遵循自然规律的前提下，转化出强大的效能，以解放劳动者的双手。其二，劳动形式——分工。分工有以人自身的自然生理差异为依据，例如在古代社会，因年龄、体质和性别的不同，成年男子多从事生产、保卫等重劳动，而老弱妇孺则多从事采植、桑织等辅助性劳动，"在纯生理的基础上产生了一种自然的分工"③。分工也要以劳动的自然条件因素为依据，例如气候矿藏分布、地形水势走向、地表植被密度的迥异，造就了不同人群、族群从事

---

① 《马克思恩格斯全集》第12卷，北京：人民出版社1962年版，第749页。
② 马克思：《资本论》第1卷，北京：人民出版社2004年版，第207页。
③ 马克思：《资本论》第1卷，北京：人民出版社2004年版，第407页。

耕种、游猎等劳作。马克思指出："不是土壤的绝对肥力，而是它的差异性和它的自然产品的多样性，形成了社会分工的自然基础。"① 其三，劳动主体——人。作为个人行为，人所获得的生产资料、消费资料是以自然属性承载着使用价值，以满足个人的多元需求。作为社会行为，社会整体的生产、消费水平是人类对自然生态系统物质耗用能力的体现。总之，"劳动作为使用价值的创造者，作为有用劳动，是不以一切社会形式为转移的人类生存条件，是人与自然之间的物质变换即人类生活得以实现的永恒的自然必然性"②。

资本主义社会中人与自然的物质交换。资本主义社会是以物的依赖关系为基础的，人依靠商品、货币和资本确立自身的主体地位，换言之，人从人的依赖关系中解脱出来，取得了相对独立性，而该独立性以广泛的商品生产与交换为前提。马克思在《资本论》中论述，"商品流通不仅在形式上，而且在实质上都与之不同……一方面，商品交换打破了直接产品交换的个人和地方的限制，发展了人类劳动的物质变换。另一方面，整整一系列不受当事人控制的天然社会联系发展起来了"③。在资本逻辑的作用下，人和自然之间的物质交换关系从原始的双向依赖，演化为人对自然的单向索取、强行统治。"财富、财富、第三还是财富"④，成为人的一切活动与行为的最终目的。为了资本增殖而无限地掠夺自然，只会使人和自然之间的物质交换关系从原始的双向依赖，变为人的单向索取。在《资本论》中，马克思以英国为例，指明了资本逻辑催生出的盲目掠夺欲的直接后果就是地力枯竭，土地成为资本增殖的生产要素并逐步聚集在少数人手中，其所承有的自然力被普遍滥用，"这些条件在社会的以及由生活的自然规律决定的物质交换的过程中造成了一个无法弥补的裂缝"⑤。所以，在资本主义社会中，人和自然之间的物质变换，"是在资本循环和构成这个

---

① 马克思：《资本论》第 1 卷，北京：人民出版社 2004 年版，第 587 页。
② 马克思：《资本论》第 1 卷，北京：人民出版社 2004 年版，第 56 页。
③ 马克思：《资本论》第 1 卷，北京：人民出版社 2004 年版，第 134 页。
④ 《马克思恩格斯全集》第 21 卷，北京：人民出版社 1965 年版，第 201 页。
⑤ 马克思：《资本论》第 3 卷，北京：人民出版社 2004 年版，第 919 页。

循环的一个阶段的商品形态变化中完成的"①。社会化大生产创造出的产品越多，劳动者获得的收益与消费能力越小，生产相对过剩条件下未能被及时消费掉的产品就会被作为废弃物排入自然生态中，并且社会化大生产仅仅在"有用的形式上占有自然物质"②，"有用"是指能够成为资本增殖的生产资料的使用价值，当生产、消费等经济运行所造成的废弃物不再能服务于价值增殖之时，就会被舍弃进自然系统，继而破坏生态循环，造成人与自然的物质交换发生断裂，对此，约翰·贝拉米·福斯特称之为"马克思的新陈代谢断裂理论"③。

马克思在《资本论》及其手稿中对自然空间内物质的循环利用有着开创性的探索，其产生于马克思对于工业资本主义时代中人、社会与自然之间物质交换关系的前瞻性认知，这类似于我们今天所称的循环经济的萌芽。原本，"自然界是人为了不致死亡而必须与之处于持续不断地交互作用过程的、人的身体"④。工业革命之后，人与自然之间物质交换的广度、深度和强度前所未有地增加，直接打破自然的原有平衡，危害人的生存。与此同时，资本主义发达国家并非选择审视资本逻辑、节制资本增殖、反思过度消费，而是将高污染、高耗费、高排放的行业转移至欠发达国家与地区。废弃物即产业废弃物、人的新陈代谢排泄物及消费废弃物等是物质交换断裂的直接产物。但是，马克思却从另一角度洞见了这些废弃物的使用价值，"所谓的废料，几乎在每一种产业中都起着重要的作用"⑤。科学技术能够重新挖掘出废弃物的使用，"通过工艺、机器的改良和新发明，可以把废毛和破烂毛织物制成再生毛呢，把废丝制成多种用途的丝织品，把以前几乎毫无用处的煤焦油，变为苯胺燃料，茜红燃料（茜素），甚至把它变成药品。"⑥ 至此，劳动者对劳动对象的认定边界得以增加，废弃物

---

① 马克思：《资本论》第2卷，北京：人民出版社2004年版，第167页。
② 马克思：《资本论》第1卷，北京：人民出版社2004年版，第208页。
③ [美] 约翰·贝拉米·福斯特：《马克思的生态学——唯物主义与自然》，刘仁胜、肖峰译，北京：高等教育出版社2006年版，第172页。
④ 《马克思恩格斯全集》第3卷，北京：人民出版社2002年版，第272页。
⑤ 马克思：《资本论》第3卷，北京：人民出版社2004年版，第116页。
⑥ 马克思：《资本论》第1卷，北京：人民出版社2004年版，第117页。

历经人的劳动的再作用，重新变为生产材料，再次进入生产过程当中。马克思曾客观生动地描述了其所处时代中废弃物的再使用情景："我们在曼彻斯特的大机器制造厂内可以看到，被庞大的机器像刨花一样削下的铁屑推挤入山，傍晚用大车运到炼铁厂去，第二天变成铁锭再运回来。"①

自然空间内的物质交换应建立在有机联合的节约生产的基础之上。马克思认为"社会化的人，联合起来的生产者，将合理地调节他们和自然之间的物质交换，把它置于他们的共同控制之下，而不让它作为一种盲目的力量来统治自己，靠消耗最小的力量，在最无愧于和最适合于他们的人类本性的条件下进行这种物质交换"②。马克思设想：在这个自由王国里，联合起来的劳动者的生产实践过程中不再充斥着压迫与剥削，反而成为彰显其最本质自由的标志。"只有结合工人的经验，才能发现而且指出，在什么地方节约和怎样节约。"③ 马克思认为，在社会主义社会中联合起来的劳动者最能以整体性的视域把握人与自然之间的物质交换，他们将摒弃了少数个人或阶级为实现资本增殖而垄断客观自然的失范现象，并以尊重自然、敬畏自然和保护自然的姿态成为自然界中自觉的调解者，最终能够"消除资本主义生产方式所造成的障碍和破坏、产品和生产资料的浪费"④。

三、自然空间变化的根源：自然生产力的发挥

在资本主义社会中，自然生产力的运用被资本逻辑所裹挟。如前所述，资本逻辑作为"普照的光"，类似于主体性的存在，以一种不以外物为转移的必然性，"对自然的社会统治和社会调节"⑤。资本逻辑支配下的人通过机器运用自然力，引发自然系统的物质、能量等输出急剧地超出其自我再生限度，并且当社会生产实践过程产生的废弃物再次被弃于自然系统中的同时，却未被及时有效融解，则更加侵蚀了自然力本身及其恢复，

---

① 马克思：《资本论》第 1 卷，北京：人民出版社 2004 年版，第 239 页。
② 马克思：《资本论》第 3 卷，北京：人民出版社 2004 年版，第 928—929 页。
③ 马克思：《资本论》第 3 卷，北京：人民出版社 2004 年版，第 118 页。
④ 《马克思恩格斯全集》第 26 卷，北京：人民出版社 2014 年版，第 345 页。
⑤ 马克思：《资本论》第 1 卷，北京：人民出版社 2004 年版，第 872 页。

换言之,"机器本身是人对自然力的胜利,而它的资本主义应用使人受自然力的奴役"①。自然力本应是社会生产力得以发挥的基础,正如马克思所说:"在农业中(采矿业中也一样),问题不只是劳动的社会生产率,而且还有由劳动的自然条件决定的劳动的自然生产率。"② 但是,当自然生产力一旦被资本逻辑所裹挟,就极易遭受难以恢复的损耗,不能再作为生产资料持续服务于社会生产力。马克思在《资本论》中指出,资本主义社会形态下的土地,"这种无偿的自然力,像一切生产力一样,表现为资本的生产力"③,成为资本运作的生产要素,人从土地中取得农产品,不再用于径直满足人的物质生存需求,而是将其变成商品进入流通领域,通过交换农产品的使用价值以最大限度获取货币,实现资本的自我积累,甚至不惜违背土地的自然力的作用规律,"使人以衣食形式消费掉的土地的组成部分不能回归土地,从而破坏土地持久肥力的永恒的自然条件"④。当一定自然空间内土地的自然力降低至无的境况,资本逻辑就会寻求和作用于新的自然空间。

劳动力作为一种特殊的自然力被贬低为资本增殖的生产要素。马克思分析了资本主义生产方式导致的人的关系"非人化"的结果,即资本主义的社会生产关系对人作为自然界一部分的性质的破坏和人的自然关系的破坏。前者的破坏使人沦为动物;后者的破坏使人失去人的自然的生存条件。"资本的趋势是赋予生产以科学的性质,而且直接劳动则被贬低为只是生产过程的一个要素"⑤,这里的"直接劳动"指的就是人的劳动力。特别是在野蛮资本主义时期,劳动者的悲惨境遇表现在:其一,人的劳动力的过度使用使人的自然生命遭受破坏。"资本是不管劳动力的寿命长短的。它唯一关心的是在一个工作日内最大限度地使用劳动力。"⑥ "它靠缩短工

---

① 马克思:《资本论》第1卷,北京:人民出版社2004年版,第508页。
② 马克思:《资本论》第3卷,北京:人民出版社2004年版,第867页。
③ 马克思:《资本论》第2卷,北京:人民出版社2004年版,第843页。
④ 马克思:《资本论》第1卷,北京:人民出版社2004年版,第579页。
⑤ 《马克思恩格斯全集》第46卷(下册),北京:人民出版社1980年版,第219页。
⑥ 马克思:《资本论》第1卷,北京:人民出版社2004年版,第307页。

人的寿命，在一定期限内延长工人的生产时间。"① 资本占有者为极致地使用已购买到的工人劳动力，必然不遗余力地延长工人的劳动时间和增加工人的劳动强度，却视而不见工人身处的恶劣生存环境，这就造成了工人的生理机能与智力水平严重退化乃至备受摧残。但是，工人却无力改变这种灾难性的境遇，工人必须出卖自己所唯一拥有的劳动力，才能换取基本的生活资料。马克思在《资本论》中写道："人为的高温，充满原料碎屑的空气，震耳欲聋的喧嚣等，都同样地损害人的一切感官，更不用说在密集的机器中间所冒的生命危险了。"② 其二，人的劳动力的片面使用使人的自然力发生扭曲和损耗。"劳动力即一个人的身体即活的人体中存在的，每当他生产某种使用价值时就运用的体力和智力的总和。"③ 资本逻辑的作用下，人的劳动力使用的最终目的都是为了资本家"像狼一般地追求剩余价值"④，为了获得以货币为完成形态的资本。工人附属于机器，只能持续简单重复整个生产过程中的某一小环节的工作，从而形成了劳动对资本的实际隶属关系，过度的体力劳动还引发各种病痛，却闲置了智力使用，造成了劳动者身体的早衰和"智力的荒废"⑤。

第二节 劳动空间的聚集

如前所述，自然空间内人与自然广泛存在的物质交换乃是一种实践关系，该种关系的具体化表现以劳动为中介。马克思认为，劳动是人的本质活动，最能彰显出人的能动性，劳动首先具有"一般形式"即人为了满足自身存在而在自然空间内的主观活动，是"人类生活的永恒的自然条件"⑥，一般劳动为人类的生存、发展奠定了最为坚实的基础。但是，一旦

---

① 马克思：《资本论》第1卷，北京：人民出版社2004年版，第307页。
② 马克思：《资本论》第1卷，北京：人民出版社2004年版，第490页。
③ 马克思：《资本论》第1卷，北京：人民出版社2004年版，第195页。
④ 马克思：《资本论》第1卷，北京：人民出版社2004年版，第306页。
⑤ 马克思：《资本论》第1卷，北京：人民出版社2004年版，第460页。
⑥ 马克思：《资本论》第1卷，北京：人民出版社2004年版，第233页。

劳动与特殊的社会关系相结合就会以特殊形式出现，劳动就不再是人的本质的体现，反而严重加深人的全面异化状态。

在资本主义出现之前，劳动虽在奴隶社会、封建社会等社会形态中表现出差异性的方式，但是劳动空间与自然空间是高度重合的，人的劳动实践使得自在的自然空间变为人化的自然空间。在资本主义社会，自然的神秘性逐渐消逝，受资本逻辑统摄的劳动行为彻底改变了物质交换的广度与深度，资本主义生产方式将空间重新规划，原先分散的劳动力被聚集于特定的物理空间之内，致使劳动空间与自然空间分离。正如马克思所描述的那样，"人数较多的工人在同一时间、同一空间（或者说同一劳动场所），为了生产同种商品，在同一资本家的指挥下工作，这在历史上和概念上都是资本主义生产的起点"①。劳动空间的独立乃是资本主义发展的必然结果，资本的终极目的在于自身的价值增殖，这种具有抽象性特征的过程最终体现在物质性的环节之内。马克思在《资本论》第一卷中，阐述了资本对于劳动者所创造的剩余价值的两种主要剥削方式：一是"绝对剩余价值的生产"，二是"相对剩余价值的生产"。用空间思维来看，"绝对剩余价值"是在"时间维度的重新规划"② 中得以实现，而"相对剩余价值"则是在劳动生产率的提高中得以实现，劳动空间的聚集能够为劳动熟练程度和劳动强度的增加提供有利条件，从而促使劳动生产率发生重大变化。马克思从"协作"到"分工和工厂手工业"，再到"机器和大工业"，在分析"相对剩余价值"剥削方式之时充分显现了劳动空间聚集的重要思想。

一、劳动空间聚集的原初：手工作坊的简单协作

"许多人在同一生产过程中，或在不同的但相互联系的生产过程中，有计划地一起协同劳动，这种劳动形式叫做协作。"③ 简单协作乃是资本主义生产方式的起点，但协作方式本身却远早于资本主义而出现。马克思指

---

① 《马克思恩格斯全集》第44卷，北京：人民出版社2001年版，第374页。
② 仰海峰：《〈资本论〉的哲学》，北京：北京师范大学出版社2017年版，第236页。
③ 马克思：《资本论》第1卷，北京：人民出版社2004年版，第378页。

出，在人类文化初期就存在着狩猎等协作形式，但这种协作以原始公有制为基础，以氏族或公社为"脐带"；在"古代""中世纪"甚至是"现代殖民地"中，协作以奴隶制为基础，以直接的统治或从属关系为特征，与之相反，广泛雇佣劳动是资本主义协作的前提。资本主义社会化生产开始于手工业作坊，相较于封建行会，资本主义手工业作坊并未在根本上变革生产工具，依然依靠手工制作，但生产规模大大扩张，劳动力相互协作。随着生产规模量的增大，引发价值形成的质变。在生产过程中必然存在着劳动力的个别劳动差异，当生产规模扩张到一定的程度，这种差异就会彼此抵消，造就出社会平均劳动。"协作本身表现为同单个的独立劳动者或小业主的生产过程相对立的资本主义生产过程的特有形式。"① 资本主义生产既是劳动过程，又是价值增殖过程：一方面，劳动力之间的协作立足于一定数量的生产资料，只有生产资料的规模达到社会化生产的最低标准，才能为协作供给必备的物质条件，作为资本人格化的资本家掌握有一定量的资本，才能将原本分散的劳动力有效组织起来，并与劳动资料、劳动对象相匹配，从而开展物质生产；另一方面，价值增殖建立在对劳动力的剥削之上，协作乃是劳动力的"协同行动"，表征着一定数量劳动力的集合，而且协作能够催生出一种特殊的社会生产力即集体力，集体力在劳动过程中会迸发出远大于单个劳动力的劳动生产率，从而降低劳动力价值，提高了剩余价值的剥削效率。

手工作坊的简单协作成为劳动空间聚集的原初样态。"一方面，协作可以扩大劳动的空间范围"②，马克思将单一劳动力比喻为"每个骑兵"或"每个步兵"，又将协作的劳动力比喻为"骑兵连"或"步兵团"，两者"有本质的差别"③，单一劳动力的劳动空间是极其有限的，仅仅受制于劳动者的能动范围，而协作在提升个别劳动能力的同时，还在生产技术未改变的前提下，提升劳动生产率，创造出集体力，这种新的生产力能够广泛运用于跨区域的农田灌溉、道路修建等。另一方面，协作可以压缩劳动的

---

① 马克思：《资本论》第1卷，北京：人民出版社2004年版，第388页。
② 马克思：《资本论》第1卷，北京：人民出版社2004年版，第381页。
③ 马克思：《资本论》第1卷，北京：人民出版社2004年版，第378页。

空间范围；生产资料的一部分，如厂房、仓库和劳动工具等在生产过程中是被共同消耗的，这些生产资料的积聚会使其本身的使用价值得以更为有效地运用，其价值被平均转移至更多的商品内，单个商品的价值量就会下降，同时，随着技术进步带来的资本有机构成的提高，使不变资本投入相对减少。劳动空间不断缩小，也使得"劳动者的集结""不同劳动过程的靠拢"① 得以实现，劳动的时间顺序演化为空间并存，"直接使一定生产领域中所使用的劳动更加有效"②，即可变资本的投入相对降低。需要指出的是，劳动者在劳动空间内的协作，并不仅仅是主体间的一般联系，"而是形成了一种新的社会关系"③。劳动者聚集于一定的劳动空间中，因劳动内容的相似性，劳动过程易激发出劳动者个人的好胜心，间接提高了个人的劳动效率。但是，资本主义社会形态下的协作并不是"自由劳动者的联合"的具体形式，其资本逻辑的内在本质要求加速资本与劳动的固有矛盾，这就必然要求资本在劳动空间内承担起监督与管理等职能，这些职能"成为实际的生产条件"④。作为资本人格化的资本家，往往将该职能转交至"特种雇佣工人"⑤，形成了最为原始的"工人贵族"，例如监工和经理等。伴随着协作的进一步发展，劳动者愈发被固定于一定的劳动空间之内，劳动者不再参与整个劳动过程，而是将劳动力的发挥集中于劳动过程中的具体阶段或环节，劳动者从而更加孤立无助。

二、劳动空间聚集的演变：工场手工业的分工

"分工是生产同一种商品的各个不同部分的许多工人在一个资本的指挥下的协作。"⑥ 分工最为一般的概念内涵就是"劳动的分化"⑦，也就是

---

① 马克思：《资本论》第 1 卷，北京：人民出版社 2004 年版，第 382 页。
② 《马克思恩格斯全集》第 47 卷，北京：人民出版社 1979 年版，第 307—308 页。
③ 仰海峰：《〈资本论〉的哲学》，北京：北京师范大学出版社 2017 年版，第 237 页。
④ 《马克思恩格斯全集》第 44 卷，北京：人民出版社 2001 年版，第 377 页。
⑤ 白暴力、白瑞雪：《〈资本论〉读书笔记：马克思经济理论（体系·难点·比较·发展）》，北京：经济科学出版社 2009 年版，第 238 页。
⑥ 《马克思恩格斯全集》第 47 卷，北京：人民出版社 1979 年版，第 301 页。
⑦ 《马克思恩格斯全集》第 30 卷，北京：人民出版社 1995 年版，第 617 页。

从事不同类型的劳动，彼此独立、相互并存。需要指出的是，马克思认为分工既不是劳动者各自重复相同的劳动，例如，不同的天文学家在世界各地的天文台对于同一天文现象进行观察，也不是劳动者仅仅在时间维度中的连续劳动，例如，一个农民先种亚麻、后纺纱、再织布。因此，共时性的劳动空间成为真正意义上的分工的必要条件，并存劳动必须同时在一定劳动空间内生产出劳动产品的不同阶段。总之，分工意味着不同类型的劳动在劳动时空维度中的分化。但是，分工的最终目的并不在于分化，而是"表现为各种特殊劳动方式的整体"①，马克思在《1861—1863年经济学手稿》中，转述了阿·波特尔的思想，分工即"通过过程的划分来实现个别的工人的结合"②，过程的划分蕴含着劳动过程中时空维度的差异，工人的结合表征着劳动在时空维度的社会性质。

"以分工为基础的协作，在工场手工业上取得了自己的典型形态。这种协作，作为资本主义生产过程的具体特征的形式，在真正的工场手工业时期占据统治地位"③，需要指出的是，正是资本主义将分工的优点显著地运用于社会化生产之中，但分工在资本主义出现之前就已广泛存在，马克思认为，截至目前任何社会形态内的基本生产形式依然是分工，而分工主要可被划分为两类：一类为"社会内部的分工"，一类为"生产结构内部的分工"④，"社会内部的分工"存在于每一种社会形态中。但是，"生产结构内部的分工"则在不同的社会形态下显现出具体的样态，例如，早期资本主义创造出了独特的工场手工业，而分工正是在工场手工业的劳动空间内，体现出资本主义性质，这两类分工之间相辅相成、密切相关，第一类分工属于一般分工，是第二类分工的基础，第二类分工属于个别分工。分工乃是人类社会发展整体化的重要特征，会在不同的阶段彰显出独具特色的形式与结构。

对于"社会内部的分工"而言，其最初形态乃是源于人的自然属性差

---

① 《马克思恩格斯全集》第47卷，北京：人民出版社1979年版，第302页。
② 《马克思恩格斯全集》第47卷，北京：人民出版社1979年版，第316页。
③ 马克思：《资本论》第1卷，北京：人民出版社2004年版，第390页。
④ 马克思：《资本论》第1卷，北京：人民出版社2004年版，第428页。

异的分工即自然分工。如前所述，在资本主义出现之前，劳动空间与自然空间是高度重合的，自然空间的存在成为自然分工的基础性条件。人在生理上的差异是自然分工的起点，因体力、性别、年龄等因素的不同，在人类原始社会初期，成年男子自发承担起狩猎、防御和战争等高强度、高危险的事务，而老弱妇孺多从事采集果实、饲养家畜等工作。伴随着人口的繁衍和迁徙，地理环境等自然条件也成为影响自然分工的重要因素。自然分工意味着人类受到自然空间的制约，未能真正形成劳动空间，人在与自然的物质交换过程中处于绝对的被动地位。自然分工并非人类集体意识的觉醒，而是一种近乎动物属性的自发行为，代表着劳动的自然力的发挥，也确证着劳动的社会生产力的落后。"由于自然分工的进一步发展，就成为破坏本共同体内部自然联系的主要手段之一。"[1] 伴随着原始氏族社会的解体，人类社会内部分工中的自然因素依然持续存在，但逐渐显现出人的能动性。基于地理环境的巨大差异，一部分原始人逐水草而居，形成了游牧民族，另一部分原始人居于固定的肥沃土地，形成了农耕民族，畜牧业与农业的分离引发了人类历史上的第一次社会大分工。对于专门从事农业生产的群体，以耕地为中心的自然区域成为主要的劳动空间，原本附属于农业生产的手工业在金属工具出现后快速发展，并孕育出冶炼、纺织、采矿等多种活动形式，原始手工业从农业中脱离，标志着第二次社会大分工的出现。畜牧业、农业和手工业，"不同的共同体在各自的自然环境中，找到了不同的生产资料和不同的生活资料"，更为重要的是，"在共同体互相接触时引起的产品的互相交换，从而使这些产品逐渐转化为商品"[2]，这就为第三次社会大分工奠定了基础。频繁的商品交换形成了一部分不再局限于以上三种主要门类，而是专业从事促进商品流通的劳动，这就形成了古代商业。值得注意的是，商业的出现意味着社会内部的分工已然摆脱了自然分工的色彩，使得劳动空间从自然空间中分离出来。

对于生产结构内部的分工而言，工场手工业是一种特定的资本主义生产方式，其内部的分工表征着资本逻辑运行中劳动空间的演变。工场手工

---

[1] 《马克思恩格斯全集》第21卷，北京：人民出版社2003年版，第411页。
[2] 《马克思恩格斯全集》第44卷，北京：人民出版社2001年版，第407页。

业的产生，可溯源至两种具体形式，一种是由同种类的劳动者在同一劳动空间内，以手工为劳动方式生产同一类产品，而这些劳动者逐渐固定于劳动的某个具体环节之中。另一种是由不同类的劳动者在同一劳动空间内彼此协作，以手工为劳动方式生产总产品，而这些劳动者逐渐专业地从事总产品的一部分。工场手工业正是在以人的身体器官为生产动力或能量的基础上，将独立的手工业者有效组织在一起，从相互协作中产生分工的劳动形式。无论哪种形式，工场手工业的分工都造成了人的原始丰富性的丧失，致使人变成了社会化生产中的"局部工人"，其在提高劳动生产率的同时，却"不断从事单调的劳动"①。

"有机的工场手工业是工场手工业的完成形式。"② 有机的工场手工业的分工中，劳动空间发生了诸多变化，原本零星涣散的手工业者被组织于生产过程中的一系列环节内，彼此之间的距离大大缩短，手工业者不再是偶然性而是常态化地内置于一定的劳动空间内。而且，有机的工场手工业突破了历时性的分工局限，致使劳动者能够在劳动空间内共时性地开展各个阶段的生产，这就大大节省了生产时间，提高了劳动效率。需要指出的是，有机的工场手工业的分工是以生产过程中各个环节的有效连接为基础的，这就必然要求生产过程在时间与空间中周密联系，生产时间的紧凑需要劳动空间的聚集，劳动空间的聚集又为节约生产时间奠定了物理基础。劳动空间的聚集，并不是仅仅为物理距离的缩短。由于生产过程所需时间的不同、劳动力的差别和生产资料的迥异等，各种生产要素在劳动空间内的按比例有序组合，才是劳动空间聚集的演变原则。

马克思在分析了"社会内部的分工"和"生产结构内部的分工"之间的本质性区别的同时，也提供了两者在空间维度中的差异表现的线索。马克思指出："亚当·斯密经常混淆这些极不相同、虽然相互补充但从某种意义上来说也互相对立的分工。"③ 因此，马克思认为，以上两种类型的分

---

① 马克思：《资本论》第1卷，北京：人民出版社2004年版，第396页。
② 白暴力、白瑞雪：《〈资本论〉读书笔记：马克思经济理论（体系·难点·比较·发展）》，北京：经济科学出版社2009年版，第63页。
③ 《马克思恩格斯全集》第47卷，北京：人民出版社1979年版，第304页。

工能够同时存在，"关于工场内部的工场手工业分工所谈到的这一切，也适用于社会内部的分工"，但是这并不意味着两者在空间问题上可以同等对待。社会内部的分工必然包含着劳动力、劳动对象和劳动资料等基本要素，这些要素置于一般空间之内，劳动和空间虽有不可分割的相关性，但这并不等同于"生产结构内部的分工"的特殊空间。社会内部的分工在一般空间中呈现出偶然性，众多劳动者自由地从事着生产劳动产品的生产活动，而工场手工业的分工却表现为组织性，资本所有者将包括劳动力在内的生产要素"内部的、系统的、有计划的、有规则的"[1]汇合于一定的物理空间之内，从而形成了"劳动空间"这一特殊形态。因为工场手工业分工的资本主义性质，劳动空间自出场伊始就紧紧围绕着资本的自我价值增殖这个中心。在这种劳动空间中，生产过程紧密相连，但工人却只能从事某一个环节，原始的丰富性降低为局部的工具，资本占有者以货币购买工人的劳动力，只为片面地使用，而非彰显人的本质力量，劳动空间被沦为工人的"温和的监狱"。需要指出的是，以上两类分工在空间内得以实现的媒介有着根本性的不同。在社会内部的分工中，多种劳动产品在一般空间内的买卖将"不同生产部门互相联系在一起"[2]，这种买卖的交易过程迫使产品生产者承受着彼此竞争的强制力。而在工场手工业的分工中，多个劳动力在劳动空间内被资本占有者视为"一个结合劳动力"，这种结合的协作过程"以资本家对工人的绝对权威为前提"[3]。并且，社会内部的分工中竞争愈发激烈，工场手工业的分工中资本家的权威就愈发增强，正如马克思所言："社会内部的分工越不受权威的支配，工场内部的分工就越发展，就越从属于一人的权威。"[4]

在马克思的视域中，分工绝不仅仅是一种生产劳动的具体现象，而是"政治经济学的一切范畴的范畴"[5]。马克思充分认知到了分工的社会历史意义，分工作为一种能动的生产劳动形式，同时反映着人与人之间的社会

---

[1]《马克思恩格斯全集》第47卷，北京：人民出版社1979年版，第356页。
[2]《马克思恩格斯全集》第47卷，北京：人民出版社1979年版，第356页。
[3] 马克思：《资本论》第1卷，北京：人民出版社2004年版，第410页。
[4]《马克思恩格斯全集》第4卷，北京：人民出版社1958年版，第166页。
[5]《马克思恩格斯全集》第47卷，北京：人民出版社1979年版，第304页。

关系，"单就劳动本身来说的分工"① 存在于一切社会形态之中，然而"一定历史形态的分工"② 却各自有着鲜明的属性，空间作为分工得以客观存在的场所，必然在分工中呈现出社会化特征。工场手工业分工是早期资本主义生产方式所缔造的独有形式，其塑造出具有资本主义特征的劳动空间。换言之，这种劳动空间的实质是资本对于原有空间的重新安排，以实现劳动力、劳动资料和劳动对象在场所中的汇集，为资本对劳动力剩余价值的剥削提供便利。具有资本主义特征的劳动空间内充斥着诸如劳动异化等普遍的失范现象，该现象必然在更高社会形态的分工消失中得以摒弃。需要指出的是，未来社会消失的将不是"劳动本身来说的分工"即一般分工，而是"以交换为基础的分工"③ 即资本主义社会形态下的分工。

三、劳动空间聚集的升级：机器大工业的工厂制

马克思认为，"机器表现为从资本主义生产方式出发的、使一般生产方式发生革命的起点"④。他深刻分析了资本主义工场手工业到机器大工业的发展进程，虽然机器广泛被用于资本主义社会化生产当中，但机器在人类历史中的出现要远远早于资本主义工业化，例如，罗马帝国时代，"机器的原始形式"通过水磨这一具体存在物被有效继承和广泛流传。马克思在整体研究了机器的基本结构与运转机制后，抽绎出机器的基本三单元即"发动机""传动机构"和"工具机"，并进一步概述了三者之间的内在联系，"发动机"与"传动机构"仅仅是将"运动传给工具机"，由此"工具机"才能根据人的主观意识改变劳动对象，从这种意义上讲，"工业革命的真正起点就是工具机的发明创造"⑤。如前所述，机器大工业产生于工

---

① 马克思：《资本论》第1卷，北京：人民出版社2004年版，第406页。
② 《马克思恩格斯全集》第46卷（下册），北京：人民出版社1980年版，第466页。
③ 《马克思恩格斯全集》第46卷（下册），北京：人民出版社1980年版，第137—138页。
④ 《马克思恩格斯全集》第47卷，北京：人民出版社1979年版，第578页。
⑤ 王伯鲁：《〈资本论〉及其手稿技术思想研究》，成都：西南交通大学出版社2016年版，第104页。

场手工业之中，两者的质变在于手工工具与工具机的区别，即由人手直接使用的工具转移到机械机构上，由机械机构进行运转。这种质变极大地改变了生产样态，在工场手工业中，人自身所天然具备的自然力成为生产的直接作用力，工人以手为核心的躯体机能在使用一定工具的基础上承担着改造劳动对象的使命，但人的自然力的发挥受制于人体器官、肢体的先天局限，工具机的出现则能够将除人的自然力之外的"风、水、蒸汽、电"等其他自然力"大规模地从属于直接的生产过程"①。"所有机器都以借助自然力用机械方法推动的原动机作为共同的发动机"②，这样就直接扩展了人类改造劳动对象的范围，提高了劳动生产力。马克思认为，劳动分工与劳动工具关系密切，劳动分工的发展推动了劳动工具的变更，而劳动工具的变化又改变了劳动分工的形式，"分工的主要结果之一是……工具的分化、专门化和简化"③，而"机械技巧代替手工劳动"④ 之后，原本众多手工业者之间的分工，被机器大生产中的各个组成部分所代替，当机器被广泛使用于生产过程之中时，必然会精简、合并和替换手工业的劳动环节，催生出新的分工样式。如前所述，马克思曾重点强调，分工的目的并不是劳动的分化，而是其本身所形成的总体的合作关系，这种合作关系必然以空间作为基本载体之一。在工场手工业时期，人化的自然空间通过资本逻辑支配下的分工式协作剥离出来，分散于不同人化的自然空间内的劳动者聚集于同一地理空间之中，从而塑造出独特的劳动空间。伴随着生产力的发展，机器在工业革命中的运用打破了手工式分工，并建立了更加繁杂、周密和精巧的新的机器式分工，"机械方面的每一次重大发展都使分工加剧……在英国，机器发明之后分工才有了巨大的进步，这一点无须再来提醒"⑤，机器分工必然造就新型合作关系，而这种新型合作关系又必然在空间领域中得以彰显，从工场手工业到机器大工业，相对分散的劳动空间再次呈现出聚集效应，升级至新的生产组织样态即现代工厂。机器大工业乃

---

① 《马克思恩格斯全集》第47卷，北京：人民出版社1979年版，第9页。
② 《马克思恩格斯全集》第47卷，北京：人民出版社1979年版，第517页。
③ 《马克思恩格斯全集》第47卷，北京：人民出版社1979年版，第411页。
④ 《马克思恩格斯全集》第47卷，北京：人民出版社1979年版，第574页。
⑤ 《马克思恩格斯全集》第4卷，北京：人民出版社1958年版，第168页。

是工业资本主义的生产方式，商业资本的支配地位被工业资本所取代，工业资本确立了自身的权威地位，将劳动资料、劳动对象和劳动力统统纳入以工厂为代表的劳动空间之内。其中，机械化的商品生产体系则成为工业资本最为核心的生产资料，到了这个阶段，资本占有者首要思索的问题是如何将机器、劳动力在工厂中最大规模、最具效率地组合起来，以便最多地占有剩余价值。需要指出的是，工业资本主义不仅使得劳动空间从属于机器大工业，致使劳动空间成为工业生产体系中不可或缺的基本要素之一，还同时生产着劳动空间，例如，工厂亦成为具有交换价值的商品，可以进入流通领域为资本占有者带来利润。换言之，工业资本生产出了以工厂为代表的劳动空间，从机器大工业的具体过程看，整个生产在分工的基础上愈发被分解为精细化的局部环节，各个局部环节在时间上的连续性与紧密性建立在劳动空间的消灭之中，即"各生产要素必定被妥善安置进精心设计的空间结构当中"①，从而使劳动力固定于机械化的局部环节中，以期实现相对剩余价值甚至是超额剩余价值的最大限度生产。

以工厂为代表的劳动空间的生产，不仅是"劳动组合方式的变化"，更是"劳动管理方式的变化"②。如前所述，分工的目的并不是劳动的简单分化，而是其本身所形成的协作，机器化的生产过程，固定于机器中的单个劳动必然转化整体性的劳动合作。但是，劳动与资本之间不可调和的矛盾必然延伸至工厂之内，伴随着机器化大生产对于雇佣工人的巨大需求，"资本的指挥"与管理必不可少，并"成为实际的生产条件"③。在工厂这一特定劳动空间之内，资本占有者相继使用了泰勒制、福特制等管理与监督方式。

在泰勒制的工厂中，资本占有者将工人等同于通用型的机器，工人在所承担的劳动环节中的主观因素被压制到最低限度，劳动形式被设计为标准化作业，劳动空间内部被划分为从事体力劳动的车间和从事脑力劳动的

---

① 孙江：《工业资本主义生产方式的空间向度研究》，《哲学动态》，2010 年第 10 期。

② 仰海峰：《〈资本论〉的哲学》，北京：北京师范大学出版社 2017 年版，第 238 页。

③ 《马克思恩格斯全集》第 44 卷，北京：人民出版社 2001 年版，第 383 页。

设计与计划等部门，资本占有者成为"绝对的立法者"，仅将工人视作机器化大生产中的一种客观要素，在经过理性化的反复计算后，将工人紧紧限制于某一个单一的、局部的劳动环节上，工人的劳动过程被分解为技术碎片，愈发依附于机器体系中。正如格奥尔格·卢卡奇所说，"伴随着对劳动过程的现代'心理'分析（泰勒制），这种合理的机械化一直推行到工人的'灵魂'里"①，换言之，在机器化大生产的工厂中，工人异化为机器体系中的附件，机器体系内部的联结遮蔽了工人与工人之间的主体关系，机器体系的运转规律中介了工人与工人之间的彼此联系，工人长期深处此种境遇，自身的心理结构亦发生改变，呈现出"物化"的状态。当任何人主张该种劳动空间内的生产过程进行"任何有意识的社会监督和调节"之时，便会被立刻指摘为是对于资本占有者"财产权、自由和自决的'独创性'"②的严重侵犯。如果说泰勒制的工厂是一种"外延式"的积累方式，那么福特制的工厂就是一种"内涵式"的积累方式③。福特制的资本主义生产过程延续了泰勒制的机械化法则，并在此基础之上形成了独特的流水线型生产模式，改变了工厂内劳动力与劳动资料的匹配样态，在节约劳动时间的同时，致使劳动空间更加集聚。工人、机器等生产要素按照预先精确、详细规划的排列顺序置于一定的劳动空间之内，标准化生产的基础由劳动力转移为机器流水线，直接导致了劳动产品的单位价值降低。相较于泰勒制，福特制通过流水线生产，更大程度上将局限于劳动环节的工人桎梏在生产位置之上，从此，"单个工人就彻底丧失了自身的劳动节奏"④，葛兰西曾形象地这样描述，"感情兴奋同那种与最完善的自动化机构有联系的时间准确测定的生产运动相抵触"⑤，不仅如此，福特制致使劳

---

① ［匈牙利］格奥尔格·卢卡奇：《历史与阶级意识》，杜章智译，北京：商务印书馆1992年版，第149页。
② 马克思：《资本论》第1卷，北京：人民出版社2004年版，第412—413页。
③ 许光伟：《资本主义生产组织演变的整体性解读与反思》，载《马克思主义研究》，2009年第6期。
④ 王巍：《马克思视域下的资本逻辑批判》，北京：人民出版社2016年版，第163页。
⑤ ［意大利］东尼奥·葛兰西：《狱中札记》，葆煦译，北京：人民出版社1983年版，第406页。

动的分工加速和细化，使劳动过程被一再分割为更为具体的环节或部分，从而加剧了劳动岗位的低技术趋势，造成了工人劳动技能的普遍下降，工人在劳动空间内"完全机械化了的只是身体的姿势"①。需要指出的是，泰勒制和福特制并非彼此排斥，资本占有者在组织资本主义社会化生产的过程中，往往基于剩余价值率的计算，采取两种方式的联合。总之，工厂作为特定时期的一种劳动空间与资本主义社会形态高度同一化，并在不同的资本主义发展阶段呈现出适应性的形式。

第三节　地理空间的扩展

正如福柯所阐释，人类在社会实践中往往将时间视为"丰富的、多产的、有生命力的、辩证的"②，但总把空间理解成一种"僵死的、刻板的、非辩证的和静止的东西"③。时间被作为一种"万能叙述"（master-narrative）④，而人类的认知被笼罩在了"历史的想象"中。时间先于空间的抽象理念在认识论中逐渐演变为"历史"先于"地理"的具体原则，这种原则被一再地重复甚至被神圣化，直接造成了"自由主义社会科学"的禁锢。需要指出的是，在人类的社会实践中，空间尤其是具体的地理空间从未缺场，并以人类的安置、处所和环境等形态而始终存在，伴随着后现代主义思潮的涌现，历史决定论被不断解构，"空间的想象"愈发彰显。

如前所述，资本逻辑的运行过程造成了自然空间的变化与劳动空间的聚集，但因资本逻辑的自我否定性，资本主义社会出现了剧烈的社会动

---

① [意大利] 东尼奥·葛兰西：《狱中札记》，葆煦译，北京：人民出版社1983年版，第408页。

② Foucault, M. Questions on Geography. In C. Gordon (ed.). Power/knowledge: Selected Interviews and Other writings 1972–1977. Hemel Hempstead: Harvester Press, 1980, pp. 63–77.

③ Foucault, M. Questions on Geography. In C. Gordon (ed.). Power/knowledge: Selected Interviews and Other writings 1972–1977. Hemel Hempstead: Harvester Press, 1980, pp. 63–77.

④ [美] 爱德华·W. 苏贾：《后现代地理学——重申批判社会理论中的空间》，王文斌译，北京：商务印书馆2004年版，第16页。

荡，从"巴黎公社"到"十月革命"，虽然反资本主义的革命运动此起彼伏，但是资本主义社会并未像马克思所设想的那样快速消亡，这其中的一个重要原因就在于，"工业资本主义借助基本的社会重构与空间重构"① 得以继续存活。例如，工业资本主义在强化劳动分工的同时，也完成了对地理空间的重构，这种重构被视为现代性的重要具体表征，也成为现代性批判的主要切入点。马克思主义以其革命性、科学性与实践性的三重特点，在最为深刻地反思资本主义现代性的诸多失范的同时，必然涉及地理空间重构过程中的多种问题。

一、地理空间扩展的典型：城市化

"城市"虽然是一个地理空间名词，却蕴含着丰富的历史性特征。城市与乡村相对立是历史的产物，在人类文明的早期，城乡融为一体，这种"城乡结合体"② 的出现乃是源于部落或者部落联盟对于基本生存安全的追求，其依托于地理空间内的一些独特自然形态以实现抵御攻击的防卫需要。在奴隶制社会中，社会内部分工发生变化，城市凸显了政治职能，城乡之间的界限日趋明了，城市往往居于地理空间的核心位置，以保证奴隶主阶级的有效统治，马克思曾以罗马为例，指出其与"各行省之间的联系几乎仅仅是政治上的联系，因而这种联系自然也就可能为政治事件所破坏"③。当人类进入封建社会后，城市的政治职能进一步加强，并且城市在地理空间内的具体形态亦成为反映统治阶级政治意志的具体表现，例如，中国的紫禁城就极具典型特征，其内部宫殿、道路等建筑设施完全体现着"君权神授"的封建意识形态。以上各种社会形态中的城市虽然在职能方面有着一些差异，但却具有一个共同特征，即城市与城市之间的空间联系尚未建立。现代城市的出现与"第三次社会大分工"密不可分，伴随着生

---

① ［美］爱德华·W. 苏贾：《后现代地理学——重申批判社会理论中的空间》，王文斌译，北京：商务印书馆2004年版，第40页。

② 李春敏：《马克思的社会空间理论研究》，上海：上海人民出版社2012年版，第115页。

③ 《马克思恩格斯全集》第3卷，北京：人民出版社1960年版，第26页。

产力的提高,劳动者将剩余劳动产品投入市场进行普遍交换,"只从事交换的商人阶级"出现后,广泛存在的商品流通致使城市与城市之间的联系日趋紧密,形成了市场网络体系,经济交往打破了各个城市在地理空间的分离状态,城市的经济职能得以彰显。

从地理空间角度看,资本主义的生产方式与城市之间存在着双向建构关系,一方面,城市为资本主义的产生与发展提供了必要的地理空间。例如,英国工业革命彻底实现了资本主义的飞速发展,但是资本主义生产关系和最早的资产阶级分子却非最先产生于英国,而是出现在地中海沿岸意大利的威尼斯、热那亚、米兰、佛罗伦萨等这些小城市。地中海沿岸的城市,连接欧亚非三洲大陆,这里气候宜人,交通便利,商贾云集,古代,这里产生了古罗马和古希腊的文明,近代,这里是新兴工业资产阶级的摇篮。以威尼斯为例,其"地理位置上的优势,对威尼斯历史的发展有决定性的影响"①,这种地理空间再加之"缺乏政治、宗教、社会上的各种限制与障碍",最适宜资本主义的原始生长。威尼斯作为一种典型的商业城市的出现乃是经济职能成为城市主要职能的最有力证明,其建立在工场手工业的基础之上。而工业革命后的英国伦敦,乃是另一种典型的工厂城市,其建立在机器大生产的基础之上,前者是后者的地理起源,后者的发展对前者形成冲击。从威尼斯到伦敦,这些城市成为资本逻辑运行的一种相对独立的空间意义上的载体,"已经表明了人口、生产工具、资本、享受和需求的集中这个事实"②。

在古代社会尤其是封建社会中,政治职能虽然是城市的主要职能,但在城市中也较为广泛存在着商品经济,该经济形态依附于封建土地所有制以及在此基础上的封建等级制,城市内部的匠师、帮工与学徒等手工业者间的关系寄生于封建宗法,其组织形式是以排除竞争为原则的行会。伴随着商品交换范围的扩展,这种经济交往"集中在一个特殊的阶级手里",

---

① [美]黄仁宇:《资本主义与二十一世纪》,北京:生活·读书·新知三联书店2015年版,第57页。

② 马克思、恩格斯:《德意志意识形态》(节选本),北京:人民出版社2003年版,第48页。

商人促使城市彼此建立了联系，城市与城市之间的分工超越了传统封建行会的生产体系，推动着工场手工业的产生，而城市内部又为工场手工业的产生提供了最为基本的条件。土地作为一种最为重要的生产资料，拥有小块土地的农民成为封建社会统治阶级如教皇、领主、地主和国王等巧取豪夺的对象，失去土地的农民成为自由劳动力进入城市寻求基本的生存，从事商品流通的商人与少数行会工匠师傅们聚集了大量的货币财富，这些人在城市的地理空间内重新组织了生产资料与劳动力，开启了早期的资本主义生产方式即工场手工业，失地农民演变为无产阶级，而部分包买商与少数行会匠师则在小商品经济无情的两极分化竞争中演变为资产阶级。中世纪的城市以宗教场所为中心延展，资本主义时代的城市以工业和商业区为中心延展。城市在其地理空间内部彰显出强大的聚合效应，成为工场手工业转向机器大工业的"物质器皿层"①。劳动力与生产资料大规模集中于城市内部，在资本逻辑的运行下催生出完备的分工体系，工场中手工工人的经验与技术持续积累成为可能，并最终质变为机器发明，例如，瓦特发明蒸汽机的重要条件就在于，"工场手工业时期就已准备好了的熟练的机械工人"②。马克思曾直言，"城市愈大，搬到里面来就愈有利"③，因为不断扩张的城市地理空间内，有铁路、有运河、有公路等便捷快速的交通网络，有持续供给的可以挑选的熟练工人，有顾客云集的市场和交易所为商品的快速流通提供保证，并且，占城市人口绝大部分的劳动阶级在出卖劳动力换取以货币为形式的工资之时，亦产生了庞大的消费力，城市内拥有着相较于农村更为完善的公共基础设施和公共服务体系，为机器社会化大生产提供了极其有利的外部社会条件。

另一方面，资本主义独特的生产方式又有力地促进了城市在地理空间中的变革。在资本主义出现之前，城市无论是承担着保卫抑或政治等主要职能，其在地理空间内的主要形态都表征着统治阶级的内在集体意识，这

---

① 孙江：《"空间生产"——从马克思到当代》，北京：人民出版社2008年版，第43页。
② 马克思：《资本论》第1卷，北京：人民出版社2004年版，第438页。
③ 《马克思恩格斯全集》第2卷，北京：人民出版社1957年版，第301页。

种意识往往体现在统治阶层的日常居住、祭祀等场所的风格、基调等方面。而资产阶级的城市则起到了对人类历史发展的双刃剑效应，一方面，通过城市化进程的加快，改变了无数人的生存状态，正如马克思、恩格斯在《共产党宣言》中指出的，资产阶级"创立了巨大的城市，使城市人口比农村人口大大增加起来，因而使很大一部分居民脱离了农村生活的愚昧状态"①。与此同时，各种社会矛盾开始集中于城市，资本主义的发展与繁荣将原本"一切固定的东西都烟消云散了，一切神圣的东西都被亵渎了"②，城市的主要职能亦得以变换并集中于经济方面。资本的自我增殖诉求是无限的，城市作为资本积累的主要场所，必然在资本主义生产方式的统摄下实现空间的再造，这一过程既有无形的社会空间的生成，例如城市内社会群体日趋分化为两大对立阶级即资产阶级和无产阶级，也有着有形的地理空间的变革，例如城市总体面积的增加、城市内部基本设施的健全等。

　　本书此处侧重于根据马克思的批判来分析城市在地理空间方面引发的问题：首先，城市在地理空间中的扩张。资本的不断扩张必然打破原有地理空间的边界，当城市原初的地理空间成为资本积累的瓶颈之时，城市新的物理空间必然被持续生产，与城市毗邻的城郊地区首当其冲地成为空间生产的前沿，而工业革命的爆发更使得"大工业城市代替自然形成的城市"③，原本是乡村甚至是自在自然的区域成为资本主义大工业的迁移地，雨后春笋般地嬗变成现代城市，即马克思所说的工厂城市。资本在主导城市地理空间扩张的过程中，也打造出了城乡对立的空间结构，这种对立建立在社会关系的改造之上，资本主义的发展摒弃了奴隶主所有制、封建土地所有制等对于土地的深度捆绑，"资本不依赖于地产而存在和发展"，开启了"以劳动和交换为基础的所有制"④。在城乡对立的空间结构中，城市居于中心位置，乡村处于从属边缘，需要指出的是，这种空间结构的对立

---

① 《马克思恩格斯全集》第 4 卷，北京：人民出版社 1958 年版，第 470 页。
② 马克思：《资本论》第 1 卷，北京：人民出版社 2004 年版，第 578 页。
③ 马克思、恩格斯：《德意志意识形态》（节选本），北京：人民出版社 2002 年版，第 58 页。
④ 《马克思恩格斯全集》第 3 卷，北京：人民出版社 1960 年版，第 79 页。

也深化了城市与乡村之间在经济、社会领域的联系,"城市的繁荣也把农业从中世纪的简陋状态中解脱出来了"①。其次,城市在地理空间内的重塑。资本逻辑的驱动下,城市本身的地理空间效能得以提高。各种生产资料密集地存在于城市之内,大量失地农民涌入城市后转化为自由劳动力,资本的积累聚集于有限的地理空间内,最大限度地推动了生产资料与劳动力的有机结合,这将极大地重塑城市内部的地理空间,例如,生活区域与生产区域的划分、公共交通设施的建设、城市人口增长的安置等。其中,城市住宅成为城市地理空间重塑过程中的突出问题,引起了马克思、恩格斯的重视,他们对劳动者尤其是工人阶级的生存居住环境加以深刻的揭示。以伦敦为例,"大约有20个大的贫民区,每个区住1万人左右,这些人的悲惨处境超过了在英国其他任何地方所能见到的一切惨象,而这种处境几乎完全是由住宅设备恶劣造成的",而"这些贫民区,住房过于拥挤和破烂的情形,比20年前糟糕得多"②。

二、地理空间扩展的极限:世界体系

世界体系在地理空间扩展中的历史逻辑——世界历史。"世界历史"概念的产生可以追溯至康德,在康德的话语体系中,人类的"意志"拥有自由的特性,人类作为"历史"的主体能够趋于"善",所以,人类社会是能够不断进步的,康德在《世界公民观点之下的普遍历史观念》一文中明确指出,在人类处于"普遍历史"阶段之时,人类转化为了"世界公民",原有民族国家的地理空间边界将会消散。但是,黑格尔对于"世界历史"理解则与康德不同,其认为世界历史乃是"绝对精神"在时间维度中的产物,与此对应,自然则是观念在空间维度中的发展③,在"绝对精神"的支配下,世界历史表征为民族国家的发展与更替。马克思摒除了唯心主义的"意志"或"精神"的视域,认为"世界史

---

① 《马克思恩格斯全集》第7卷,北京:人民出版社1959年版,第387页。
② 《马克思恩格斯全集》第44卷,北京:人民出版社2001年版,第758页。
③ [德]黑格尔:《历史哲学》,王造时译,北京:三联书店1956年版,第114页。

不是过去一直存在的；作为世界史的历史是结果"①，在人类产生之后相当长的历史是民族—地域历史，各民族国家在地理空间中处于相互未知或极少联系的境遇，彼此缺乏广泛的交往与联系，世界历史乃是人类进入现代社会后的一种历史现象而已，这种现象一出场就建立在社会化大生产的基础之上，生产方式而非"意识"或"精神"才是世界历史的发生根源，从这种意义上讲，世界历史亦可被理解为空间生产扩张的一种结果。

马克思对于世界历史的理解是内嵌于对资本主义社会的批判之中的，资本主义虽然作为世界历史发展的一个阶段性存在物，却并非同时产生于广泛的世界地理空间之内，而是最先生成于西欧，随后由该地区突破各种空间限制不断向全世界扩展，因此，世界历史与资本主义之间呈现出一种双向耦合的建构关系。"世界历史是相对于民族历史而言的"②，中世纪的西欧人根据《圣经》的指引，将耶路撒冷认知为世界的中心，而古代中国人深受儒家思想的影响，加之地理知识缺乏，视自身处于世界的核心位置。促使以上理解偏差得以更正的人类重大事件乃是"地理大发现"，15世纪至17世纪，资本原始积累的内在张力促使西欧人迫切打通与印度、中国之间的新航路，以实现商品经济的快速发展，以哥伦布、达·伽马和麦哲伦等人为代表的探险家们通过不断地对外探索，使得人类历史上各个不同民族之间的直接空间联系成为可能。由民族历史向世界历史转变的过程是"自然界对人来说的生成过程"③，该种生成过程的实质乃是资本对于更大范围的物理空间的支配过程，从该种意义上讲，资本主义生产方式的确立"产生了历史发展的一个新的阶段"④，即世界历史的开端。

世界体系在地理空间中扩展的运行基础——世界市场。世界体系的形

---

① 《马克思恩格斯全集》第46卷（上册），北京：人民出版社1979年版，第48页。

② 丰子义、杨学功、仰海峰：《全球化的理论与实践：一种马克思主义的视角》，南京：江苏人民出版社2017年版，第11页。

③ 《马克思恩格斯全集》第42卷，北京：人民出版社1979年版，第131页。

④ 《马克思恩格斯全集》第3卷，北京：人民出版社1960年版，第64页。

成伴随着"最初的地域局限性开始逐渐消失"①,地理空间差异性所造成的自然分工引发偶然性的商品交换,生产力的持续发展诱发自然分工的质变,促使地域内的经济交往一再突破地理空间的界限。正如马克思所言,"各民族之间的相互关系取决于每一个民族的生产力、分工和内部交往的程度"②,当各民族被裹挟于普遍的经济关系即世界市场中后,世界体系自然而然地得以建构。"创造世界市场的趋势已经直接包含在资本的概念本身中"③,马克思原本在《政治经济学批判》的"序言"中,计划从资本、土地所有制、雇佣劳动、国家、对外贸易、世界市场等六个方面考察资产阶级的经济制度,这个严密而宏大的计划充分体现了其对资本主义生产的总过程与资本主义宏观运行过程结合分析的思路。后因实际研究进展状况的变化,马克思基本遵循《1861—1863年经济学手稿》所制定的框架写作,由此可见,对于世界市场的理解必须基于资本的批判,世界市场的逻辑流变就是资本的"空间发展史"④。资本的天生本性就是价值增殖,因此,资本必须无止境地寻求最大的利润,这就需要不断缩短流通时间,以实现"用时间消灭空间",资本愈发展,承载资本的市场在地理空间中的范围就愈扩大。所以,封建社会内行会本身的存在就成为一种市场流通的外在限制,成为资本自行增殖的障碍,必然被资本内在力量所打破,"一旦有适当的利润,资本就胆大起来"⑤,资本率先统一了民族国家内部的市场,铲除了将束缚劳动力于土地之上的自然经济,通过产品的社会化,打破了封建割据状态,使得商品交换得以普遍存在。由于劳动分工的深化,城乡之间的对立日趋显现,商业与生产的分离也逐渐明显,这就为城市之间的密切联系奠定了基础,"不同城市之间的分工的直接后果就是工场手工业的产生"⑥,这就直接超越了封建行会在地理空间中的生产范围,马克

---

① 《马克思恩格斯全集》第3卷,北京:人民出版社1960年版,第60页。
② 《马克思恩格斯全集》第3卷,北京:人民出版社1960年版,第24页。
③ 《马克思恩格斯全集》第30卷,北京:人民出版社1995年版,第416页。
④ 吴国耀:《〈资本论〉及其手稿中的空间思想研究》,东南大学博士学位论文,2015年。
⑤ 《马克思恩格斯全集》第17卷,北京:人民出版社1963年版,第258页。
⑥ 《马克思恩格斯全集》第3卷,北京:人民出版社1960年版,第61页。

思进一步指出,"工场手工业的初次繁荣……仍是同外国各民族的交往"①。何况,资本所催生出的生产力,要"比过去一切世代创造的全部生产力还要多,还要大",18世纪爆发的"工业革命",一方面完全改变了生产工具,扭转了工场手工业严重依赖于特殊地理空间的境况,另一方面又极大地改善了交通工具,突破了以往社会经济交往的地理空间瓶颈,由此,商品在不同的民族国家之间的普遍流通成为可能,而资本所创造的世界市场也日趋完善,马克思曾明确指出,远洋轮船、铁路、电报、运河等交通工具的相继出现与飞速发展,"第一次真正的形成了世界市场"②。需要指出的是,世界市场并不是人类一般生产逻辑的产物,而是一种"整体的资本主义体系",西欧则是该体系在地理空间内的中心,美洲被发现为金银产地后土著居民"被奴役和被埋葬于矿井"只为资本主义的原始积累供给货币,非洲"商业性地猎获黑人"只为源源不断地为资本主义的社会化生产供给低廉劳动力,并且,西欧各国之间也存在着竞争关系,谋求着居于资本主义体系的霸主,甚至"以地球为战场而进行的商业战争"③。例如,在17世纪,西欧的三个主要国家:西班牙、荷兰与法国,长期相互敌对甚至彼此发动暴力战争。

在马克思的理论视野中,世界市场乃是资本主义世界体系的基础,如果离开了世界市场,资本主义世界体系就不能真正形成,反之,正是由于资本主义世界体系的确立,世界市场得以进一步的完善与发展。如前所述,资本在突破封建行会的局限之后,困束于民族国家内部的地理空间之内,资本处于该种境况的根本原因并非是由地理空间本身所造成的,何况,"工业革命"所推动的科技进步,更加突显地理空间的瓶颈,民族国家内部的市场毕竟是有限的甚至是狭小的,当民族国家内部劳动者的消费能力不足,资本循环发生断裂之时,生产过剩和经济危机便随之而来,民族国家的阶级矛盾则日趋尖锐。1825年,英国爆发了第一次经济危机,英国国内产能普遍过剩,商品数量急剧增加的同时,却不能转换为货币即货

---

① 《马克思恩格斯全集》第3卷,北京:人民出版社1960年版,第61页。
② 马克思:《资本论》第3卷,北京:人民出版社2004年版,第570页。
③ 《马克思恩格斯全集》第44卷,北京:人民出版社2001年版,第860—861页。

币支付链条发生了断裂，工人又大量失业，英国社会深受其害，百业萧条，社会动荡。在此之后大约每隔十年，经济危机又再次爆发。资本主义在频繁的经济危机中虽然受到重创，但未曾按照马克思的判定迅速灭亡。因此，马克思主义"过时论"此起彼伏，一些人更是将马克思的《资本论》理解为"失效的旧约"，是"没有逻辑的、过时的"①。正是因为世界市场的形成，资本主义才未短期内在民族国家中灭亡，过剩的商品抑或资本突破地理空间的壁垒输出至国外，民族国家与资本之间紧密结合，资本绑架国家机器，并利用国家机器向外争夺市场、原料产地和殖民地，这就极大地缓和了资本宗主国内的阶级矛盾与经济危机。世界市场的确立不仅没有证伪马克思主义，而且更加证实了其真理性，各个民族国家"彼此紧紧的联系起来，致使每一个国家的人民都受着另一国家的事变的影响"②，经济危机不再桎梏于一个国家或者地区，而是以世界性的形态不断爆发，每当世界经济危机来临之际，资本主义世界体系便产生了巨大动荡，资本主义国家为了尽可能降低自身内部受到的损害，不惜将危机转嫁至其他国家，甚至发动暴力战争。

世界体系在地理空间中扩展的远景图式——自由联合体。人的自由并非是一种先验的意识存在，而是现实的自由，换言之，人的自由深受生产力发展水平的制约，反映着人所处的社会关系：在奴隶社会、封建社会中，人的依赖性关系位于统治地位，以民族为特征的人的群体之间彼此孤立存在，世界体系并未生成；在资本主义社会中，物的依赖性关系代替了人的依赖性关系，地理空间不再成为人与人之间的交往限制，"地域性的个人为世界历史性的、经验上普遍的个人所代替"③，世界体系于资本逻辑的运行中得以在人类历史中出场。但是，这种世界体系标示着资本主义的特性和资本逻辑的驾驭，被裹挟入该体系内部的国家和个人，较之以往社会形态已然拥有了极其明显的自由表征，但并非能够获得真正的自由发

---

① [英]弗朗西斯·惠恩：《马克思〈资本论〉传》，陈越译，北京：中央编译出版社2009年版，第18页。
② 《马克思恩格斯全集》第4卷，北京：人民出版社1958年版，第368页。
③ 《马克思恩格斯全集》第3卷，北京：人民出版社1960年版，第39页。

展，一旦资本主义世界危机到来，人们就"必须重新开始争取必需品的斗争，全部陈腐污浊的东西又要死灰复燃"①，资本主义世界体系乃是一种阶段性的历史存在物，必然在更高社会形态之中消散。马克思认为，当共产主义社会来临之时，人广泛处于自由而全面发展的状态，人与人之间的交往与联系不仅依然存在而且会更加紧密，在此基础上的世界体系将摒弃资本逻辑的控制，回归于一般生产逻辑，全球地理空间范围内的各种失范现象将得以消失，自由人之间的普遍联合成为共产主义"世界体系"的内在属性。

三、地理空间扩散的样态：不平衡发展

（一）地理空间中不平衡发展的根源：资本的"脱域"

需要指出的是，在人类社会发展的历史进程中，地理空间内的不平衡是持续存在的，马克思在《资本论》中早就指出，生活资料与劳动资料两个"自然富源"在地理空间中的差异性分布，成为不平衡发展的先天性制约因素，在生活资料的自然富源之地如渔产充足的水域、土壤肥沃的平原等，和在劳动资料的自然富源之地如交通便利的河道、矿藏富饶的山区等，相较于其他地理空间区域蕴含着更为丰富的自然禀赋和更为优越的发展潜能，能够为人类的生产生活提供更多的资料。在资本主义出现之前，地理空间的不平衡发展主要归因于基于自然基础条件差异下人的依赖性关系。例如，在封建社会的相对稳定时期，王朝的首都集政治、经济与文化中心为一体，几乎管控着国家的整体，而地方则处于绝对的发展劣势地位。一方面，资本作为一种客观存在物，早就存在于人类历史的发展进程之中，在任何私有制的社会形态内部，商品经济的发展与繁荣必然会生成资本，资本早已出现，却在相当长的历史时期未能作为"普照的光"对人类社会实践活动造成重要的影响。另一方面，资本又"不是物，而是一定的、社会的、属于一定历史社会形态的生产关系"②，当资本不再局限于纯

---

① 《马克思恩格斯全集》第 3 卷，北京：人民出版社 1960 年版，第 39 页。
② 《马克思恩格斯全集》第 46 卷，北京：人民出版社 2003 年版，第 922 页。

粹的经济领域，而是开始"脱域"并全方位地主导经济社会，就产生了资本主义。换言之，资本主义乃是一种经济与社会之体制，该种体制以生产资料私有制为基础，并以雇佣劳动为方式实现价值的创造，当资本主义成为一个社会的主导生产方式之时，资本才能成为"特殊的以太"在自我增殖过程中不断地"脱域"，不仅在地理空间中，更是在社会空间内形成主体性的统摄力量。

资本的原始积累过程就是资本在空间生产内的等级化过程即不平衡发展，这种不平衡被列宁认为是资本主义政治经济发展的"绝对规律"，即一是发达资本主义国家内部之间的不平衡，二是发达资本主义国家与落后国家及地区之间的不平衡，地理空间乃是以上两种不平衡关系多种表征之一。首先，发达资本主义国家内部的不平衡在地理空间中表现为各个民族国家内部原始积累的差异，如前所述，资本主义原始积累建立在广大农民与自身所拥有的土地相分离后演变为充足的劳动力的基础之上，西欧民族国家中，"在英国，农奴制实际上在14世纪末期已经不存在了"①，而俄国却在1841年自上而下的改革中才废除农奴制，也就是说，英国的资本原始积累要远远领先于俄国，这种先发优势致使英国的资本主义亦大大发达于俄国。正如恩格斯所言，"英国现在已经度过了我所描述的这个资本主义剥削的青年时期，而其他国家刚刚踏进这个时期"②，在19世纪80年代之前，资本主义体系内部的不平衡显现为英国长期处于领先地位，但是，周期性的经济危机造成了英国资本主义的停滞，法国、德国、美国等新兴资本主义国家打破了英国的工业垄断，呈现出飞速发展的境况，"资本主义发展的不平衡性出现了新的情况，即表现为相互交错的发展态势"③。其次，资本主义国家与落后国家及地区之间的不平衡在地理空间内表现为全球化的南北差异。"资本主义持续的在地理上的扩张"④，这种扩张被视为

---

① 马克思：《资本论》第1卷，北京：人民出版社2004年版，第841页。
② 《马克思恩格斯全集》第22卷，北京：人民出版社1965年版，第371页。
③ 胡键：《资本的全球治理：马克思恩格斯国际政治经济学思想研究》，上海：上海人民出版社2016年版，第125页。
④ ［英］大卫·哈维：《后现代的状况》，阎嘉译，北京：商务印书馆2003年版，第233页。

资本主义内在的根本性矛盾的暂时转移，资本的过度积累与有效需求不足之间始终难以调和，该矛盾积聚至一定程度必然周期性地爆发，并愈发显现出整体性的危机，这"对任何资本主义生产方式来说，这是一个永远也不会完结的和永恒的问题"①，资本人格化的资本占有者群体并不会主动摒弃资本主义，却总是在不触及资本主义私有制根本原则的前提下寻求各种缓解矛盾的方式，"空间生产"便是其中之一，过度积累的资本跨越发达资本主义国家内部的疆界流至落后国家与地区，将其演变为原材料来源地、商品销售市场或廉价劳动力供给区等，而非利润共享的共同体，致使全球范围内日益分化为少数发达国家与广大发展中国家。

（二）地理空间中不平衡发展的实质：不等价的国际交换

如前所述，资本逻辑在地理空间中扩张的极致表现为资本主义世界体系的形成，而该体系的运行基础又体现在世界市场的塑造。在世界市场中，以国家为主要主体的交换并不是平等的，而是呈现出资本主义发达国家之间的激烈竞争和资本主义发达国家对落后国家与地区的剥削，超越民族国家地理空间界限的社会分工是国家交换的前提条件。马克思早在《1844年经济学哲学手稿》中就认识到分工的双重特性，一方面，"分工提高劳动的生产力，增加社会的财富，促使社会精美完善"②，另一方面，分工又是私有制的"同义语"，原本是"为了平等的利益才被发明的，但是结果它们往往对平等不利"③，国际分工的不同造就了国际交换的需求，也内在地决定着国际交换的不平等。对此，马克思在《1857—1858年经济学手稿》中明确指出，"两个国家可以根据利润规律进行交换，两国都获利，但一国总是吃亏"④，在国际交换中，单位商品的价值量不再取决于一国地理空间内的平均劳动消耗，"而是由世界市场上的平均必要劳动时间

---

① ［英］大卫·哈维：《后现代的状况》，阎嘉译，北京：商务印书馆2003年版，第228页。
② 马克思：《1844年经济学哲学手稿》，北京：人民出版社2000年版，第13页。
③ 《马克思恩格斯全集》第4卷，北京：人民出版社1958年版，第152页。
④ 《马克思恩格斯全集》第46卷（下册），北京：人民出版社1980年版，第401页。

来决定"①，由于各国的劳动生产力千差万别，其生产的单位商品在世界市场中呈现出不同的"国际价值"②，因此，生产力较为发达的国家就能够以较少的劳动在国际市场上交换获取不发达国家较多的劳动，以攫取更多别的国家的工人阶级创造的剩余价值。马克思在《资本论》第三卷中做出更加清晰的判定，即国际交换的背后乃是资本获取超额利润的实现，是资本占有者对于劳动力的剥削，国内资本流转至对外贸易领域可以实现更高的利润率，生产条件较为先进的国家有利于获得竞争优势，能够"在高于商品的价值出售自己的商品"，即使较竞争对手的售价更为低廉，假如发达资本主义国家的劳动"作为比重较高的劳动来实现，利润率就会提高，因为这种劳动没有作为质量较高的劳动来支付报酬，却被作为质量较高的劳动出售"③。

需要指出的是，这种不等价的国际交换并非是暂时性的现象，而是作为一种秩序长期性存在，发达资本主义国家一直作为该秩序的既得利益者，位于世界市场的优势地位，但是国际中的一般商品交换并不能够满足资本价值增殖的本性。换言之，当其他特殊商品能够加速资本的积累，资本便会绑架国家机器催生出非正义性的诸多商业行为，其中最为典型的是资本主义原始积累时期的奴隶贸易和鸦片贸易。"地理大发现"推动力人类对于地理空间范围的认知，也同时"奠定了贩卖奴隶的基础"④，从16世纪的西班牙至17、18世纪的英国，美洲的印第安人、非洲的黑人等被作为廉价的劳动力在全球空间内贩卖，为资本的自我增殖奠定了基础性的劳动力条件。与奴隶贸易一样，鸦片贸易亦充满着罪孽与邪恶，中国的小农经济天然具有自给自足的特征，在中英之间的一般商品交换中，中国"经常是出超"⑤，"英国政府公开宣传毒

---

① 《马克思恩格斯全集》第47卷，北京：人民出版社1979年版，第405页。
② 丰子义、杨学功、仰海峰：《全球化的理论与实践——一种马克思主义的视角》，南京：江苏人民出版社2017年版，第30页。
③ 马克思：《资本论》第3卷，北京：人民出版社2004年版，第280—281页。
④ 《马克思恩格斯全集》第20卷，北京：人民出版社1973年版，第520页。
⑤ 《马克思恩格斯全集》第9卷，北京：人民出版社1961年版，第144页。

品的自由贸易,暗中却把持自己毒品生产的垄断"①。换言之,英国资本主义不仅希冀于鸦片贸易获得非法利润,更企图通过鸦片贸易获取垄断利润。

(三) 地理空间中不平衡发展的模式:中心与外围的分布

资本冲破了地理空间的限制,在全球范围内"充分地自由活动"②,一方面强化了民族国家在地理空间内的经济社会交往,另一方面却造成了地理空间内呈现出中心与外围的不平衡发展模式,这种模式又可具体划分为工业中心与农业外围、城市中心与农村外围。其一,工业革命之前,虽然西欧已然迈入以工场手工业为典型的社会化生产阶段,但是从世界范围看,中西之间的社会生产实力差距却不大,甚至以中国为代表的东方农业生产总量要远高于西方,西欧各国之间相比较亦基本持平,率先在英国爆发的工业革命则彻底改变了以上境况,恩格斯曾生动地描述,"英国是农业世界的大工业中心,是工业太阳"③,工业革命由英国延伸至法、德等欧洲大陆国家,并蔓延至亚洲的日本、北美洲的美国等地,以英国为代表的资本主义工业国家作为"宗主国中心"支配着作为依附的农业生产的"边缘地区"④,甚至这些地区沦为殖民地或者半殖民地,这种中心与外围的形成以资本的原始积累为根本动力,以暴力战争为外在保障。马克思站在历史唯物主义的视角,辩证地分析了以上境况,工业化的资本主义国家在寻求原料产地、销售市场之时,对于农业国家或地区的征服的确是野蛮的、不人道的,甚至是反人类的,其诸多恶行必将记录于历史耻辱柱之上,同时,工业化的资本主义国家亦通过市场或战争消灭了地理空间内各个农业国家或地区封闭自守的状态,促使人类文明整体向前发展。马克思以英国与印度为例指出,关键"不在于英国人是否有权征服印度,而在于我们是

---

① 《马克思恩格斯全集》第12卷,北京:人民出版社1962年版,第691页。
② 《马克思恩格斯全集》第4卷,北京:人民出版社1958年版,第456页。
③ 《马克思恩格斯全集》第22卷,北京:人民出版社1965年版,第393页。
④ [美] 斯塔夫里亚诺斯:《全球分裂:第三世界的历史进程》(上),迟越、王红生译,北京:商务印书馆1995年,第17页。

否宁愿让印度被土耳其人、波斯人或俄国人征服而不愿让它被不列颠人征服"①。其二，城市与乡村在地理空间中的差异性分布自"第二次社会大分工"就已经出现，"城乡之间的对立只有在私有制的范围内才能存在"②，在资本主义产生之前，城市便成为社会各种资源聚集的中心，乡村则原子般地广泛分布于地理空间内，但是，城市对乡村并不具备统摄的作用，反之，广大乡村承载着一切"相应的社会基础"如"地主土地所有制""宗法等级制度"等。马克思对此定性为，"是乡村对城市的统治"③，资本主义诞生后尤其是经历了"工业革命"以后，近代城市多以工业城市为形态，"农村屈服于城市的统治"④，"资本主义生产的总过程"促使城市与乡村在经济社会联系方面紧紧捆绑在一起，作为中心的城市成为人的生活资料、精神产品等主要供给者，而乡村的经济、文化等全方位依附于城市的外围。

---

① 《马克思恩格斯全集》第12卷，北京：人民出版社1998年版，第246页。
② 《马克思恩格斯全集》第3卷，北京：人民出版社1960年版，第79页。
③ 《马克思恩格斯全集》第6卷，北京：人民出版社1961年版，第301页。
④ 马克思、恩格斯：《共产党宣言》，北京：人民出版社2014年版，第32页。

第三章 空间扩展：
资本逻辑发展的必然趋势

如前所述，以自然空间、地理空间为代表的物理空间作为客观存在的对象，在人类社会实践中逐渐地属人化，成为社会中人与人之间新型"交往关系结构"①的载体。正如曼纽尔·卡斯特所言，"空间不是社会的反映，而是社会的表现。换言之，空间不是社会的拷贝，空间就是社会"②，社会空间这一范畴的出现，极大地扩展了空间的概念内涵。进入资本主义时期后，人与人之间社会关系的本质是"物的依赖性关系"，又可具体称之为"资本关系"，社会空间的生成是资本逻辑发展的必然趋势，经济空间、政治空间和意识空间等都是社会空间的一种"具体"，这些"具体"虽然以物理空间为基础，但反之也会控制物理空间，甚至会重构物理空间的初始形态，而物理空间正是在不断被重构中延续着自身的基本存在。

第一节 经济空间的生成

经济空间是以一定物理空间为介质的经济主体的行为、活动、交往或方式等范围与过程。由于经济领域在人类社会生活中的复杂性与多样性，经济空间的表征具有繁杂的现象或者样态。"资本逻辑，它能够生成合乎

---

① 孙江：《"空间生产"——从马克思到当代》，北京：人民出版社2008年版，第9页。
② [美]曼纽尔·卡斯特：《网络社会的崛起》，夏铸九、王志弘等译，北京：社会科学出版社2003年版，第504页。

需要的空间,生成流通领域的社会关系网络,即各种形态和层级的经济空间"①,换言之,经济空间绝不是西方空间经济学语境中地理空间内经济要素的客观的机械聚集样态,而是资本逻辑运行中所造就的社会关系尤其是经济关系的界定。马克思在《资本论》及其手稿中对资本逻辑的批判,蕴含着"经济空间的创造"思想,其中,科技革新等是"生产性劳动条件",而流通领域内的"时空转换与压缩"是"实际营造"的抽象表现,建构经济空间的同时也可能生成"破坏性的经济空间"即生产与危机呈现出并存的境况②。

一、经济空间生成的辅助:科学与技术革新

技术逻辑在经济空间生成中的原初存在。在人类的社会历史进程之中,经济空间并非仅仅在资本主义社会形态内存在,如前所述,经济空间的生成得益于经济主体的社会实践,生产劳动又是诸多社会实践中的基础,所以,任何社会形态中,人的生产劳动过程成为经济空间得以生成的根源。马克思在《资本论》中强调劳动生产与科学技术之间不可分割的关联,"劳动……是人以自身的活动来中介、调整和控制人与自然之间的物质变换的过程"③,科学技术则是"人与自然之间的物质变换"的"方式和手段"④,这种方式和手段绝不是一成不变,而是处在不断地创新之中,并成为社会生产力发展的标志。换言之,科学技术的革新以及因此触发的劳动组织方式的变换可被称之为"技术逻辑"⑤,技术逻辑在经济空间生成伊始便存在着,并以劳动生产率提高为主要目的。经济空间内人类的劳动

---

① 鲍伶俐:《资本逻辑与经济空间生成及扩张机制》,上海:上海人民出版社2017年版,第57页。
② 鲁品越:《流通费用、交易成本与经济空间的创造——〈资本论〉微观流通理论的当代建构》,载《财经研究》,2016年第1期。
③ 《马克思恩格斯全集》第44卷,北京:人民出版社2001年版,第208页。
④ 王明友:《〈资本论〉中的市场经济逻辑》,北京:社会科学文献出版社2015年版,第275页。
⑤ 潘恩荣:《〈资本论〉研究需要引入"技术逻辑"》,载《哲学研究》,2015年第5期。

生产，不仅仅是自身自然力的发挥与消耗，也是对于"自在自然"所蕴藏的自然力的使用与操纵，该外在的自然力并非直接应用于物质交换过程之中，而是作为"已经需要经过加工"①后才能被有效的使用，这种"加工"是人的智力利用"物的机械的、物理的和化学的属性"②最大程度地彰显出自然力的巨大能量，人的智力具体集中表现为劳动生产中的科学技术，科学技术又通过加工过程以劳动资料这种物化形式得以显现。所以，技术逻辑的运行，可被视为经济空间内劳动资料的嬗变，成为"一种在历史上起推动作用的、革命的力量"③，马克思将劳动资料的具体典型样态作为划分时代的标志，这就充分澄明了技术逻辑的历史在场。马克思在《资本论》及其手稿中，以工具为代表的劳动资料为线索，内在、系统地梳理了技术逻辑的运行历程。在家庭手工业阶段，劳动者的技艺是影响生产实践的重要因素，同样的劳动工具由熟练程度不同的劳动者使用，经常展现出差异性的生产效率，"这种狭隘的技术基础使生产过程得不到真正的科学分解"④，而作为劳动资料的工具本身呈现出"通用性"特征，可在一种劳动过程中被应用于"不同的操作"⑤。在工场手工业阶段，劳动者在分工当中降解为"局部的操作"，反而劳动工具愈发"专门化"并技术性地应用于被分解的生产环节当中，并且成为"机器发展的工艺的、物质的前提之一"⑥。在机器大工业阶段，科技的革新致使人在经济空间中"第一次使自然力……从属于直接的生产过程"，而该过程中机器的应用以及机器之间的协调与联合则成为关键，技术逻辑在人类历史上被最大限度的突显。

资本主义经济空间在资本逻辑对技术逻辑的统御中新生。在前资本主义社会中，经济空间早就存在，并且，技术逻辑成为经济空间生成的基础性动力。此处所说的经济空间，乃是一种现代意义上的理解，是资本主义

---

① 《马克思恩格斯全集》第44卷，北京：人民出版社2001年版，第210页。
② 《马克思恩格斯全集》第44卷，北京：人民出版社2001年版，第209页。
③ 《马克思恩格斯文集》第3卷，北京：人民出版社2009年版，第602页。
④ 《马克思恩格斯全集》第44卷，北京：人民出版社2001年版，第393页。
⑤ 《马克思恩格斯全集》第44卷，北京：人民出版社2001年版，第395页。
⑥ 《马克思恩格斯全集》第32卷，北京：人民出版社1998年版，第334页。

社会形态中的经济空间,资本主义诞生后,技术逻辑不再以自在或自为的形式影响经济空间的生成,而是丧失了自身的主体性,被资本逻辑所统御,隐匿于资本逻辑之中,正如马克思所言,"科学为资本服务"[1],面对以上境况,马克思生动地将资本主义社会隐喻为一个"庞大的机械怪物"[2]。资本逻辑作为"普照的光"渗透至社会生活的各个领域与空间,这是资本主义社会最为显著的特征,以尽可能获取更多剩余价值为根本目标的资本逻辑必然要求集聚一切方法或资源,建构起资本主义的整体性社会空间。经济空间作为社会空间的一种具体形态,其生成抑或存在不可避免地被资本逻辑所影响,技术逻辑附庸于资本逻辑之下,成为资本获取剩余价值的有力助手,"资本的趋势是赋予生产以科学的性质"[3],经济空间正是在以上境况中得以嬗变,拥有了资本主义的本质属性。在资本自我增殖的内在驱动下,科技的革新还参与了地理特征的转型,例如蒸汽机的发明与应用推动了纵横密布的铁路网络覆盖,这种改变削弱了空间的物理属性,增强了空间的社会属性尤其是经济属性,正是科技改变了传统的地域联结形式,作为"类主体"的资本在此基础之上,将各种经济要素纳入其自身所创造的体系与架构之中,客观上促进了经济空间边界的生长。

科技本身拥有着启迪思维、满足求知等社会文化功能[4],但科学的应用、发明等好处,却在资本逻辑的支配下产生了普遍的异化,"被看作是资本的属性"[5],仅仅为经济空间中资本的价值增殖服务。以上境况在人类的历次科技革命中得以清晰展示,例如,"第一次科技革命"即工业革命后,西欧资本主义最终打败封建主义,新兴工业城市的涌现、世界贸易的增长、机器取代手工的生产等,奠定了资本主义经济空间的基质;"第二次科技革命"后,新产业部门如石油工业和通讯产业的诞生、世界殖民体系的形成、经济垄断组织的登场等,强化了资本主义经济空间内部的关

---

[1] 《马克思恩格斯全集》第47卷,北京:人民出版社1979年版,第586页。
[2] 马克思:《资本论》第1卷,北京:人民出版社2004年版,第456页。
[3] 《马克思恩格斯全集》第31卷,北京:人民出版社1998年版,第94页。
[4] 王伯鲁:《〈资本论〉及其手稿技术思想研究》,成都:西南交通大学出版社2016年版,第212页。
[5] 《马克思恩格斯全集》第49卷,北京:人民出版社1982年版,第137页。

联。需要指出的是，资本逻辑对于技术逻辑的统御并不是单向度的作用，技术逻辑反之影响着资本逻辑的运行，马克思就明确指出"旧资本总有一天也会从头到尾地更新，会脱皮，并且同样会以技术上更加完善的形态再生出来"①，换言之，技术逻辑中的高效、优化、规范和有机组合等原则能够为资本增殖提供诸多借鉴意义，经济空间亦在这种翻转中实现内部的调整。

资本主义经济空间在资本逻辑对技术逻辑统御下生成的先天性失范。技术逻辑本身是社会的产物，拥有丰富的社会属性，当其被安置在不同的社会关系之中，便会被附加特定的属性，资本主义社会中，资本的自我增殖逻辑决定了科技被理性选择为纯粹的经济化应用，马格林就鲜明地指出：不是蒸汽碾磨机带来了资本主义，而是资本主义带来了蒸汽碾磨机。资本主义经济空间的生成，本质上是资本逻辑的"形而上学同一性"以物理空间为载体在经济领域中的"感性显现"②，该种同一性不仅以极其强大的力量将物理空间内所有的社会存在都裹挟入自身的运行之中，而且致使全部的社会存在被打上了"物"的内在属性。如前所述，技术逻辑原初地存在于任何社会形态的经济空间内部，在资本主义社会虽不可避免地被资本逻辑所统御，反之也因自身独有的特征反之加剧了资本逻辑的同一性力量。正如马克思在《资本论》中所言，"科学和技术使执行职能的资本具有一种不以它的一定量为转移的扩张能力"③，当经济空间被资本逻辑所侵蚀，内嵌于其中的技术逻辑与资本逻辑交织于一体，资本主义经济空间便得以生成，需要指出的是，该种特定经济空间存在着"只见物不见人"的先天性失范。首先，技术逻辑沦为了一个简单粗暴的公式，即"技术进步＝社会财富的增长"④，这一公式集中体现出了技术逻辑的功能异化，科技的革新使规模化生产成为可能，劳动者与科技一体被资本整合于商品的

---

① 《马克思恩格斯全集》第44卷，北京：人民出版社2001年版，第724页。

② 王巍：《马克思视域下的资本逻辑批判》，北京：人民出版社2016年版，第135页。

③ 《马克思恩格斯全集》第23卷，北京：人民出版社1972年版，第664页。

④ Herbert, Marcuse. *Counterrevolution and Revolt*. New York: Beacon Press, 1972, p. 4.

生产之中，整个经济空间蜕变为"商品的庞大堆积"①。其次，科技的应用导致自动化生产的程度不断提高，这种境况确实能够使劳动者"减轻劳动"，但并不能使劳动者完全摆脱劳动过程，反而使劳动者的"劳动无内容"，整个经济空间内劳动的主体性丧失殆尽，不是人在使用物（劳动条件），而是物（劳动条件）在使用人②。

二、经济空间生成的核心：时空转化与修复

在剩余价值生产中，时间上连续而空间上协调③，经济空间与劳动空间高度重合。资本逻辑的运行是以价值增殖的形式实现资本量的积累，这就具体表现为资本占有者对于剩余价值的追逐。剩余价值的生产是马克思在《资本论》及其手稿中所论述的焦点问题，剩余价值在资本主义经济空间的生成中起着重要的作用，在劳动生产过程中，必要劳动时间与剩余劳动时间的比例决定了剩余价值（剩余产品）的数量，当劳动者从事必要劳动时间增加之时，剩余劳动时间就必然缩短，那么所获取的剩余价值数量便减少，反之亦然，所以，劳动时间的有机分配对于资本积累而言有着至关重要的影响。在《资本论》第一卷中，马克思明确地指出，剩余价值可分为两种具体样态即"绝对剩余价值"和"相对剩余价值"，对于"绝对剩余价值的生产"而言，劳动者的必要劳动时间是固定的，虽然劳动者的劳动时间"只能在一定的界限内变动"④，例如一个工作日的劳动时间极限为24小时，但其"最低界限是无法确定的"，在24小时内尽可能地延长劳动时间，则成为资本占有者获取绝对剩余价值的唯一途径，但是该途径一方面受制于社会领域劳动伦理的制约，另一方面也局限于劳动者的生理极限。所以，随着资本主义的发展特别是资本主义国家的技术进步，资本的积累主要由榨取相对剩余价值而实现。相对剩余价值建立在缩短必要劳

---

① 《马克思恩格斯全集》第42卷，北京：人民出版社2016年版，第21页。
② 《马克思恩格斯全集》第44卷，北京：人民出版社2001年版，第486页。
③ 张佳：《大卫·哈维的历史——地理唯物主义理论研究》，北京：人民出版社2014年版，第30页。
④ 马克思：《资本论》第1卷，北京：人民出版社2004年版，第268页。

动时间的基础之上，马克思从"协作"到"分工和工场手工业"，再到"机器和大工业"①等清晰地推导出相对剩余价值的生产方式的演变过程，以上方式的共同点就在于劳动生产率的提高，劳动生产率的提高又与空间紧密联系在一起②，空间的重要性日趋明显，资本占有者对"第二自然"意义上的空间进行了重新的规划、设置，使劳动力、劳动资料等要素在一定空间中催生出集约效应，"同一时间、同一空间（或者说同一劳动场所），为了生产同种商品，在同一资本家的指挥下工作"③，这种方式的劳动生产一方面能够确保生产过程在时间上不会被频繁中断，造成生产间隔的浪费，另一方面可以确保生产过程在一定空间中得以有序进行，各生产要素不仅在客观距离上缩短，亦可相对合理地配置各生产要素。剩余价值是由劳动力所创造的，其必然产生于"直接生产"领域之内，无论是绝对剩余价值抑或相对剩余价值的生产必须在确保"时间上继起"和"空间上并存"④的前提下，才能实现量的最大化，如果仅从空间维度来看，剩余价值的生产内置于经济空间之内，具体表现为劳动空间，换言之，在剩余价值的生产中，经济空间与劳动空间乃是同一空间的两种不同表述形态。

在资本流通过程中，时间被用来消灭空间，经济空间的生成虽然以地理空间为载体，但有着自身独特的范围与过程。马克思在《资本论》第一卷中明确指出，转化为资本的剩余价值，"不能从流通中产生，又不能不从流通中产生。它必须既在流通中又不在流通中产生"⑤，而流通作为一种"动态"，是在时间与空间的双重维度中同时进行的。资本流通的完成形式可被表述为 G—W—G′，该公式的两极为同质的货币，一极从货币转化为商品，另一极由商品转化为货币，并且从流通中取出的货币在数量上要大

---

① 马克思：《资本论》第1卷，北京：人民出版社2004年版，第4卷。
② 仰海峰：《〈资本论〉的哲学》，北京：北京师范大学出版社2017年版，第236页。
③ 《马克思恩格斯全集》第44卷，北京：人民出版社2001年版，第374页。
④ 付文军：《〈资本论〉的世界历史叙事及其当代意义》，载《学术界》，2022年第4期。
⑤ 马克思：《资本论》第1卷，北京：人民出版社2004年版，第193页。

于进入流通的货币,资本正是在该扩张运动中永不停息,实现无限增殖,在这个意义上,同等量的资本流通时间越少,资本所获得的增殖量就越多,马克思曾形象地将资本增殖所遇到的问题归结为,"劳动生产率的限制＝必要劳动时间的增加＝剩余劳动时间的减少＝剩余价值的减少＝资本价值自行增殖过程的障碍"①,换言之,作为资本人格化的资本占有者总是最大限度地挤占劳动者的剩余劳动时间,而流通本身却是对于这种挤占的约束,该约束又集中体现在空间维度中,"资本按其本性来说,力求超越一切空间界限"②,也就是说,资本自身价值增殖是基于不断扩展资本流通空间的同时缩短资本的流通时间。如前所述,资本流通即 G—W—G′,只有在市场交换中才能开展,作为一般等价物的 G 的出现冲破了地理空间的限制,尤其是金银被作为货币,能够使市场交换几乎蔓延至整个世界,但无论是 G—W 还是 W—G′,却因空间的广延而增加了时间的耗费,例如,一件劳动产品要转化为商品,就必须从产地进入市场被用于交换,产地与交换地往往是不同的,这一空间改变的过程,所增加的时间被计算于必要劳动时间之内,这就必然导致剩余价值(剩余劳动时间)的减少。所以,资本占有者总是倾尽全力地消除 G—W—G′ 中的空间障碍,正因如此,商品运输逐渐演变为一种独立产业,成为资本主义生产体系中不可或缺的一环,而市场交换一旦对于克服空间障碍有通讯等技术上的需要,"则这种需要就会比十所大学更能够"③ 把电子工程等科学推向前进。在马克思看来,伴随着资本积累规模的增长,作为资本流通领域的市场也不断扩大,这种扩大直接体现在空间维度之中,"资本力求用时间去更多地消灭空间"④,被消灭的空间是阻碍"交换的一切地方限制"⑤,是地理空间的具体形态,需要指出的是,正是在时间消灭空间的过程中,资本构建起了以

---

① 《马克思恩格斯全集》第 46 卷(下册),北京:人民出版社 1980 年版,第 33 页。
② 《马克思恩格斯全集》第 30 卷,北京:人民出版社 1995 年版,第 521 页。
③ 《马克思恩格斯全集》第 39 卷,北京:人民出版社 1974 年版,第 198 页。
④ 《马克思恩格斯全集》第 46 卷(下册),北京:人民出版社 1980 年版,第 33 页。
⑤ 《马克思恩格斯全集》第 30 卷,北京:人民出版社 1995 年版,第 538 页。

地理空间为载体，又不同于地理空间的独特经济空间，换言之，经济空间生成于资本的时空压缩之中。

三、经济空间生成的悖论：生产与危机并存

资本主义经济空间生成伊始，就内在地蕴含着不可调和的矛盾，并以资本主义经济危机周期性爆发的形式呈现出来。在前资本主义时期，其他社会形态的经济空间内部并不具备资本危机的土壤，正如马克思所言，"在人们为自己而生产的社会条件下，确实没有危机，但是也没有资本主义生产"①，个别生产者因多重原因"遭到破产"②的现象是经常发生的，即使在市场经济较为发达的区域，简单交换仍占据主流。换言之，在非资本主义社会形态中的商品交换，"与交换价值无关，只与使用价值有关"③，马克思更是明确地指出，资本危机必须在资本主义发展至成熟阶段才能出现，"即使在资本主义生产的幼年时期也不可能出现"④。如前所述，资本的本性就是保持增殖，持续将剩余价值转化为资本，并再次投入经济空间中，以期获得更多的剩余价值，如此往复，资本主义经济空间在这种循环中不断生成新的样态。在追求最大化的剩余价值的过程中，占人口绝大多数的劳动者却处于"绝对贫困"或者"相对贫困"的境遇之中，资本占有者支付给劳动者的工资甚至不能够满足劳动者的基本生活需求，这就造成了"庞大的商品堆积"与社会消费能力不足的矛盾，在 W—G′ 环节中商品未能实现"惊险的一跳"，这就导致资本不能以货币为完成形态进一步增殖后进入下一轮的周转，引发了资本的过剩，因此，资本主义经济空间内部的危机是"以过剩为特征"⑤ 的。自 1825 年英国爆发经济危机以降，近二百年经济危机虽然周期性地出现，资本主义却未像马克思当年所预测的那样迅速

---

① 马克思：《剩余价值理论》，北京：人民出版社 1975 年版，第 587 页。
② 马克思：《剩余价值理论》，北京：人民出版社 1975 年版，第 587 页。
③ 《马克思恩格斯全集》第 46 卷（上册），北京：人民出版社 1979 年版，第 412 页。
④ 《马克思恩格斯全集》第 23 卷，北京：人民出版社 1972 年版，第 694 页。
⑤ 张作云：《〈资本论〉与当代资本主义金融和经济危机研究》，北京：中国社会科学出版社 2015 年版，第 144 页。

地因危机灭亡，这绝不是马克思主义的"失效"，马克思对于资本主义必然灭亡的分析"整个来说直到现在还是完全正确的"①，资本主义在自我调整中找到了延缓危机的方法，大卫·哈维将其称之为"时空修复"。

资本主义经济空间内部的第一级危机。马克思明确指出，"危机最根本的原因，总不外乎群众的贫困和他们的有限的消费，资本主义生产却不顾这种情况而力图发展生产力，好像只有社会的绝对消费能力才是生产力发展的界限"②。换言之，生产与消费之间的关系并非萨伊、詹姆斯·穆勒等资产阶级经济学家们所秉持的"无矛盾说"，资本占有者并不攫取剩余价值，而劳动者才是剩余价值的创造者，劳动者所拥有的劳动力如果丧失了生产剩余价值的使用价值，其劳动力就不能够在市场上得以出售并换取货币，但是，劳动者总是处于缺少钱的境遇，这其中的关键在于分配，并不是劳动者生产的产品少，而是劳动者从"所生产的产品"中"得到的太少"③，这些资产阶级经济学家将生产与消费的矛盾加以调和，这是极其荒谬的"否定"危机的表现，正是生产与消费之间的"独立性和淡漠性"在不断地增长中才能"引起危机"④，而该种生产与消费之间关系的"异化"乃是源于资本主义社会基本矛盾即社会化生产与资本主义私有制之间的矛盾。对此，马克思在《资本论》三卷中更是循序渐进地梳理了经济危机的生成脉络：首先，生产者从事商品生产的劳动天然地具备二重属性，一方面作为私人劳动作用于具体的生产过程，以"有用劳动"来创造"使用价值"去满足人的实际需要；另一方面作为社会劳动"反映"出商品中"共同的价值性质"⑤，以"抽象劳动"凝结为"价值"促使交换成为可能。其次，私有劳动与社会劳动之间矛盾的解决依靠于"矛盾的外化"，即商品占有者将商品让渡出去与其他商品进行交换。换言之，"商品的价值体

---

① 《马克思恩格斯全集》第18卷，北京：人民出版社1964年版，第104页。
② 马克思：《资本论》第3卷，北京：人民出版社1975年版，第548页。
③ 马克思：《剩余价值理论》第2册，北京：人民出版社1975年版，第592—593页。
④ 马克思：《政治经济学批判大纲》第1分册，北京：人民出版社1975年版，第98页。
⑤ 马克思：《资本论》第1卷，北京：人民出版社2004年版，第90—91页。

现在另一种商品的使用价值上面"①；商品与商品之间的频繁交换（物物交换）催生出交换过程本身的矛盾，因为商品占有者对于商品使用价值的需求并不能时刻得到满足，一般等价物正是为矛盾的解决而生，并固定在金银之上，货币得以产生。行文之前所论述的"生产与消费"之间的矛盾，乃是商品交换过程中买与卖之间矛盾的不同表述；再次，在资本主义社会中，劳动力成为一种特殊的商品，货币不再仅仅是货币，而演变成为资本，资本占有者与生产者（劳动者）是雇佣关系，商品交换中的"为买而卖"转化成"为卖而买"，转化后的矛盾又集中呈现于"剩余价值生产和剩余价值实现的矛盾"②之上。再次，由于剩余价值转化为利润，资本占有者以提高生产力为主要手段，以期获取超额利润，进而实现剩余价值向资本的转换，实现资本的积累，对于资本占有者而言，占有利润至少是平均利润才能够在竞争中生存，但是劳动生产力的提高又会造成平均利润率的下降，这就与资本的增殖本性发生了矛盾，该矛盾一旦激化就会以经济危机的形式爆发。在大卫·哈维看来，马克思所揭示的是单个资本利用技术应用提高劳动生产率抑或强行延长劳动时间的方式，以获取剩余价值甚至是超额剩余价值。但是，单个资本呈现出无序竞争的状态，这与资本主义社会的整体利益相悖，以致引发平均利润率的下降，"资本流通过程和再生产过程"被"扰乱"③，从而产生了资本过度积累的危机即"第一级危机"。大卫·哈维还认为，虽然马克思预见到了资本主义社会化生产与资本主义私有制之间的根本性矛盾，但马克思却未能认知到资本自身运行的过程之中，已然找到了缓解平均利润率下降后的过度积累所造成的危机。资本形态中的产业资本又可分为固定资本和流动资本，固定资本以其特殊的周转方式、再生产方式等属性对于资本积累速度是有重要影响力的，相较于流动资本，固定资本一般规模大、周期长，一旦资本主义社会内部固定资本投资增加，就可以延缓价值在将来再次进入流通领域的时

---

① 张薰华：《〈资本论〉脉络》，上海：复旦大学出版社2005年版，第18页。
② 张作云：《〈资本论〉与当代资本主义金融和经济危机研究》，北京：中国社会科学出版社2015年版，第40页。
③ 马克思：《资本论》第3卷，北京：人民出版社2004年版，第294页。

间,这种"时间修复"促使过度积累的资本能够转移至未来而不是桎梏于当前,大卫·哈维将"流入固定资本和消费基金形式的资本流动称之为资本的第二级循环"①。

资本主义经济空间内部的第二级危机。大卫·哈维视马克思在《资本论》中提及的以英国为典型的工业资本主义的社会化生产过程为"资本的第一级循环",该种循环必然造成"第一级危机",虽然当资本通过"时间修复"进入"第二级循环"后便可以缓解过度积累,但是依然难以克服资本主义社会的根本矛盾,经济空间内部的危机非但不会消除,反而呈现出"第二级危机"的特殊样态,即"固定资本贬值的危机与金融危机"②。其实,马克思早就对资本的"第二级循环"(次级循环)有着前瞻性的探索。当过度积累的资本从上一轮周转中溢出却无法进入下一轮周转之内时,就会陷入滞胀状态,那么从外部控制资本在流通领域的运转时间则为缓解滞胀的一种行之有效的方式,马克思对此曾加以说明,"流通时间本身不是资本的生产力,而是对资本生产力的限制"③。在资本主义社会中,资本的生产力一旦被释放出来,就难以被人为驾驭,反而会成为反噬人、自然等的异化力量,但是流通领域中却蕴藏着资本再生产的"否定性因素"④,当资本在市场中的流通速度下降、流通时间增加,就能够推迟资本周转的时间。所以,大卫·哈维的"时间修复"理论在根源上依然内置于马克思对于资本逻辑批判的视域之下。过度积累的资本定向于固定资本领域的投资,例如公路网络、港口码头、学校医院等大型基础设施建设,确实能够延迟矛盾爆发的时间,但却无法在本质上根除矛盾,究其原因,一方面,固定资本周转具有周长期的特点,其中的交换价值只有历经完整的周期才

---

① 唐旭昌:《大卫·哈维城市空间思想研究》,北京:人民出版社2014年版,第117页。

② 张佳:《大卫·哈维的历史——地理唯物主义理论研究》,北京:人民出版社2014年版,第99页。

③ 《马克思恩格斯全集》第46卷(下册),北京:人民出版社1980年版,第39页。

④ 温权:《资本逻辑的空间辩证法及其非正义地理症候的三个悖论——大卫·哈维对马克思政治经济学批判的政治哲学阐释》,载《天津社会科学》,2017年第3期。

能够得以偿还，但是资本占有者在获取超额利润的驱动下，必然推动力社会生产力的提高，新的固定资本被不断创造出来，而旧的固定资本内部使用价值丧失的同时交换价值却难以抗拒地贬值，"固定资本循环被卷入技术变革、不平衡、危机形成、过度积累和贬值等错综复杂的矛盾力量之中"①。另一方面，固定资本具有规模大的特点，单个资本占有者并不具有充足的货币应对资金周转，并且相当数量的固定资本投资具有公益性特点，单个资本占有者往往基于经济理性人偏向于选择私人领域，那么，"金融机构和国家机构就不得不作为一个神经中枢，来管理和调节资本的逐级循环"②，由此金融与信用体系便应运而生，并成为"处理固定资本流通的关键环节"③。但是，金融与信用体系一方面促使商品的价值与价格进一步分离，增加了市场中的投机风险，另一方面"所带来的利润率平均化加剧了"④资本占有者将科技应用于生产以攫取更多剩余价值的竞争，又推动了金融资产阶级的诞生，加剧了资本主义内部的矛盾。所以，通过时间修复资本的过度积累，不仅不能摆脱资本主义经济空间内的"第一级危机"，而且还会诱发"第二级危机"的出现。

资本主义经济空间内部的第三级危机。"次级循环"并不能够阻止资本的过度积累，资本不得不寻求新的途径以延缓固定资本的贬值危机，即"第三极循环"，换言之，资本转至"科学技术研究以及劳动力再生产过程相关支出"⑤。对于科学技术研究而言，能够直接提高劳动生产率，促使社会生产力得以飞速发展；对于"劳动力再生产过程"而言，劳动者所接受教育程度抑或自身生理、心理健康等能够促使其劳动力的有效发挥，资本转向以上两种领域的效果依然未能根本上改变过度积累的问题，当资本在

---

① David, Harvey. *The Limits to Capital*. Oxford: Blackwell, 1982. p. 222.
② 大卫·哈维：《巴黎城记——现代性之都的诞生》，黄煜文译，桂林：广西师范大学2010年版，第134页。
③ David, Harvey. *The Limits to Capital*, Oxford: Blackwell, 1982. p. 265.
④ 张佳：《大卫·哈维的历史——地理唯物主义理论研究》，北京：人民出版社2014年版，第98页。
⑤ 王雨辰、高晓溪：《空间批判与国外马克思解放政治的逻辑》，载《哲学研究》，2016年第11期。

第一、二和三级循环中一旦终止运用，经济空间内部的危机依旧会爆发，此时，"创造出新的空间是解决资本吸收问题的一种很好的方法"①，换言之，空间修复成为继时间修复后阻碍经济空间内危机爆发的又一种新型资本主义修复方式。正如大卫·哈维所言，"空间关系的生产和重新配置即使没有为资本主义危机提供一种潜在的解决方法的话，至少也推迟了危机的生产"②，需要指出的是，空间修复既是延缓经济空间内部危机的路径，也是经济空间扩张的过程，资本通过突破原本运行的区域性间隔，为攫取剩余价值供给更大的场域。一定经济空间内的过剩资本迁移至其他经济空间之中，将两种原本因社会形态、思想意识等壁垒而相对孤立的经济空间紧紧捆绑在一起，合并为范围更为宽广的经济空间，但是，这种经济空间的扩张带来的是不平衡发展，"这种空间竞争的本质确保了在某个地方的超额利润是在其他地方贬值损失的代价基础上获得的"③。实质上，空间修复的过程就是世界市场形成的进程，空间修复的真相就是发达资本主义国家对于落后国家与地区的剥削，空间修复的结果并不能对资本主义经济空间内的根本矛盾进行完全修复，而是将资本主义经济空间内危机的潜在基因注入整个世界，致使人类社会普遍存在于资本逻辑所统摄的失范境况。

第二节　政治空间的宰制

政治空间即"政治性的空间"④ 或"被政治化的空间"⑤。"物质性和

---

① [英] 大卫·哈维：《资本之谜：人人需要知道的资本主义真相》，陈静译，北京：电子工业出版社2011年版，第207页。

② [英] 大卫·哈维：《新帝国主义》，初立忠、沈晓累译，北京：中国社会科学出版社2009年版，第73页。

③ David, Harvey. *The Limits to Capital*. Oxford: Basil Blackwell, 1982. p. 395.

④ [法] 亨利·列斐伏尔：《空间与政治》，李春译，上海：上海人民出版社2015年版，第49页。

⑤ [法] 亨利·列斐伏尔：《空间与政治》，李春译，上海：上海人民出版社2015年版，第80页。

社会性……乃是空间之最基本的性质"①，政治空间乃是政治主体"作用于社会空间的政治实践"②的结果。换言之，政治空间是社会空间的一种具体形态，是社会关系中政治关系的生产与再生产。政治空间拥有社会空间的双重属性，即"实在性"和"抽象性"，一方面政治空间以"实在"的领土、国家等为基本要素，另一方面政治空间由政治主体之间构建一定的政治关系而组成。如前所述，社会关系作为一种客观存在物，在人类文明发展的不同阶段呈现出差异性的特征，资本主义社会是典型的"以物的依赖性为基础的人的独立性"的社会，资本主义的社会关系处于物的掩盖之下并受到资本逻辑这一"以太"的统摄，当资本逻辑不断地运行与发展，必然从最为基础的经济空间中突破，不可避免地进入政治空间并成为宰制政治空间的终极力量。需要指出的是，马克思未曾对政治空间概念有过清晰的界定，政治空间的概念多见于新马克思主义者亨利·列斐伏尔、大卫·哈维等人的著作当中，但这并不意味着马克思没有政治空间的思想，正如弗雷德里克·詹姆逊所言，"马克思是一个真正的政治动物，大概除了列宁之外，马克思所具有的杰出的政治本能与政治思考无人能及"③。要探寻马克思的政治空间思想，首先必须明晰新马克思主义对于政治叙事从时间到空间的变化，由于"《资本论》（第一卷）没有政治结论"④，因此要继而论证隐匿于《资本论》及其手稿中的霸权主义与帝国主义阐释，并渗透至资本逻辑下的权力嬗变与权利结构。

一、政治空间的界定背景：政治叙事的变化

（一）时间、空间与政治

如前所述，自20世纪下半叶起，西方社会科学领域发生了重大的

---

① 孙江：《"空间生产"——从马克思到当代》，北京：人民出版社2008年版，第11页。
② 高德胜：《空间向度的历史审视与当代资本主义的空间政治》，载《社会科学战线》，2014年第5期。
③ [美]弗雷德里克·詹姆逊：《〈资本论〉新解》，朱羽、蒋晖译，载《现代中文学刊》，2013年第1期。
④ [美]弗雷德里克·詹姆逊：《重读〈资本论〉》，胡志国、陈清贵译，北京：中国人民大学出版社2013年版，第111页。

"空间转向",这种现象与后现代主义的勃兴紧密相连,空间成为解构现代主义的理论武器。"空间转向"涉及诸多领域,"空间与全球化""空间与革命"等主题相继出现,并引起人们的诸多关注甚至激烈讨论。其中,"以历史性的或者自然性的因素为出发点,人们对空间进行了政治性的加工、塑造"①,该种现象脱胎于空间概念的改变,空间不再是物理性的存在,而是拥有了社会性的特定内涵,政治的本质乃是一种公共性的社会关系,所以,政治空间的出现乃是逻辑的必然。近代以降,西方社会科学桎梏于现代主义之中,对于社会的理解总是落脚于时间维度,对政治的叙事也总是与历史主义同构,政治的生成、进步等都内置于历史之中,并遵循历史决定论,换言之,政治势必以历史为主流重脉线性地存在,若要真正理解和掌握政治的本质,就必须在时间的宏大叙事中把握"社会历史发展的整体性与统一性"②,其中,黑格尔基于唯心主义的立场建构起一个庞大的思想体系,成为从时间维度理解人类社会的集大成者,他在《历史哲学讲演录》中将"普遍的理性"置于原初或本源的地位,国家抑或个人等政治主体都是"普遍的理性"在历史中的具体化而已,需要指出的是,在黑格尔博大精深的思想体系中亦存在着丰富的空间要素。但是,"以政治的时间(历史)性为起点的政治观念的处罚,根本无法洞察全球化和现代化的全部秉性,更无从阐释、把握、驾驭有关全球化和现代化的问题"③,换言之,线性的政治观念在后现代主义背景下诸多政治现象面前丧失了"解释世界"的功能,已经成为倒逼人们突破原有以时间去叙事政治的思想藩篱,此时,新马克思主义寻求到了空间这一独特的视角或工具,将对政治的理解从"时间性移向了空间性"④。爱德华·索亚认为,正是时间与历史

---

① [法]亨利·列斐伏尔:《空间与政治》,李春译,上海:上海人民出版社2015年版,第46页。

② 谢亚洲:《新马克思主义对西方民主政治逻辑的辨析》,载《厦门大学学报(哲学科学科学版)》,2017年第1期。

③ 杨永强、谢亚洲:《从时间到空间:全球化、现代化叙事逻辑的转化——基于新马克思主义空间政治批判的视角》,载《国外理论动态》,2018年第10期。

④ [法]索瓦·多斯:《结构主义史》,季广茂译,北京:金城出版社2012年版,第440页。

的密切结盟共同塑造出了历史主义，时间确实内在蕴含着社会性，但空间并非仅仅是人、自然等客观存在物的"容器"，其也同样具备社会性。在爱德华·W. 苏贾看来，马克思在以"经济力量"代替黑格尔"普遍的理性"的过程中，将"特殊化的空间形式"视为"历史的主要精神载体而对此加以摒弃"，因马克思对于黑格尔思想的颠覆，必然造成了马克思的"反空间主义"①立场，即在马克思的思想中存在着"空间的缺场"，那么，马克思也必然缺少政治空间的思想。爱德华·W. 苏贾的以上观点有些失之偏颇。实质上，马克思的《资本论》及其手稿中含有丰富的空间思想，这些思想"正是当代西方空间批判理论勃兴的主要源泉"，并且有着深刻的"政治意蕴"②，连爱德华·W. 苏贾也不得不承认，"自《资本论》的写作完成以来的一百年中，资本主义以成功地获得了发展。我们无法计算其代价，但我们的确知道其手段：占有空间，并生产出一种空间"③。

（二）市民社会：政治空间的生成域

正如亨利·列斐伏尔所言，"空间里到处弥漫着社会关系，它不仅被社会关系支持，也生产社会关系和被社会关系所生产"④，社会关系对于各种空间的生成有着基础性的作用，所以，对于政治空间的理解则应追寻市民社会这一生成域。在传统社会中，共同体统御着个体并造就着人的依赖性关系，市民社会的历史出场使个体获得了部分的独立性，但这种有限的独立性又是建立在物的依赖性关系的基础之上。在市民社会之中，人的存在是一个矛盾体，一方面，人遵循经济理性极致地追寻着自身的利益，人与人之间关系演变为简单的利己关系，人的主体性地位下降为纯粹的承载

---

① 高德胜：《空间向度的历史审视与当代资本主义的空间政治》，载《社会科学战线》，2014年第5期。
② 袁久红：《马克思〈1857—1858年经济学手稿〉中的空间思想及其政治意蕴》，载《天津社会科学》，2014年第4期。
③ [美] 爱德华·W. 苏贾：《后现代地理学——重申批判社会理论中的空间》，王文斌译，北京：商务印书馆2004年版，第139页。
④ [法] 亨利·列斐伏尔：《空间：社会产物与使用价值》，见包亚明主编，《现代性与空间的生产》，上海：上海教育出版社2003年版，第48页。

物质利益的工具，该种异化状态昭示着人本身的异化状态；另一方面，人又是"类的存在物"，有着共同的集体利益，人只有内置于集体之中才能够确保存在的延续，国家作为政治空间的一种实体从市民社会中产生，并被市民社会所决定，国家的实质就是对于市民社会中的"财产和他们利己的人身的保护"①而已，作为个体的人与作为"类的存在物"的人两者之间的矛盾深刻反射出市民社会的内在关系，也预示着市民社会的历史归宿。市民社会乃是现代意义上资本主义社会的前身，市民社会所生成的政治空间也只能是资本主义政治空间，市民社会中的摆脱"人的依赖性关系"的"自由"、作为经济交往基本准则的"平等"等价值取向都奠定了资本主义政治空间的坚实基础。马克思的"立脚点则是人类社会或社会的人类"②，其总是以批判的视角看待市民社会，并由此贮蓄了对资本主义政治空间的原生反思，换言之，市民社会所培育出的政治规范、所追寻的政治解放等难逃狭隘的历史视域，都是资产阶级对于自身经济利益争夺的衍生结果，一旦被安置于人类社会发展宏观历程之中，就会凸显其历史的局限性和存在的阶段性。马克思在《〈政治经济学批判〉序言》中就鲜明地指出，"对于市民社会的解剖应该到政治经济学中去寻求"③，而"马克思将一生中的大部分精力都投入包括市民社会的理论批判即《资本论》的研究"④，在《资本论》中，马克思严密阐述了"劳动和所有权"二者之间由一体到分化，再到必然统一的历史趋势。其中，从一体到分化的过程是资本主义政治空间得以建构的脉络，从分化再到统一的过程也是资本主义政治空间得以解体的预设，马克思批判"资产阶级法权"的行为就宣告了资本主义政治空间的合法性的破产。

（三）领土：政治空间的组织形式

以埃尔顿为代表的新马克思主义者认为，"领土的诞生是纯粹现代的

---

① 《马克思恩格斯全集》第3卷，北京：人民出版社2002年版，第185页。
② 《马克思恩格斯全集》第3卷，北京：人民出版社1960年版，第28页。
③ 《马克思恩格斯全集》第3卷，北京：人民出版社2002年版，第688页。
④ 鲍金：《〈资本论〉哲学的新解读》，北京：中国人民大学出版社2016年版，第110页。

事情：领土只是一种特殊的政治空间组织形式"①，在埃尔顿的视域中，人们之前从未将领土做出历史意义的剖析，而是默认领土为一种有边界划分的物理空间而已，这样就陷入了"领土陷阱"，现代资本主义之所以未如马克思所预测的那样迅速地衰败和消亡并依然保持并可能长期保持较为旺盛的生命力，其原因就在于资本主义所信奉的民主政治能够依靠"理性、律法与资本"② 等有效价值工具达到空间生产的目的。换言之，埃尔顿认为西方民主政治的"领土逻辑"对于维系资本主义的功效要大于"资本逻辑"。同属于新马克思主义者的大卫·哈维却持有不同的意见，其明确指出，"尽管我们将会看到，有时领土逻辑更受重视，但……却恰恰是资本逻辑居于支配地位"③，新马克思主义内部的争论并不是本书讨论的重点，但却为我们重新认识《资本论》及其手稿中的政治空间思想提供了一个契机或者角度。马克思始终认为，资本逻辑作为"普照的光"塑造着资本主义的社会关系，社会性的空间便是在资本逻辑的发展中得以铸造，作为政治空间的"特殊组织形式"的领土也必然受制于资本逻辑并呈现出特殊的样态。资本主义诞生于西欧，该地区民族国家的地理界限确证了明晰的领土范围，这种意义上的领土就是"国家权力以及它所提供的物质资源的空间范围"④，政治空间与领土两者是高度重合的，工业革命以降，价值增殖的内在诉求致使资本从一国走向世界，当以商品贸易为主要内容的资本运转不能实施之时，资本人格化的资本占有者就转而使用野蛮方式以期实现财富的攫取，即殖民掠夺。马克思在《资本论》第一卷所论述的"现代殖民理论"就是建立在资本积累的分析结果之上。资本在地理空间中扩散的同时，也同时实现了对空间的政治占有，美洲、非洲等不仅仅成为世界市

---

① Neil, Brenner and Stuart, Elden. "*Henri Lefebvre on State, Space, Territory*", International Political Sociology, No. 3, 2009, p. 356.

② 谢亚洲：《新马克思主义对西方民主政治逻辑的辨析》，载《厦门大学学报（哲学科学科学版）》，2017 年第 1 期。

③ ［英］大卫·哈维：《新帝国主义》，初立忠、沈晓雷译，北京：社会科学文献出版社 2010 年版，第 29 页。

④ ［美］卡洛琳·加拉尔等：《政治地理学核心概念》，王爱松译，南京：江苏教育出版社 2013 年版，第 55 页。

场的原料产地、劳动力供给地，同时演变为资本主义殖民地，依旧是封建社会的国家，就像马克思描述的那样："生产者是自己劳动条件的占有者"①，这些美洲、非洲的民族国家虽然产生了强烈的拒斥，却也沦为半殖民地，此时，"领土不只是为人类的行为提供了物质或空间的环境，而且提供了真正嵌入式的社会关系"②，原本为印第安人聚集区的北美洲成为美国、加拿大这两个新生资本主义国家的领土，领土分布于不同地理位置的民族国家被划分为资本主义国家和非资本主义国家，资本主义政治空间与资本主义国家的领土存在着差异，资本主义国家领土仅仅是资本主义的政治空间的一种具体形式而已，资本逻辑"普照"下的"空间是政治性的"③，例如工业城市也是一种具体的资本主义政治空间。

（四）"辩证的乌托邦理想"：政治空间的极致

马克思在《资本论》中深刻论述了生产与资本之间的关系，将生产内置于资本积累的过程之中。大卫·哈维一方面延续着《资本论》的主题，认为"马克思关于资本运动规律及其内在矛盾、其内在不合理性的深刻阐述要远远比当代经济学中单一维度的宏观经济学理论更加尖锐和深刻"④；另一方面他认为虽然《资本论》批判的是资本一般，但却深深地带有19世纪的历史烙印，从英国工业资本主义到列宁时代的帝国主义，中间存在着"失落的环节"，即马克思未能考量空间对于剩余资本流动的容纳作用，在此基础之上，大卫·哈维进一步对空间的政治价值予以描述和分析。他在"《希望的空间》和《资本的空间》中提出了辩证的空间乌托邦理想，将自己的空间政治化思维推向了极点"⑤，正如马克思在《德法年鉴》书信

---

① 马克思：《资本论》第1卷，北京：人民出版社2004年版，第876页。
② [美] 卡洛琳·加拉尔等：《政治地理学核心概念》，王爱松译，南京：江苏教育出版社2013年版，第58页。
③ [法] 亨利·列斐伏尔：《空间与政治》，李春译，上海：上海人民出版社2015年版，第37页。
④ [英] 大卫·哈维：《马克思与〈资本论〉》，周大昕译，北京：中信出版社2018年版，第IX页。
⑤ 王贵楼：《空间政治化与策略：当代西方马克思主义空间政治思想》，载《教学与研究》，2015年第3期。

中宣称要"从批判旧世界中发现新世界"那样,大卫·哈维从以《资本论》为代表的马克思经典著作中挖掘出来资本主义政治空间的终极归宿。长期以来,马克思所预判的"人自由而全面的发展"的政治解放指归被视为一种不能实现的乌托邦,大卫·哈维却认为并不能简单地将乌托邦摒弃,因为乌托邦本身蕴含着对于现实世界的政治批判和对未来社会的政治设想。在大卫·哈维的理解中,作为"空间形式的乌托邦"[①] 的"理想城市"能够在资本逻辑的力量施展中得以实现,这种实现却流于表面,城市内部已然固化和沦落为资本逻辑的统治秩序,这是因为以往的乌托邦思想中缺乏辩证法,导致了政治上失范的必然。所以,大卫·哈维依据现实社会的时间与空间、历史与地理等因素,提出要建构一个"辩证的乌托邦",这就为人们认知资本主义弊端和激发推翻阶级特权提供了一种理想而不是幻想。实质上,以大卫·哈维为代表的新马克思主义者立足于后现代,将空间作为理论工具,确实在一定程度展现出对《资本论》的独特见解,他们普遍判定"时间范畴成为(马克思)政治经济学批判的核心",而马克思批判过程中的政治价值是"关于时间的政治"[②]。值得注意的是,大卫·哈维从后现代主义对现代社会进行解构的同时,却未像其他后现代主义者那样拒斥对未来社会的预言。"辩证的乌托邦理想"作为"政治的空间"极致集中反映了大卫·哈维对于资本积累危机批判过程中的政治价值。其实,大卫·哈维的"辩证的乌托邦理想"与现实之间的弥合存在着困难,也未能脱离马克思的理论视野,比如哈维认为,辩证的乌托邦理想的方案之一为解放身体,这种个人规划依旧是资本主义社会中人的日常生活状态的自我调整而已,这未能解决马克思早在《资本论》及其手稿中所揭示出劳动者整个阶级受制于资本逻辑的困境。

---

① [英]大卫·哈维:《希望的空间》,胡大平译,南京:南京大学出版社 2006 年版,第 156 页。

② Bensaid, D. *Marx For Our Times: Adventures and Misadventures of A Critique*. London: Verso, 2009, p. 77.

二、政治空间的全球宰制：霸权主义与帝国主义

(一) 以西方为中心的政治空间

马克思在《经济学批判（1857—1858）》中指出，资本"要力求摧毁交往即交换的一切地方限制，夺得整个地球作为它的市场"①，资本不仅仅是"物"，更作为一种独特的社会关系促使整个世界都归于自身的统治之中。所以，资本于攫取剩余价值的本性的催动中，在创造出特有的经济空间的同时，也在此基础之上缔造出了政治空间，该空间内的秩序突出地表现为"以西方为中心"的霸权主义，正如马克思所言，资本"使东方从属于西方"②。资本造就了地理空间中的不平衡发展，也致使经济空间内生产与危机并存，更导致政治空间呈现出中心与外围的样态，西欧发达资本主义国家上升为"宗主"地位，而落后的国家与地区尤其是东方却下降为"附庸"地位，两者之间存在着等级关系，而并不是平等关系。马克思一方面批判了这种政治秩序下西方对于东方的欺压甚至侵略，另一方面也鲜明地判定这种政治秩序相较于以往的巨大文明的意义，例如，清末中国依然维持着"朝贡体系"③，马克思在《鸦片贸易史》中就旗帜鲜明判定，"一个人口几乎占人类三分之一的大帝国，不顾时势，安于现状，人为地隔绝于世并因此竭力以天朝尽善尽美的幻想自欺。这样一个帝国注定最后要在一场殊死的决斗中被打垮"④。在资本原始积累时期，资本还未有塑造出一个不可分割、相互依赖的世界经济体系的伟力，当一般商品贸易不能实现更多剩余价值的获取，就会采取非人道主义的鸦片、奴隶等贸易，甚至资本往往裹挟着国家机器征服落后国家与地区，实现对于空间的政治占有，继而将该空间纳入进资本主义经济空间。伴随着资本积累的完成、资

---

① 《马克思恩格斯全集》第46卷（下册），北京：人民出版社1980年版，第33页。
② 《马克思恩格斯全集》第4卷，北京：人民出版社1958年版，第470页。
③ 朝贡体系，是自公元前3世纪开始，直到19世纪末期，存在于东亚、东北亚、东南亚和中亚地区的，以中国中原国家为主要核心的等级制网状政治秩序体系。
④ 《马克思恩格斯文集》第2卷，北京：人民出版社2009年版，第632页。

本主义经济的飞速发展，西欧发达资本主义国家盘踞了全球经济空间的中心，这种优势反之促使这些国家在政治空间中亦占据了中心位置，马克思曾形容当时半殖民地半封建社会下的中国，"英国的大炮破坏了皇帝的权威，迫使天朝帝国与地上的世界接触"①，实际上，不仅是中国，几乎全部殖民地、半殖民地国家都是在西方列强的暴力胁迫之下被动成为原料产地、商品倾销地和劳动力供给地等，继而在政治领域也依附于西方列强。由于西方自工业革命以降所拥有的巨大生产力以及长期处于政治空间内的优势，西方的中心常常被视为"文明的中心"，似乎是人类政治文明的终极指向。其实，马克思在《资本论》与俄国社会发展的关系中就展现出"对'西方中心主义'拒斥的全面性"②，其自认为《资本论》第一卷中涉及资本主义起源的方法论意义"仅限于西欧各国"，但资本主义却不是"地域性的东西"，以俄国为典型的民族国家的具体发展道路要想"跨越卡夫丁峡谷"，对于资本主义的扬弃亦必不可少，所以，资本主义社会关系在民族国家中并非唯一，包括政治空间在内的社会性空间并不必然具有资本主义性质，更遑论以西方为中心的政治空间具体形态。

（二）帝国主义的诞生

"虽然马克思没有遗留下'逻辑'（大写字母的），但他遗留下'资本论'的逻辑"③，马克思在写作《资本论》之前，原本的研究顺序是从"资本、土地所有制、雇佣劳动"到"国家、对外贸易、世界市场"④，"'资本论'的逻辑"不仅是马克思研究资本主义的起点，而且还贯穿于资本主义发展的始终。换言之，马克思在《资本论》中所揭示的资本逻辑的运行原理作为一般规律昭示着资本主义的历史进程，而《资本论》的具体研究对象又集中于自由竞争的资本主义阶段。实际历史进程中，列宁在继

---

① 《马克思恩格斯全集》第 12 卷，北京：人民出版社 1998 年版，第 115 页。
② 叶险明：《马克思对"西方中心主义"拒斥的全面性——兼论马克思晚年关于资本主义与社会主义关系研究范式的发展》，载《马克思主义与现实》，2014 年第 5 期。
③ 《列宁全集》第 38 卷，北京：人民出版社 1959 年版，第 357 页。
④ 《马克思恩格斯全集》第 13 卷，北京：人民出版社 1962 年版，第 7 页。

承了"'资本论'的逻辑"之后,将该种方法论应用于资本主义最新发展的具体分析之中,完成了《帝国主义论》,因此,该文本又被称之为"《资本论》的续篇"。帝国主义是对于资本主义发展新阶段的政治经济的综合界定,天然地意味着资本逻辑发展过程中政治空间的嬗变表征,该表征依然必须首先从经济层面寻求嬗变的根源。"'资本论'的逻辑"的一个显著特点就在于"从理性的抽象到思维的具体",马克思在《资本论》第一卷中,将资本主义社会形容为"商品的庞大堆积",并选择商品作为自己的逻辑起点,贯彻了他科学的抽象法,即从思想具体到理论抽象,再从理论抽象上升到现实具体的研究思路。正如列宁所言,"马克思在《资本论》中,首先分析资产阶级社会里最简单、最基本、最常见、最平凡、碰到亿万次的关系——商品交换"[1],马克思继而循序渐进地深入阐释了"货币""资本"和"资本积累"等复杂具体概念,并分析了资本积累造成资本垄断的必然趋势,而列宁在《帝国主义论》中选择了垄断作为自己的逻辑起点,垄断从马克思视域中的具体演变为列宁视域中的抽象,此时,垄断拥有了与商品同等的逻辑地位,商品是自由竞争资本主义阶段最基本的细胞,而垄断是金融垄断资本主义阶段最基本的细胞,列宁也在遵循着"从理性的抽象到思维的具体"原则中架构出了《帝国主义论》的内在体系。在列宁看来,"帝国主义最深厚的经济基础就是垄断"[2],而资本主义的垄断性特征必然衍生出政治上的诸多问题,换言之,经济空间内的矛盾将延续至政治空间之中,具体表现为三重领域,即帝国主义国家内部的矛盾,帝国主义与落后国家、地区之间的矛盾,帝国主义国家之间的矛盾,作为主要矛盾的帝国主义国家之间的矛盾因资本的本性而凸显出不可调和性,最终引发帝国主义战争,同时,列宁又看到了以上境况中所蕴含的"历史的辩证法""战争……必然会引起无产阶级的革命"[3],而无产阶级革命又一定会触发资本主义经济、政治空间的重塑。

---

[1] 《列宁全集》第38卷,北京:人民出版社1959年版,第409页。
[2] 《列宁全集》第22卷,北京:人民出版社1958年版,第268页。
[3] 《列宁全集》第22卷,北京:人民出版社1958年版,第117页。

(三)"新帝国主义"的反思

列宁以《帝国主义论》延续了马克思《资本论》中资本逻辑批判的轨迹,为之后西方学者尤其是国际左翼学者提供了丰厚理论土壤,他们再次延续了列宁的帝国主义思想并提出了"新帝国主义"。帝国主义和新帝国主义两者的共同点在于都在资本逻辑主导下所形成,正如大卫·哈维所言,"使资本主义的帝国主义同其他帝国构想相区别的却恰恰是资本逻辑居于支配地位"①,而差异性则表现为在帝国主义时期资本逻辑于空间内的扩张是一种不充分的广度扩张,当进入新帝国主义时期,资本逻辑于空间的扩张演变为一种充分的深度扩张,资本逻辑不仅将物理空间更将诸如经济、政治、意识形态等一切社会性空间都纳入自身的统御之下②。资本逻辑于人类学领域的意义更加明显,人类所身陷其中的普遍异化程度日趋加深,哈特、奈格里甚至激进地认为,新帝国主义时期资本的帝国主权代替了民族国家的主权。新帝国主义产生之后,资本主义政治空间与经济空间相互侵蚀,对于两者之间的界定更加模糊甚至困难,政治不仅仅作为上层建筑决定于经济,政治空间本身成为经济空间的一部分,正如大卫·哈维所言,"某个国家或地区是否成功通常是由以下标准来衡量的:它吸引了多少资本的流入,创造了可以为资本进一步积累提供便利的条件"③。新帝国主义还试图通过"秩序和制度"等政治空间的重新塑造以维护"资本的主权",而不再直接进行粗暴的领土占有抑或反伦理的人身殖民控制,所以,新帝国主义的政治诉求一般处于隐匿状态,一旦资本的"剥夺性积累"本性不能被满足或者被抑制,一切政治行径甚至是暴力战争就会接踵而至,哈维在《新帝国主义论》中以石油这一重要经济资源视角,深刻阐述了美国相互矛盾的外交政策。

---

① [英]大卫·哈维:《新帝国主义》,初立忠、沈晓雷译,北京:社会科学文献出版社2009年版,第29页。
② 陈培永:《新帝国主义与资本逻辑的深度空间扩张论》,载《理论视野》,2017年第7期。
③ [英]大卫·哈维:《资本之谜:人人需要知道的资本主义真相》,陈静译,北京:电子工业出版社2011年版,第192页。

三、政治空间宰制的实质：权力嬗变与权利结构

（一）资本的权力

马克思曾言，"封建主的权力不是由他的地租的多少，而是由他的臣民的人数决定的"①，这就表明在封建社会中权力关系产生于人的依赖性关系，与之不同的是，在资本主义社会中权力关系则来源于物的依赖性关系，这里的"物"指的就是资本，资本并不是一般的权力，而是作为"普照的光"抑或"特殊的以太"② 在资本主义社会中已然拥有了至高的权力，而这种最高形式的权力则根源于"资本对于雇佣劳动的统治"。马克思在《资本论》及其手稿中充分揭示了资本对于自身的权力建构过程，在前资本主义社会中，只要存在着商品经济，货币作为一般等价物象征着社会财富就会具有影响他者的权力效应。所以，在人的依赖性关系的社会中，金银依旧被众人所着迷与追捧。当货币转化为资本之后，权力形式就显现出了新的特征③，换言之，在资本主义社会中，虽然资本与劳动相互对立，但是劳动却必须受资本所统治。相较于奴隶社会中的奴隶、封建社会中的农民，工人拥有了更多的权利，成为脱离了人的依赖性关系的自由人，但是工人的自由却表现在可以选择被不同资本占有者所剥削的所谓"自由"，因为工人除了自身的劳动力之外"自由得一无所有"④，工人在未掌握生产资料的前提下就只能出卖劳动力换取必需的生活资料，资本对于劳动拥有统治权力的"必然性"就体现于此。需要指出的是，资本拥有权力并非是指资本所代表的物化劳动拥有权力，而是指资本所代表的社会关系尤其是生产关系拥有权力，马克思在《资本论》第一卷中讨论了从"协作""分工和工场手工业"到"机器和大工业"的生产过程，该过程内

---

① 马克思：《资本论》第1卷，北京：人民出版社2004年版，第842页。
② 《马克思恩格斯全集》第30卷，北京：人民出版社1995年版，第48—49页。
③ 张杰：《权力关系在经济学语境中的呈现：以〈资本论〉及其手稿为例》，载《山东社会科学》，2017年第5期。
④ 《马克思恩格斯全集》第44卷，北京：人民出版社2001年版，第197页。

在地蕴含着资本对于劳动的统治权力不断加深①，在"协作"阶段，工人的劳动熟练程度是影响生产效率的主要因素之一，而在"机器和大工业"阶段，工人将异化为一个"零件"被装配于机器体系之中，工人对资本的形式隶属演变为实际隶属，工人在生产中的主体性与能动性完全被资本占有者所剥夺，马克思曾明确判定，"资本就是资产阶级社会的支配一切的经济权力"②。资本在经济空间中对于劳动的统治权力，必然会在政治空间之中延续，从而促使政治空间亦具有了资本主义特性，资本主义政治空间反之为资本权力的施展提供了便利条件。例如，20世纪30年代的经济危机致使凯恩斯主义的国家干预兴起，从而保障了战后的资本主义繁荣，维持了西方资本主义社会形态内部资本对于劳动的统治权力。

（二）劳资双方的权利结构

劳资双方指的是劳动者与资本占有者、无产阶级与资产阶级双方，在马克思的话语中，劳资双方的权利天然存在着不平等。与之不同的是，近代自由主义者宣称一切主体"尽管可以在力量上和才智上不平等"③，但是只要因循契约，在权利上一定是平等的，以上理论有着重大的内在缺陷，在现实实践中所遭遇的悖论比比皆是。例如，劳资双方在签订合同之后产生的雇佣关系应是一种平等关系，但劳工方受到资方的压迫仍是不争的事实，该缺陷的根源就在于，近代自由主义者立足于"抽象的人"去分析权利，这种理解方式在推翻封建统治、推动社会进步中确实彰显出巨大的历史进步性，却未能触及权利的实质。马克思认为，在"抽象的人"的基础上看待权利，是将权利本身安置于先验的状态，这样从起点拥有的权利是空洞无力的，而"人的本质不是单个人所固有的抽象物，在其现实性上，它是一切社会关系的总和"④，在资本主义社会中，劳资双方的权利在雇佣

---

① 张杰：《权力关系在经济学语境中的呈现：以〈资本论〉及其手稿为例》，载《山东社会科学》，2017年第5期。

② 《马克思恩格斯全集》第30卷，北京：人民出版社1995年版，第49页。

③ [法]让·雅克·卢梭：《社会契约论》，何兆武译，北京：商务印书馆2003年版，第30页。

④ 《马克思恩格斯全集》第3卷，北京：人民出版社1960年版，第7页。

合同的"外观"中，囿于私有制的制约存在着根本性的不平等，即资方掌握着绝大部分的生产资料，而劳工方几乎除了自身所拥有的劳动力之外一无所有并只能靠出卖劳动力满足基本生活需求。马克思更是在《资本论》及其手稿中从具体的、结果的和实质的角度深刻地论述了劳资双方的权利不平等问题①，只有当阶级关系消亡之时，劳资双方归于"自由人的联合体"，权利也就自然得以平等，换言之，"无产阶级平等要求的实际内容都是消灭阶级的要求"②，只要资本主义私有制继续存在，劳资双方就永远不会实现真正的权利平等，正如马克思所指出的，"私有财产的真正基础，即占有，是一个事实，是无可解释的事实，而不是权利"③。劳工方在资方压迫与剥削中不断抵抗，并逐渐呈现出群体的组织化倾向，"空间的政治组织体现了各种社会关系，但又反过来作用于这些关系"④，资本主义政治空间内不平等的劳资关系成为无产阶级政党生成的土壤，无产阶级政党由无产阶级中思想最先进、反抗意识最坚决的先进分子所组成，并以革命为主要方式彰显出自身的历史作用。需要指出的是，无产阶级革命的最终目的并非是要翻转无产阶级与资产阶级双方的权利地位，而是要彻底改变资本主义异化的社会关系，最终实现社会全体成员的实质平等，以构建"自由人的联合体"。

（三）城市内部的权利结构

作为物理性客观存在的城市不仅作为地理空间扩展的典型，也成为社会性空间的主要载体之一。马克思、恩格斯曾言，"随着城市的出现……必然要有一般政治"⑤，城市本身是资本主义诞生的重要基础，也必然内在意味

---

① 鲍金：《〈资本论〉哲学的新解读》，北京：中国人民大学出版社2016年版，第117页。
② 《马克思恩格斯全集》第26卷，北京：人民出版社2014年版，第22页。
③ 《马克思恩格斯全集》第3卷，北京：人民出版社2002年版，第137页。
④ Harey. *Social Justice and the City*. Baltimore: Johns Hopkins University Press, 1973, p. 306.
⑤ 马克思、恩格斯：《德意志意识形态》（节选本），北京：人民出版社2003年版，第58页。

着资本主义的政治空间,资本主义的持续发展不仅仅"使乡村屈服于城市"①,造成了城乡之间经济、政治权利的不对等,也致使城市内部形成了诸多权利的结构失范。虽然,新马克思主义者认为,自恩格斯对早期"英国工人阶级"的形成与发展境况的分析中涉及对于城市的思考后,马克思主义理论对于城市的忽略已然存在了一百多年②,但是,正如桑德森所秉持的观点,"马克思和恩格斯将城市工人阶级当作了他们社会转型希望的中心"③,在马克思、恩格斯所身处的工业资本主义时期,资本逻辑对于政治空间的宰制集中体现了城市内部工人阶级的各种权利失范,一方面,资产阶级垄断了城市内部绝大部分优良的生活场所,生产方式从"协作"到"分工",再到"机器"直接引发了无产阶级的生活场所与劳动空间从重合演变为分离,结果"工人从市中心被排挤到市郊"④,工人阶级从生活场所中进入直接生产劳动所耗费的交通时间与费用却由工人阶级自身承担;另一方面,土地占有者亦参与到对工人阶级所创造财富的瓜分当中,"工人住房以及一般较小的住房都变得又少又贵"⑤,租金成为工人阶级日常生活开销的一笔高昂支出,更为重要的是,工人阶级出卖劳动力所获得劳动报酬不能或刚刚满足自身及其下一代的基本生活需求,其面对城市医疗、教育甚至安全等公共资源的商品化,往往丧失购买力。

第三节　意识空间的构建

意识空间绝非物理空间于人脑中的简单映射,而是人的主观意识活动的共时态建构,在空间的社会性属性被承认与挖掘之前,物理空间的广延

---

① 《马克思恩格斯全集》第4卷,北京:人民出版社1958年版,第470页。
② [美]艾拉·卡茨纳尔逊:《马克思主义与城市》,王爱松译,南京:江苏凤凰教育出版社2017年版,第27页。
③ [美]艾拉·卡茨纳尔逊:《马克思主义与城市》,王爱松译,南京:江苏凤凰教育出版社2017年版,第32页。
④ 《马克思恩格斯全集》第18卷,北京:人民出版社1964年版,第239页。
⑤ 《马克思恩格斯全集》第18卷,北京:人民出版社1964年版,第239页。

结构性与意识的非实体性之间不能共洽，这就决定了意识空间概念本身的不"合法"，以社会关系角度分析与理解空间，极大地扩展了空间的理论内涵，社会空间为人的主观意识活动提供了"非实体性的场境"，使意识本身也具有了空间表征或性质，意识空间如同经济空间、政治空间等作为社会空间的一种具体而存在。换言之，"意识空间不是意识运动的形式，而是意识活动本身的无形场境"①，意识空间作为社会空间的想象和表征而存在，对于社会空间的整体形成起到一定的作用。需要指出的是，符号、片段和映象等作为意识的要素与构件并不能够简单地拼凑出意识空间，意识空间作为整体性的"场境"生成于主客体之间的系统互动，马克思从实践的角度深刻阐释出主体与客观的根源性关联，这就为我们真正理解意识空间奠定了理论基础。新马克思主义虽然在唤起人们以空间的维度与语境分析现实社会方面做出了巨大的贡献，但依然未能超越马克思所留下的分析方法，例如，爱德华·W.苏贾曾言明，"物性的物质空间与人性的意念空间这两者均必须被视为是由社会生产和再生产的"②。

"资本主义社会建构的是一个以资本逻辑为核心的现实空间，这种空间成为人的思想意识空间的原型"③，换言之，资本逻辑取代人自身获得了主体性的地位，成为统御资本主义社会空间的绝对力量，所有具体形式的社会空间都被资本用以生产剩余价值。所以，资本逻辑的发展历程可被视为资本主义社会中人的意识空间的建构过程。

一、意识空间建构的开端：主体自我意识

"意识空间的本质是主体意识活动的现实操作和运行"④，主体的自我意识乃是意识空间建构的基质，所以，对于主体自我意识的理解直接涉及意识空间何以可能存在的一个前提性问题，近代哲学多从历时态角度探寻

---

① 张一兵：《论意识空间的操作性本质》，载《哲学动态》，1992年第4期。

② [美]爱德华·W.苏贾：《后现代地理学——重申批判社会理论中的空间》，王文斌译，北京：商务印书馆2004年版，第202页。

③ 仰海峰：《资本逻辑与空间规划——以〈资本论〉第一卷为核心的分析》，载《苏州大学学报（哲学社会科学版）》，2011年第4期。

④ 张一兵：《论意识空间的操作性本质》，载《哲学动态》，1992年第4期。

"什么才是历史的主体"的答案。实质上,"历史的主体"亦共时态地存在着,换言之,空间或时间作为现实世界的双重维度而主体内置于中,近代哲学对主体以及主体意识的思考对于把握意识空间建构的开端具有十分重大的理论意义。马克思在《政治经济学批判》中指出,"主体是人,客体是自然"①。以上对于主体的科学界定经历了长期而艰苦的过程,青年时代的马克思乃是一个青年黑格尔派,黑格尔哲学对于主体以及主体性的理解建立在"理念"抑或"理性"之上,正是理性将主体与客体统一起来,主体在黑格尔宏大的哲学体系中并未拥有一种彰显自身的现实基础,仅仅沦为了"抽象",人的历史被黑格尔预设为理性的张扬,这就极大地降低了人的主体地位,作为真正主体的人反而脱离了人自身变为抽象的存在。马克思深受黑格尔以上思想的影响,其在《莱茵报》工作时期便试图运用"自由理性"这一武器,以"自由理性"的"应有"去对抗普鲁士专制政府的"现有",直到《1844年经济学哲学手稿》中其虽然将主体归结于"现实的人",但依旧视理性先验的类本质作为理解主体的基点。马克思在《关于费尔巴哈的提纲》中真正实现了从抽象主体向现实主体的转变,从而摒弃了理性先验的假设并开启了从具体的社会关系等客观力量认知作为主体的人,以上这些"早期马克思其主体性理论只是在《资本论》时期的发现的基础上才可以获得科学说明"②。"个人的意识"抑或"人的直接本性"都不能成为主体产生的来源,主体只有"由社会规定的个人的历史条件和关系中产生"③,正是在《资本论》以及手稿之中,马克思将劳动提高到了本体论的位置,正是劳动的对象化过程确证了人的主体性④,也就是说,劳动的对象化正是人的主体性得以彰显的必要条件,人的劳动在"人的依赖性关系"的社会形态中,呈现出分散抑或孤立的状态,只有到了资本主义社会,一切劳动被"置换为普遍统一的价值"⑤ 继而在流

---

① 《马克思恩格斯全集》第12卷,北京:人民出版社1962年版,第735页。
② 刘森林:《从抽象主体性到科学主体性》,载《求是学刊》,1992年第4期。
③ 《马克思恩格斯全集》第31卷,北京:人民出版社1998年版,第351页。
④ 仰海峰:《〈资本论〉与〈政治经济学批判大纲〉的逻辑差异》,载《哲学研究》,2016年第8期。
⑤ 刘森林:《追求主体》,北京:社会科学文献出版社2008年版,第189页。

通领域凭借不断的交换，造就出普遍而复杂的社会关系，马克思一再强调只有在现实的社会关系中才能发觉人的本质，劳动一旦拥有了社会性的特性即"一般劳动"①也就必然致使作为劳动主体的人拥有了真正的主体性，而且，主体性又集中体现于劳动对象化过程中目的与手段的统一，即主体的人通过劳动资料按照自身早已存在的规划以改变外部世界。

人的主体意识是一个被持续唤醒的发展过程。作为主体的人与客体之间是一种基本矛盾关系，在该矛盾中人的实践活动历经了一个长期的阶段后才渐渐被人自身所意识，实践的程度标志着人的主体能力水平，人的主体意识亦伴随着实践的历程而发展。换言之，人只有通过实践活动才能够意识到自身的主体性质与地位，而该过程呈现出渐进的样态，其大体可分为四个阶段：在第一阶段中，人对于主体与客体之间矛盾尚缺乏最为基本的理解，人的主体意识直接生成于动物意识之内，以"直观笼统"视角去感知外界世界，由此储备、积累的正确认识十分有限，从而催生出了意识的"幻想"，所以古代的唯物论抑或唯心论都带有十分"粗鄙的形式"②；在第二阶段中，人开始思考甚至"反省"主体与客体之间的矛盾，脱离了朴素的自发或笼统的直观，而是对外在世界开展了较为深刻的分析，其中最为典型的就表现为"科学从哲学中分化出来"，也正是在该阶段，人未能辩证地看待主体与客体之间的矛盾，将两者视为"两极性的对立"③，或承认主体而贬低客体，或抬高客体而否定主体，人的主体意识在以上对立中有所发展，并为文艺复兴奠定了基础；在第三阶段中，人对于主体与客体之间矛盾不再桎梏于认知领域，转而立足于现实生活，"自觉地运用主体观点"去研究外部世界，此时人的主体意识得以确立，人对自身的主体性开始前所未有的关注，黑格尔试图以"极广大而致精微"的哲学体系去一劳永逸解决主体与客体、主观与客观之间关系的矛盾，这虽然是一种典型的唯心主义，却也是人的自我意识的巨大历史进步；在第四阶段中，马

---

① 《马克思恩格斯全集》第31卷，北京：人民出版社1998年版，第356页。
② 高清海：《哲学与主体自我意识：论马克思实践观点的思维方式》，北京：北京师范大学出版社2017年版，第114页。
③ 高清海：《哲学与主体自我意识：论马克思实践观点的思维方式》，北京：北京师范大学出版社2017年版，第116页。

克思主义哲学在扬弃了人类智慧精华的基础上真正完成了主体与客体、主观与客观的全面统一，意味着作为主体的人"开始迈入自由自觉活动的发展阶段"①，马克思第一次立足于物质生产方式认知人的主体意识，其在《〈政治经济学批判〉序言》中指出，"意识必须从物质生活的矛盾中，从社会生产力和生产关系之间的现存冲突中去解释"②。换言之，脱离了社会实践的人的主体意识是空洞与抽象的，人的主体意识只有置于社会实践中才能被真正彰显，需要指出的是，人的主体意识的自我确证亦会对社会实践发挥能动作用，正如马克思所言，面对以上的"现存冲突"，"人们借以意识到这个冲突并力求把它克服……"③

在资本主义社会中，人的主体意识却被不断地遮蔽。马克思在《资本论》中详细论述了资本逻辑在大工业时期的运转与发展历程，正是在资本逻辑的统摄下，主体与客体之间地位开始完全颠倒，作为主体的人沦为了物，反之原本作为物的资本获得了"人格化"④，人的主体意识完全遮蔽于资本主义的社会关系当中。资本主义社会表现为庞大的商品堆积，商品交换的根本目的并不是获取商品的使用价值，而是为了最终获得商品的交换价值，这就决定了作为主体的劳动者、劳动者的需求等只有进入商品交换这一形式结构中才能得以真正存在，当劳动力成为商品进入到市场之时，劳动者在形式上是自由的，可以选择雇佣关系出卖自身的劳动力，但这种自由却是虚假的，劳动者只有将劳动力与资本占有者进行不平等的交换，才能获取其基本的生活资料，劳动者的主体性或主体意识被淹没于商品普遍化的外在世界之中。在资本主义生产方式中，人的主体意识的遮蔽更为明显。一方面，资本占有者组织劳动者与劳动资料在具体的生产过程中重新结合，劳动者作为主体而劳动资料作为客体，劳动者的主体意识集中表现为对劳动资料的发挥与使用，资本占有者为了获取尽可能多的剩余价值，在迫使劳动者延长劳动时间达到最大极限之后，转而通过提高劳动生

---

① 高清海：《哲学与主体自我意识：论马克思实践观点的思维方式》，北京：北京师范大学出版社2017年版，第115页。
② 《马克思恩格斯全集》第13卷，北京：人民出版社1962年版，第9页。
③ 《马克思恩格斯全集》第13卷，北京：人民出版社1962年版，第9页。
④ 《马克思恩格斯全集》第46卷，北京：人民出版社2003年版，第927页。

产率来实现，在该过程中劳动者的主体合作催生出了强大的"集体力"，但同时劳动者被附着于大工业生产之中，自身沦为了机器体系的"环节"或"零件"，劳动者麻木、简单地重复着机械性动作，"被贬低为只是生产过程的一个要素"①，不仅出现了"智力的荒废"②，更加丧失了主体意识。另一方面，如前所述，资本占有者组织生产的目的是为了获得商品的交换价值，从商品到货币需要"惊险的跳跃"，商品的流通方式与交换市场就显得十分重要，从表面上看似乎是资本占有者主体意识的发挥推动了商品转换为货币（W—G'），"这正是古典政治经济学家以当事人的自由意志来解释资本主义生产过程及其内在问题的原因"③，其实资本占有者仅仅作为"资本的承担者执行职能"④，马克思深入到资本逻辑所塑造的社会关系中去看待人的主体性问题，得出了在资本主义社会中无论是劳动者抑或资本占有者的主体地位都将让位于资本逻辑自身的结论，换言之，在资本主义社会中，任何主体的自我意识都被遮蔽于资本主义生产关系之中。

二、意识空间建构的原相：实践的中介

"意识空间的运演与人的实践现实操作是直接相关的"⑤，马克思在摒弃了实践唯心主义与直观唯物主义等前提中寻求到了意识的现实基础，即社会实践。马克思认为，黑格尔的唯心主义桎梏于"意识之内在性"之中，马克思在《1844年经济学哲学手稿》中就十分鲜明地批判黑格尔的哲学是一种保守的哲学，现实的存在都能够从"意识之内在性"中寻求到对象的"知识"的同时本身却未有任何的触动，"意识之内在性"仅是一种幻象，其在剥离了一切感性要素之后就只能虚构出"纯粹意识"，并遮蔽了现实的对象性关系，就此马克思曾这样论述，"意识……直接地冒充为

---

① 《马克思恩格斯全集》第31卷，北京：人民出版社1998年版，第124页。
② 马克思：《资本论》第1卷，北京：人民出版社2004年版，第460页。
③ 仰海峰：《〈资本论〉与〈政治经济学批判大纲〉的逻辑差异》，载《哲学研究》，2016年第8期。
④ 《马克思恩格斯全集》第46卷，北京：人民出版社2003年版，第927页。
⑤ 张一兵：《论意识空间的操作性本质》，载《哲学动态》，1992年第4期。

异于自身的他物,冒充为感性、现实、生命"①。而费尔巴哈的"感性的直观性"则提供了走出该种幻象的路径,马克思在承认费尔巴哈的巨大进步与贡献的同时,依旧对其保持着明确的否定,其研判费尔巴哈"仍然停留在理论的领域内"并以直观、静态的视角理解外部世界,这就造成感性、直观无法贯穿于历史,只能把握抽象的人与自然,在马克思的视野中费尔巴哈仍然停留在半路上。因此,马克思试图通过"感性意识"来彻底扬弃以上两种对意识理解的弊端,"感性意识"正是马克思对于"意识的存在性质"的典型阐述②,"感性"并不是纯粹的思辨,而是具有实践性特征。换言之,"感性意识"既不是先验的存在,又没有独立的历史,其伴随着人的社会实践尤其是生产实践的发展而改变,"只要人们还存在着,它就仍然是这种产物"。值得注意的是,实践的内涵亦存在着历史的流变,马克思的实践概念并非是形而上学传统中的政治抑或道德的哲学领域,而是一种能动地改造现存世界的行为,其内在地蕴含着人与自然、人与社会的双向互动关系,人的本质就是在实践过程中才能得以彰显。实践对于意识空间原相的中介绝不是简单、直接的呈现,而是有着复杂的过程。不同于动物对于自然的被动依存,人在开展最初的物质生产实践中就致使自身从自然中相对分离,创造出具体的人与类的人相统一的意识主体和经过人所作用的意识客体,实践"既使主体与客体分离,也使它们在新的基础上统一生产"③,意识的主体只能是现实的人,而不是抽象的人或者虚幻的神,但决不能将意识作为区别人与动物的根本标尺,在实践中现实的人的"观念的东西不外是移入人的头脑并在人的头脑中改造过的物质而已"④,意识观念并非在实践中一次性生成,而是依靠主客体于实践中的反复交往,并且,意识观念亦在实践中具有各种可能的表现形式,正是实践中介了意识主体与客体之间的现实运行,造就了"意识活动本身的无形场境"即意识

---

① 《马克思恩格斯全集》第42卷,北京:人民出版社1979年版,第171页。
② 张红岭:《揭穿"意识内在性"之幻相——马克思对意识的存在性质的探讨》,上海:复旦大学出版社2013年版,第144页。
③ 孙伯鍨、张一兵主编:《走进马克思》,南京:江苏人民出版社2012年版,第164页。
④ 马克思:《资本论》第1卷,北京:人民出版社2004年版,第23页。

空间。

　　意识空间是"一种主体意识活动的伴生现象"①，而主体的意识活动主要体现为"精神生产"。马克思在《资本论》三卷集中于对另一种基本生产即"物质生产"的逻辑梳理之上，其关于"精神生产"的阐释相对较少，这主要体现在对于资本主义意识形态的批判，并从商品拜物教、货币拜物教以及资本拜物教中确证了资本主义意识形态表象的经济根源，《剩余价值学说史》中的"精神生产"思想就显得十分珍贵②。马克思在《剩余价值学说史》中将"物质生产"与"精神生产"两者统称为"两种生产"，并进一步研判亚当·斯密未能够深刻理解"两种生产"之间的"相互作用和内部联系"③。需要指出的是，在马克思主义经典作家之中，恩格斯也曾经使用了"两种生产"的概念，其在《家庭、私有制和国家的起源》一文写到，"生产本身又有两种"④，但是在恩格斯的话语体系中，"两种生产"具体指的是"物质生产"和"人的生产"，相较于恩格斯，马克思却运用了"生活的生产"概念来界定以上两个方面的生产。早在《德意志意识形态》中，马克思就曾经有过"思想、观念、意识的生产"⑤的相关论述，此处的"生产"多指意识本身的产生，即"个人"的物质生产实践经过大脑的反射又与语言进行交织进而生成了人的原初意识，与之不同的是《资本论》第四卷中的"精神生产"意指的是作为个人与类的集体的统一体的意识空间的建构。要理解"两种生产"之间的关系，就必须遵循马克思所提供的方法论原则，即"从一定的历史的形式来考察"⑥，每一种社会形态都具有特殊的物质生产方式，这就决定了该社会形态中"精神生产"的特殊性，由"精神生产"所构建的意识空间则必然具有差异性，例如，与生产资料的资本主义私有制相适应的精神生产就表现为，

---

　① 张一兵：《论意识空间的操作本质》，载《哲学动态》，1992年第2期。
　② 赵学清：《劳动生产、精神生产与资本家作用——〈资本论〉第四卷若干重要观点及现实意义》，载《河南社会科学》，2011年第5期。
　③ 马克思：《剩余价值理论》第1册，北京：人民出版社1975年版，第306页。
　④ 《马克思恩格斯全集》第21卷，北京：人民出版社1965年版，第37页。
　⑤ 《马克思恩格斯全集》第3卷，北京：人民出版社1960年版，第29页。
　⑥ 马克思：《剩余价值理论》第1册，北京：人民出版社1975年版，第296页。

"一切精神的或物质的东西都变成交换价值并到市场上去寻找最符合它的真正价值的评价"①，该社会中意识空间必然深受资本的侵扰，甚至成为资本主义意识形态的栖息之所。在"两种生产"中，"精神生产"处在被奠基的最高层面②，但这并不意味着"精神生产"完全被"物质生产"所统摄，其自身拥有相对的独立性。换言之，"两种生产"之间并不同步且彰显着不平衡特征，这就导致"精神生产"所塑造的意识空间之内的复杂性。在资本主义社会的意识空间中，尤其是道德、宗教与艺术虽然在普遍规律上受制于资本主义物质生产方式，但这些精神生成于前资本主义社会，亦带有明显的"人的依赖性关系"的烙印。在资本逻辑的裹挟之下，"精神生产"的一个典型结果就在于阶级意识的形成，资产阶级意识体现在资本主义私有制基础上的虚伪的自由、平等与民主等意识形态，而无产阶级意识则集中表现为追寻生产资料公有制、反抗阶级压迫并最终实现"人自由而全面的发展"，这两种截然不同的阶级意识并存于资本主义社会的意识空间之内。

三、意识空间建构的失范：虚假与物象化

如前所述，意识空间表征着社会空间，但"意识空间……有可能掩饰其来源于社会生活的真相"③。意识空间本身并不是一种实体，而是主体意识活动所建构出的一种结构功能性空间，对于这种空间的认知与理解并不能够直观地获取，必须从社会空间中寻求本源。资本逻辑所建构的社会关系呈现出普遍的异化，资本主义社会空间内部充斥着人对于物的依赖，作为社会空间表征的意识空间必然也存在着失范。

（一）意识空间内存在着虚假意识

《资本论》及其手稿的文本中并无"虚假意识"的具体概念论述，正如当代英国马克思主义学者戴维·麦克莱伦所言，"马克思从未使用过

---

① 《马克思恩格斯全集》第1卷，北京：人民出版社1956年版，第80页。
② 俞吾金：《被遮蔽的马克思》，北京：人民出版社2012年版，第397页。
③ 皮家胜：《空间问题的类型与形成原因》，载《哲学动态》，2015年第5期。

'虚假意识'的表述"①，对于"虚假意识"的论述起源于恩格斯，其在1893年至弗·梅林（Mehring，F.）的信中曾认为，"意识形态是由所谓的思想家有意识地、但是以虚假的意识完成的过程"②。马克思诚然没有直接使用过"虚假意识"一词来指称意识形态，可是，他在和恩格斯合著的《德意志意识形态》中，就使用了"虚假观念""形而上学幽灵""幻想"等的提法。对意识形态的虚假性即颠倒性、歪曲性、神秘化作了揭示。如在《资本论》"商品的拜物教性质及其秘密"一节的分析中，就是用"可感觉而又超感觉的物"③来形容资本逻辑驱使下的商品观念的虚幻理解。值得注意的是，马克思视域中"虚假意识"的内涵存在着历史的嬗变，其在《1844年经济学哲学手稿》中秉持的是一种"异化意义"上的理解，原本"有意识的生命活动把人同动物的生命活动直接区别开来"④，但是异化劳动却将"有意识的存在物"的人的类本质贬低为谋生的手段而已。而在《资本论》及其手稿中，马克思已然早就完成了对自身人本主义思想的清算，并以历史唯物主义的立足点看待资本主义社会的"虚假意识"问题，"虚假意识"并不仅仅是意识与存在之间的颠倒，例如德国古典哲学就将现实的社会存在物当作"绝对概念"的一种反映，这种颠倒在本质上属于唯心主义的范畴，更是意识形态对于社会存在的遮蔽⑤，作为主体的人在实践活动中根本未能认知"虚假"的经济根源，也并不具备反思该种境况的能力，正如马克思在《资本论》中所言，"他们没有意识到这一点，但是他们这样做了"⑥，其更是在相关文本中以"价值转化为生产价格"⑦为根源深刻论述了"虚假意识"是如何错误地表征资本主义经济空间的，

---

① ［英］戴维·麦克莱伦：《马克思思想导论》，郑一明、陈喜贵译，北京：中国人民大学出版社2008年版，第158页。
② 《马克思恩格斯全集》第39卷，北京：人民出版社1974年版，第94页。
③ 马克思：《资本论》第1卷，北京：人民出版社2004年版，第88页。
④ 马克思：《1844年经济学哲学手稿》，北京：人民出版社2000年版，第57页。
⑤ 李萍：《马克思意识形态论》，北京：中国社会科学出版社2013年版，第124页。
⑥ 马克思：《资本论》第1卷，北京：人民出版社2004年版，第109页。
⑦ 梁豪：《社会认知视角的虚假意识——基于〈资本论〉的分析》，载《上海理工大学学报（社会科学版）》，2017年第2期。

并基于此阐述了资本主义意识空间内部的失范问题：早在《1857—1858 年经济学手稿》中，马克思就界定了"生产""分配""交换"和"消费"四环节之间的彼此关系，并表明"生产"于四环节以及组成整体中的决定性地位，其在《资本论》三卷内又清晰地叙述了一致的观点，只有真正深入到生产领域，才能获取对资本的完全理解，价值与剩余价值生成于生产领域，而"在资产阶级的眼界内，满脑袋都是生意经"①，却仅仅从交换领域（流通）中认识资本主义社会的经济关系，这在"事实上是颠倒和相反的"②，一般等价物的出现使得原本劳动分工所生产出的差异性商品能够普遍流通，其结果就是交换领域内"利润的分割"及其价格表现成为资本占有者的关注焦点，由此现象与本质相分离，本质被隐匿于现象之下，以上境况必然孳生出诸多虚假意识，其中最为典型的是利润的终极来源是资本本身而不是资本对于劳动的剥削（即 G—G'），该虚假意识扮演起了"牧师的职能"完全掩盖了资本的"刽子手的职能"，资本主义意识空间正是建立在以上虚假意识的基础之上。

（二）意识空间呈现出物象化的样态

"物象化"（versachlichung）是《资本论》及其手稿中一个极其重要的理论概念，马克思在《政治经济学批判（第一分册）》中这样论述到，"人格与人格之间的社会联系可以说是颠倒地表现出来的，就是说，表现为物象和物象之间的社会关系"，要理解"物象化"的内涵，就必须认知到其与"物化"两者的联系与区别，在传统的译介中，人们习惯于将两者统一翻译为"物化"，未能深刻把握两者内涵的不同，差异被主观性地忽视甚至抹杀了③，伴随着国外马克思主义学者广松涉、霍耐特等人对"物象化"和"物化"的重新界定，国内学者亦对此多有讨论。西方马克思主义者卢卡奇在《历史与阶级意识》中以人本主义批判为出发点，从"异化

---

① 马克思：《资本论》第 2 卷，北京：人民出版社 2004 年版，第 147 页。
② 马克思：《资本论》第 2 卷，北京：人民出版社 2004 年版，第 231 页。
③ 孙乐强：《物象化、物化与拜物教——论〈资本论〉对〈大纲〉的超越与发展》，载《学术月刊》，2013 年第 7 期。

的物化"① 的分析中论证了"物化"的理论重要性，卢卡奇的这种观点具有十分典型的意义，原本作为主体的人在资本主义社会关系中被异化为客体，并拥有了"物"的一些属性。显然该观点依旧桎梏于马克思早期的思想框架之内，而马克思在《资本论》中所论及的"物化"是"对象化的物化"，作为主体的劳动者在劳动过程中不断向对象转化，这既是劳动者人的主体地位的丧失，也是劳动者主体力量的实现。值得注意的是，无论是卢卡奇还是马克思本人，对于"物化"的理解都是建立在主体与客体之间关系的颠倒之上，只是卢卡奇未能把握住马克思历史唯物主义的根本态度，对此，广松涉（Hiromatsu Wataru）认为，"'主体—客体'图式"② 并不能有效说明马克思"物象化"的理论内涵，"马克思的所谓物象化，是对人与人之间的主体际关系被错误地理解为'物的性质'（例如，货币所具有的购买力这样的'性质'），以及人与人之间的主体际社会关系被错误地理解为'物与物之间的关系'这类现象"③。至此，马克思关于"物象化"与"物化"理解的差别被较为清晰地揭示了出来，这直接关系到了行文对于意识空间样态的理解。如前所述，意识空间的本质就在于"意识活动本身的无形场境"，而意识活动只能发生于主体之上，由主体意识活动所建构出的意识空间在资本主义社会中呈现出"物象化"，资本主义意识空间内的主体产生"物化"并拥有"物化意识"。

（三）"资本空间化"及其再造

"资本空间化"是资本主义生产关系对于空间的再造过程及结果，具体表现为空间重构与空间扩展，空间重构是指物理意义上的改变，物理空间原本处于一种"自在"的状态，其并不能够直接满足和服务于资本，反之因自身的特征"先在"地阻碍着资本的价值增殖本性。空间重构绝不是

---

① 潘于旭：《从"物化"到"异质性"——西方马克思主义哲学逻辑转向的历史分析》，杭州：浙江大学出版社2009年版，第29页。
② [日]广松涉：《物象化论的构图》，彭曦、庄倩译，南京：南京大学出版社2002年版，第69页。
③ [日]广松涉：《物象化论的构图》，彭曦、庄倩译，南京：南京大学出版社2002年版，第70页。

从本质上变更空间的物理性质，也不是对于空间进行初始性原创，而是通过对于物理空间的重组与结合实现生产资料的有效聚集与分配以期满足资本主义社会生产力的发展需要，行文将《资本论》及其手稿中的物理空间又划分为"自然空间""劳动空间"和"地理空间"等三类：其一，"自然空间"并不是人的"绝对精神"的外化，而以"客体"与作为"主体"的人相互作用，甚至"自在的自然空间"先于人的产生而存在，人对自然空间的改造贯穿于人自身的历史之中，但是，资本主义社会化生产致使自然空间发生了前所未有的变化，正如马克思所言，"通过工业——尽管以异化的形式——形成的自然界，是真正的、人本学的自然界"①。其二，"劳动空间"为剩余价值的获取提供了外部性的辅助，马克思在《资本论》第一卷中深刻而详细地区分了"绝对剩余价值生产"和"相对剩余价值生产"，劳动者、劳动资料和劳动对象等在一定物理空间中组合而生成劳动空间，劳动空间的扩张与内聚都有可能促进剩余价值的生产。一方面，资本获得绝对剩余价值的途径之一就是生产规模的扩大，当一定劳动空间内所承载的生产要素达到极限之后，劳动空间必然扩张；另一方面，资本获得相对剩余价值的途径之一就是劳动生产率的提高，资本主义机器大工业将生产过程分解为各个环节和阶段，"劳动空间"的内聚致使各个环节和阶段之间的衔接更加紧密，从而大大节省了生产时间，使得"时间消灭了空间"。其三，地理空间是"空间生产"在地理上的表征，马克思认为，资本对于剩余价值的褫夺虽在生产领域就已开始，但却实现于交换和消费之中，这是一个完整的运动周期，该周期的实现必然以一定的物理空间为载体。马克思曾言，资本"不断扩大产品销路的需要，驱使资产阶级奔走于全球各地。它必须到处落户，到处开发，到处建立联系"②，近代人类的城市化运动以及世界市场的形成都是资本作用于地理的结果。

需要指出的是，地理空间是一种有限的空间，当资本所影响的地理空间扩展至全球，就达到了物理空间生产的极限。空间扩展是指社会关系意义上的生产，资本不仅能够于地理空间内实现自身的运转，也能够生产出

---

① 《马克思恩格斯全集》第3卷，北京：人民出版社2002年版，第307页。
② 马克思、恩格斯：《共产党宣言》，北京：人民出版社2014年版，第61页。

最符合自身增殖本性的社会空间，换言之，资本主义生产方式能够进一步在整体社会关系中布展。后现代主义思潮兴起之后，西方马克思主义者在以"空间研究"为新的叙事视角的同时，也广泛秉持着"马克思将空间主要处理为一种自然语境"①的错误观点，马克思确实从未对于"社会空间"概念进行过深刻论述，但这绝不代表着马克思在该领域的缺场，马克思早就清晰地阐释过资本主义生产方式是如何全面统御社会关系的，例如，其早在《共产党宣言》中就曾深刻地指出，人格化的资本使"人和人之间除了赤裸裸的利害关系，除了冷酷无情的'现金交易'，就再也没有任何别的联系了"②，《资本论》及其手稿作为马克思最为成熟的文本，其中必然也包含着以上思想，本书将该文本中的社会空间思想划分为"经济空间""政治空间"和"意识空间"三类：其一，"经济空间"由各种经济主体在经济实践中所构建起的交往关系，资本主义最先萌芽于封建社会的"经济空间"之内，"一旦资本感到自己强大起来，它就抛开这种拐杖，按它自己的规律运动"③，资本积累达到一定程度，作为资本流通载体或中介的市场将不断增大，资本对以其自身在广袤市场中的流通速度的要求持续增长，"用时间消灭空间"并不是指空间的彻底丧失，而是资本流动的结构与聚集形态不再与物理空间相重合，资本开辟出以"交换价值"的实现为中心的经济秩序空间。其二，"政治空间"是资本主义生产关系作用于社会空间的政治实践的结果和表现，体现着政治主体在交往过程中的权力争斗和利益攫取，多种政治力量的空间布局直接影响着上层建筑的构造样态，而且，政治空间亦可以作为政治实践的一种有效工具④，内在地意味着改变社会空间的革命性因素，无产阶级一直活跃于资本主义政治空间内部，成为构建未来社会图景的决定性力量。其三，"意识空间"是人的精神生产的必然产物，作为意识主体之间社会关系的归摄与凝聚，物质生产

---

① [美] 爱德华·W. 苏贾：《后现代地理学——重申批判社会理论的空间》，王文斌译，北京：商务印书馆2004年版，第192页。
② 马克思、恩格斯：《共产党宣言》，北京：人民出版社2014年版，第60页。
③ 《马克思恩格斯全集》第31卷，北京：人民出版社1998年版，第43页。
④ 高德胜：《空间向度的历史审视与当代资本主义的空间政治》，载《社会科学战线》，2014年第5期。

方式才是一切社会空间形成的根源，所以，意识空间绝不是"想象某种现实的东西"，而是"现实地想象某种东西"①，其原本应同步于与物质生产方式的提高，但囿于资本主义社会关系而日趋"全面的异化"②，人对于物的依赖成为"意识空间"的主旋律，前资本主义社会中"意识空间"所承载的"人的依赖关系"的价值、观念体系被所谓的"平等""自由"与"博爱"占据③。空间重构与空间扩展是"资本空间化"的两个基本要素，双方相辅相成，其中，空间重构是资本对于物理空间的占有方式，而空间扩展是资本对于社会空间的生产与统摄，两者分别在不同层面共同构建起整个"资本空间化"的过程。

---

① 《马克思恩格斯全集》第3卷，北京：人民出版社1960年版，第35页。
② 《马克思恩格斯全集》第46卷（上册），北京：人民出版社1979年版，第504页。
③ 李春敏：《马克思的社会空间理论研究》，上海：上海人民出版社2012年版，第67页。

第四章 空间资本化：
资本逻辑演变的更高形态

对于资本逻辑的批判是马克思在《资本论》及其手稿中的主流重脉，马克思立足于辩证唯物主义，对于资本背后的社会关系展开了历史性的分析，从"资本的生产"到"资本的流通"再到"资本主义生产总过程"的发生路径，"辩证法对每一种既成的形式都是从不断的运动中，因而也是从它的暂时性方面理解"①。马克思认为资本的存在是一种历史的必然产物，也必将消失于历史之中，可以说，只要资本于历史中"在场"一天，马克思主义就会昭示着自身的时代价值，马克思的"幽灵"始终伴随着资本的"魅影"，资本以及资本关系必然消失的根源并不在于人的制约与摒除资本逻辑的主观理念甚至行动，而是在于资本所催生出的生产力与资本关系之间不可调和的矛盾。正如恩格斯在《反杜林论（哲学编）》中所指出的：以往的社会主义固然批判了现存的资本主义生产方式及其后果，但是，它不能说明这个生产方式，因而也就不能对付这个生产方式；它只能简单地把它当作坏东西抛弃掉。那么怎样解决这个问题呢？恩格斯给出了思路："但是，问题在于：一方面应当说明资本主义生产方式的历史联系和它在一定历史时期存在的必然性，从而说明它灭亡的必然性；另一方面应当揭露这种生产方式的一直还隐藏着的内在性质，因为以往的批判主要是针对有害的后果，而不是针对事物的进程本身。"② 恩格斯所说的第一个问题由唯物史观的诞生解决了；第二个问题则是由剩余价值学说解决的。从《资本论》出版到如今已有150余年，资本逻辑及其所创造出的社会形

---

① 马克思：《资本论》第1卷，北京：人民出版社2004年版，第22页。
② 《马克思恩格斯全集》第26卷，北京：人民出版社2014年版，第64页。

态并没有迅速灭亡，依旧拥有相对旺盛的生命力，这种境况绝不能够证明马克思主义的过时，但在一定意义上确认了资本寻求到了新的作用方式与领域缓解了其内在矛盾，换言之，资本于历史中依然持续在场。囿于马克思的历史决定论等因素，西方马克思主义一直将时间与历史当作自身批判资本主义社会的"宠儿"[1]，事实上，空间一直存在于西方学者的视野之中。例如，早在古希腊时期，德谟克里特就基于"原子论"阐述了空间的客观本性。换言之，长期以来，空间在人们的认知体系中扮演着"容器"的角色，静止而客观地存在于人的外部世界当中，正如福柯所言，"空间在以往被当做僵死的、刻板的、非辩证的……东西"[2]，但该种情况却改变于20世纪下半叶，空间作为一种新的理论范畴被广泛认识，西方人文社会科学领域掀起了一股"空间转向"的理论浪潮，以致现代主义思潮遭遇到强大的冲击甚至解构，西方马克思主义者们开始重新审视空间在社会关系建构过程中所发挥的基础性作用，其中，亨利·列斐伏尔以"空间的生产"为命题，论述了"每一个社会，每一种生产模式，每一种特定的生产关系都会生产出自身独特的空间"[3] 的重要观点。根据亨利·列斐伏尔的观点，资本主义社会或资本主义生产方式必然也会生产出"自身独特的空间"，文本的前三章就论述了资本逻辑作为资本主义社会及其生产方式的内在动因是如何通过"空间的生产"推动自身的空间化，即"资本空间化"。资本生产出各种具体的空间，本就是资本在追求自身增殖的过程中引发的必然现象，但"空间的生产"意义就绝不止于此，其更是资本主义缓解内在矛盾，以"获得新生的工具性力量"[4]。资本最大限度增殖的本性乃是从最大可能的生产与消费之中得以满足，这就决定了资本必然会

---

[1] [美]爱德华·W.苏贾：《后现代地理学——重申批判社会理论中的空间》，王文斌译，北京：商务印书馆2004年版，第1页。

[2] [美]爱德华·W.苏贾：《后现代地理学——重申批判社会理论中的空间》，王文斌译，北京：商务印书馆2004年版，第10页。

[3] Henri, Lefebvre. *The Production of Space*. Trans. MA: Blackwell Publishing, 1991, p.154.

[4] 孙江：《"空间生产"——从马克思到当代》，北京：人民出版社2008年版，第3页。

最大限度地推动空间的生产，正是在空间的生产中，空间本身逐渐具有了资本的属性，即"空间的资本化"，从"资本的空间化"到"空间的资本化"正是资本存在的历史流变，客观澄明了马克思历史唯物主义的真理性。

要真正理解从"资本空间化"到"空间资本化"的嬗变过程，就必须把握资本与空间的逻辑关系。以上的嬗变过程主要表明现象学意义上的先后，但绝不意味着"资本空间化"与"空间资本化"不能够拥有"相同的发生场域"[①]，资本与空间的双向转化反证着两者之间一定存在着本质上的关联[②]，需要指出的是，在"物的依赖性关系"的社会形态中，资本绝对处于根本性的地位，马克思就曾以"普照的光"和"特殊的以太"形象地描述资本，以上两者的转化只能够发生于资本主义社会之中，是资本逻辑主导着转化过程，空间始终附属性地存在着，资本对于包含空间在内的一切资本主义社会存在物都有统摄力。与古典经济学家们不同，马克思并不是单纯地将资本视为"物"，而是把资本看作"一种特定的社会关系"[③]，所以资本逻辑的运行可以被视为资本在自身活动的空间之内不断构建出资本主义生产关系，资本增殖所需求的剩余价值产生于生产领域，却实现于流通领域，"交换的一切地方限制"即物理空间便成为资本势必要"力求摧毁"[④]的对象，以上这种境况虽然涉及资本与空间的关系，但其可以被称之为"在空间中生产"，并不是完全能指"资本空间化"，更不是"空间资本化"。资本与空间能够相互转化的根源在于社会关系，如前所述，马克思早就明确了资本的实质是社会关系，而对于"空间是一种社会关系吗？"[⑤]的确认还是产生于后现代主义思潮之中，伴随着后现代主义对

---

① 吴耀国：《〈资本论〉及其手稿中的空间思想研究》，东南大学博士学位论文，2015年。
② 张梧：《资本空间化与空间资本化》，载《中国人民大学学报》，2017年第1期。
③ 许涤新主编：《政治经济学词典》上册，北京：人民出版社1980年版，第331页。
④ 《马克思恩格斯全集》第30卷，北京：人民出版社1995年版，第538页。
⑤ ［法］亨利·列斐伏尔：《空间：社会产物与使用价值》，见包亚明主编《现代性与空间的生产》，上海：上海教育出版社2003年版，第48页。

于宏大历史叙事的解构，空间成为理解现代社会的一种新型视角，空间观念在发生了深刻变化的同时承载了社会内涵，正如亨利·列斐伏尔所言，"空间里弥漫着社会关系"①。至此，社会关系发挥着类似于中介的作用，搭建起了资本与空间转化的桥梁，资本不仅能够重构"自然空间""劳动空间"和"地理空间"等物理空间，而且能够扩展至"经济空间""政治空间"和"意识空间"等社会空间，这便是"资本空间化"，同时，空间因自身的物理与社会特性在资本主义社会中也开始拥有了资本的一些属性，这就是"空间资本化"。

空间资本化乃是资本逻辑演进过程中所彰显出的当代形态，马克思在《资本论》及其手稿中一再强调了资本的增殖本性，只要人类尚处于物的依赖性关系阶段，资本的这一本性就不会消失，在不同的社会时代中，资本改变的只是增殖的具体方式，而不是增殖本身。马克思于《资本论》三卷中以工业资本主义时期的英国为典型分析对象，对于一般资本以及工业资本进行了事实上的深刻阐明，列宁在被誉为"资本论的续篇"的《帝国主义是资本主义的最高阶段》中进而论述了垄断资本的本质及其具体样态及历史意义趋势。虚拟资本、数字资本等新资本存在形式不断涌现，每当资本的存在形式得以创新，资本主义社会就会迈入一个新的发展时期，资本积累规模亦可能出现急剧性的增长，当资本增殖本性不能被满足之时，资本又可能演化为其他具体形式，资本存在形式的每一种创新都是资本主义社会关系的一次内部调整。正如马克思所言，资本占有者们"除非对生产工具，从而对生产关系，从而对全部社会关系不断地进行革命，否则就不能生存下去"②。西方马克思主义者们指出，在晚期资本主义时期，空间由原初资本增殖的外在载体逐渐开始具有了资本的属性，即"空间资本化"，就是说空间本身成为"资本存在的形式"③。需要指出的是，作为资

---

① [法]亨利·列斐伏尔：《空间：社会产物与使用价值》，见包亚明主编《现代性与空间的生产》，上海：上海教育出版社2003年版，第48页。
② 《马克思恩格斯全集》第44卷，北京：人民出版社2001年版，第582页。
③ 庄友刚：《资本的空间逻辑及其意识形态神话》，载《社会科学辑刊》，2012年第1期。

第四章 空间资本化：资本逻辑演变的更高形态

本积累方式或手段的"空间生产"早在工业资本主义时期就已然存在，例如马克思在《资本论》中就论述了级差地租的资本化致使城市内的住宅等空间成为商品即"资本化的地租"现象①，但是该种现象仅仅是资本积累过程中的一个次要环节，"空间资本化"乃是空间生产真正演变为主导资本增殖的基本形式②，其根源就在于资本对于自身过度积累所造成的危机的一种补救。马克思在《1857—1858 年经济学手稿》中言道，"资本所打碎的界限，就是对资本的运动、发展和实现的限制"③。马克思这句话就蕴含了空间思维，资本是一种运动而不是静止物，资本在时间和空间中运动，资本的发展包括量的扩张和质的提升，这种发展需要空间环境，资本的实现则更需要一定的市场空间。资本在自身逻辑即增殖规律的驱使下，不断打破各种限制，其中就包括区域狭隘性限制、产品狭隘性的限制、经济联系狭隘性的限制。但客观上，资本也在为自己无意中制造新的矛盾和自我毁灭。因为只要有外界存在着阻碍资本增殖的界限，资本就会试图寻找新的载体，在工业资本主义时期，资本增殖的方式主要体现为：一是通过延长劳动者的工作日或扩大生产规模以获取绝对剩余价值，二是通过技术应用提高劳动生产率或增加劳动强度以获取相对剩余价值，这必然导致商品供给过量与有效需求不足之间的矛盾，从而引发资本主义经济危机。"时间修复"成为缓解危机的一种有效方法，即固定资本因其规模大、周期长等特点能够延缓价值于将来再次进入流通领域的时间，但该种方法解决不了资本过度积累的根本问题，反而会在固定资本的不断贬值中再次触发危机，20 世纪 70 年代以降，"空间资本化"的"出场"又一次废除了同资本"不相适应的、对它来说成为限制的那些界限"④，致使资本主义经济危机得到新的缓解。

---

① 马克思：《资本论》第 3 卷，北京：人民出版社 2004 年版，第 922 页。
② 庄友刚、仇善章：《资本空间化与空间资本化：关于空间生产的现代性和后现代性话语》，载《山东社会科学》，2013 年第 2 期。
③ 《马克思恩格斯全集》第 31 卷，北京：人民出版社 1998 年版，第 41 页。
④ 《马克思恩格斯全集》第 31 卷，北京：人民出版社 1998 年版，第 41 页。

第一节　空间资本化的前提条件

一、空间产品变为空间商品

空间要成为资本的一种基本存在形式的首要条件，就是必须成为能够在市场中进行交换的劳动产品即商品，《资本论》及其手稿中所涉及的空间，无论是物理空间抑或社会空间都并不是处于完全的"自在"状态，而是历经人的能动作用之后所生成的"人化"状态，换言之，空间必须率先经过人的实践活动，成为承载人的劳动价值的空间产品。需要指出的是，空间产品具有特殊性，其一方面是"空间生产"的具体结果，另一方面是更深入和广泛的社会生产的先决因素，只有用于交换的空间产品才能被称之为空间商品。马克思在《资本论》第一卷伊始就首先论述了"商品的两个因素：使用价值和价值"[①] 即商品的二重性，它来自于生产商品的劳动的二重性，后者又来自于商品经济的基本矛盾私人劳动与社会劳动的矛盾，这个矛盾又来自于私有制和社会分工。商品内部天生俱来的这个矛盾成就了商品经济的发展动力，而社会化的市场交换是解决这个矛盾的途径，交换中贯彻的等价交换原则既是规律使然，又表现为商品经济的"文明基因"。"商品的二重性"遗传至资本主义社会化生产的始终[②]，当空间演变为商品的样态之时，空间商品也必然保有以上二重性。正如亨利·列斐伏尔所指出的那样，"虽然《资本论》并未分析空间，某些概念，诸如交换价值与使用价值，在今日却可以应用在空间上"[③]，空间商品的使用价值表现为满足人的某种需求的效用，而空间商品的价值表现为凝结于其中

---

① 马克思：《资本论》第1卷，北京：人民出版社2004年版，第47页。
② 王维平、张娜娜、付文军：《〈资本论〉与马克思的时空理论》，载《南京社会科学》，2016年第7期。
③ ［法］亨利·列斐伏尔：《空间：社会产物与使用价值》，见包亚明主编《现代性与空间的生产》，上海：上海教育出版社2003年版，第54页。

的无差别的人类劳动。值得注意的是，马克思在《资本论》第三卷对于土地的论述则为我们理解空间商品的价值问题提供了"一个特例"①：土地本为自然空间的一种具体形态，原"自在"地存在于人的外部世界之中，其绝不是人类实践的产物，马克思曾言"土地不是劳动产品，从而没有任何价值"，但土地却能够成为商品长期存在，这是因为在资本主义社会，所有能带来利益的东西都能转化为商品，原本不是商品没有价值的东西都可以有价值，包括人的名誉、良心、地位，更不要说土地这种重要的仅存刚性供给特征的生产要素了。土地虽然没有价值却可以"在形式上"拥有价格，该价值"虚幻"地掩盖了"价值关系"②，而实质表征着"超额利润的转化"③即地租，土地的价格就是"货币化的地租"。空间商品外在呈现出多种具体形式，但正如马克思认为的那样，"每种劳动所生产的都是一般财富而不是特定形式的财富"④，其最终必须在市场中转化为"一般财富"，货币便是"一般财富"的外在标志或象征，正是在市场交换中，空间商品内在的价值与使用价值的矛盾才能够得以外化的解决，从 W 到 G 的过程，马克思称之为"惊险的跳跃"，一旦该种"跳跃"挫败，那不仅仅"摔坏"了空间商品的生产者，更严重损害了资本循环与周转的实现，进而有可能引发整个资本主义体系的运转失效。

二、空间商品进入流通领域

马克思在《政治经济学批判（1857—1858 年手稿）》中曾这样论述，"流通在空间和时间中进行。从经济学的观点来看，空间条件，把产品运到市场，属于生产过程本身。……这个空间要素是重要的，因为市场的扩大，产品交换的可能性都同它有关系"⑤。空间被视为生产或者流通的一种

---

① 吴耀国：《从"价值的空间"到"空间的价值"——〈资本论〉中的价值概念与空间意识》，载《西南大学学报（社会科学版）》，2015 年第 5 期。
② 马克思：《资本论》第 1 卷，北京：人民出版社 2004 年版，第 123 页。
③ 马克思：《资本论》第 3 卷，北京：人民出版社 2004 年版，第 693 页。
④ 《马克思恩格斯全集》第 46 卷（上册），北京：人民出版社 1979 年版，第 174 页。
⑤ 《马克思恩格斯全集》第 46 卷（下册），北京：人民出版社 1980 年版，第 27 页。

外在的客观条件与要素，这是所有社会形态中经济交往的一般规定性。只有在资本主义社会中，空间才从仅仅作为生产资料演变为资本的基本形式，该种演变是以空间作为商品进入到流通领域为前提的。马克思一再强调，资本的天性就在于对剩余价值的追求，而剩余价值产生于生产过程却实现于流通领域。正如马克思所言，"必须出售这些商品，把它们的价值实现在货币上，把这些货币又重新转化为资本，这样周而复始地不断进行。这种不断地通过同一些连续阶段的循环，就形成资本流通"①。按照空间资本化的形成逻辑，空间资本化是一个历史的生成过程：当剩余价值不断资本化而积累规模不断扩张的时候，不仅所费资本而且全部所用资本就都成为剩余价值的转化形式，当资本为追求更高利润的空间转移成为经常的和关键的事情，生产价格和平均利润形成，而当所有权和经营权分置而经营权可以转让的时候，企业以股份公司形式经营成为必然，当资本经营成为主要任务的时候，股票、债券成为资本的主要形式，当虚拟资本运行占统治地位的时候，空间就得以全面资本化了。"空间资本化"并不仅仅指空间作为商品资本而存在，更是指空间"作为生产条件的资本"②而存在，需要指出的是，空间"作为生产条件的资本"与作为生产资料是根本不同的，"作为生产条件的资本"乃是固定资本的一种具体形态，换言之，"空间资本化"就是空间以固定资本而出现，作为生产资料的空间以资本生产的外部条件而存在，作为固定资本的空间则以资本周转的产物而存在③。马克思对于固定资本的"一般"流通形式的论述同样适用于空间，"这种固定资本的所有权证书却可以变换，可以买卖，可以观念地流通，这种所有权证书，甚至可以在国外市场流通，例如以股票的形式"④。对于"空间资本化"的理解必须建立在马克思《资本论》及其手稿中所揭示的"劳动价值论"的基础之上，空间演化为资本的一种基本形式所追求的价值增殖的终极来源依然是对于劳动力剩余价值的剥削，绝不是"空间生

---

① 《马克思恩格斯全集》第44卷，北京：人民出版社2001年版，第651页。
② 《马克思恩格斯全集》第31卷，北京：人民出版社1998年版，第103页。
③ 张梧：《资本流通过程与当代空间批判》，载《哲学动态》，2017年第3期。
④ 马克思：《资本论》第2卷，北京：人民出版社2004年版，第196页。

产"本身。以大卫·哈维为典型的新马克思主义者在继承马克思资本逻辑批判理论工具的同时却也走入了歧途,例如大卫·哈维曾言,"时空性生产既是一般社会过程的构造性和根本性环节,又是创造价值的根本性环节"①。正如恩格斯所指出的:"危机暴露出资产阶级无能继续驾驭现代生产力,那么,大的生产机构和交通机构向股份公司、托拉斯和国家财产的转变就表明资产阶级在这方面是多余的。资本家的全部社会职能现在由领工薪的职员来执行了。资本家除了拿红利、持有剪息票、在各种资本家相互争夺彼此的资本的交易所中进行投机以外,再没有任何其他的社会活动了。……无论转化为股份公司,还是转化为国家财产,都没有消除生产力的资本属性。在股份公司那里,这一点是十分明显的……工人仍然是雇佣劳动者,无产者。资本关系并没有被消灭,反而被推到了顶点。但是在顶点上是要发生变革的。"②可见,"空间资本化"亦是资本将一切从属于自己的极端表征,并不能逃离"资本的内在否定性"早已预设的命运,其只是作为一种特定历史阶段的客观存在现象,深受空间生产所压迫的社会群体、阶级必将把对空间的争夺纳入追求自身解放的斗争之中,空间的自由与自由的空间必然实现于更高社会形态当中。

第二节 空间资本化的理论分析

一、空间资本化与土地地租问题

土地资本化是空间资本化的一种具体形态。马克思认为,"资本一旦合并了形成财富的两个原始要素——劳动力和土地,它便获得了一种扩张

---

① [英]大卫·哈维:《正义、自然和差异地理学》,胡大平译,上海:上海人民出版社2015年版,第281页。
② 《马克思恩格斯全集》第25卷,北京:人民出版社2001年版,第407—448页。

的能力"①，资本的"合并"是将劳动力和土地两者纳入自身的社会关系当中以实现资本的自我积累，其中土地作为自然空间的基本组成要素之一，在资本扩张的过程中展现出独特的资本主义空间策略，早期英国资本主义原始积累表现为"对农业生产者即农民的土地的剥夺，形成全部过程的基础"②，该种历史现象的背后乃是资本空间化的过程，土地既是农民的生产资料，也是农民的劳动空间，农民与土地的分离可被视为资本对于劳动空间的占有与重构。伴随着资本主义迈向更高的发展阶段，资本对于空间不再仅仅是占有与重构而是开始进行"空间生产"，空间本身亦不再仅仅是资本运动的条件与载体而成为资本的一种特殊形态，即空间资本化，在资本空间化发展至空间资本化的历史语境中，土地也必然呈现出资本化的必然趋势，换言之，土地资本化乃是空间资本化的一种"具体"。资本主义土地所有制是土地资本化的前提基础，在资本主义社会中，土地归私人所有，土地所有者依赖对于土地的所有权从农业资本家的超额利润中获得地租。马克思曾在《资本论》中明确指出，"一方面，土地为了再生产或采掘的目的而被利用，另一方面，空间是一切生产和一切人类活动的要素。从这两个方面，土地所有权都要求得到它的贡赋"③，由此可知，土地所有权的实质是空间的社会关系，土地的交换价值被资本所主导，对于土地所有权的垄断，不仅是资本主义生产关系的前提，"并且始终是它的基础"④。需要指出的是，资本主义生产方式不断推动着土地所有权由小变大，小土地所有权典型地广泛存在于封建社会之中，乃是封建小农经济的产物，这种所有制关系"按其性质来说排斥……资本的社会积累"⑤，资本对于价值增殖的天性持续摧毁着小土地所有权的存在，大土地所有权的出现表征着空间关系深度被资本关系捆绑，以土地为代表的空间的使用权从所有权中分化出来，"土地所有者从生产过程和整个社会生活过程的操纵者和统治

---

① 马克思：《资本论》第1卷，北京：人民出版社2004年版，第697页。
② 《马克思恩格斯全集》第44卷，北京：人民出版社2001年版，第823页。
③ 马克思：《资本论》第3卷，北京：人民出版社2004年版，第875页。
④ 马克思：《资本论》第3卷，北京：人民出版社2004年版，第696页。
⑤ 马克思：《资本论》第3卷，北京：人民出版社2004年版，第928页。

者降为单纯土地出租人"①,资本占有者依靠使用权将土地归置于剩余价值的生产当中,并将所获得剩余价值的一部分以租金的形式返给土地所有者。

土地所有权在资本主义经济关系中获取地租的形式乃是土地资本化的基础。马克思在《资本论》及其手稿中对于空间资本化的理解主要是通过对于地租理论的阐释②。在这之前,古典政治经济学家们相继论述了独具特色的地租思想,但是在这些思想中,以土地为典型的空间并不以资本的形式出现,仅仅作为一般商品,土地作为生产资料投入资本主义生产之中并因此换取地租,地租就是土地在等价交换后产生的收益。马克思的看法则与之完全不同,其总是以资本总体性的视域分析资本主义社会内部的所有存在物,经过对古典政治经济学的扬弃,科学澄明了地租乃是剩余价值的一种形式的事实。要探知土地资本化,就必须理解地租,而要把握地租,就要首先考察马克思对于前人地租学说的解析。威廉·配第作为英国古典政治经济学的肇始者,确立了劳动价值论的初步基础,却未能解析清楚价值、使用价值和交换价值三者之间的区别,这种错误直接导致了威廉·配第用"土地和劳动来评价价值"③,地租产生于土地之内,是土地的自然肥力功效之一,他也没有区分地租与利润,简单地将两者统一混为地租,但是威廉·配第依然正确地获悉土地的价值乃是地租本身的转化形式,这被马克思赞誉为"是很有天才的"④。弗朗斯瓦·魁奈摒弃了重商主义将剩余价值的产生归结于流通领域的荒谬看法,认为直接生产领域中的劳动才是创造剩余价值的根本,但以弗朗斯瓦·魁奈为代表的重农学派依然没有认清价值和使用价值的差异,仅将在农业生产领域中的劳动视为真正的劳动,工业生产等其他领域的劳动却不在弗朗斯瓦·魁奈等人的理论视野之内,这就促使重农学派将本为剩余价值的分割的地租当作了剩余价值的一般形式,马克思认为重农学派的地租"这个剩余价值——又按封建

---

① 马克思:《资本论》第3卷,北京:人民出版社2004年版,第1015页。
② 郑丽莹:《马克思主义存在空间缺场吗?——基于〈资本论〉及其手稿的文本考察》,载《思想理论教育导刊》,2017年第10期。
③ 《马克思恩格斯全集》第26卷(1),北京:人民出版社1972年版,第386页。
④ 《马克思恩格斯全集》第26卷(1),北京:人民出版社1972年版,第385页。

主义的精神——是从自然而不是社会，是从土地的关系而不是社会关系引申出来的"①。亚当·斯密是古典政治经济学的卓越人物，其对于地租的理解要远远超越以往，他明确指出，"地租利润和利息都不过是剩余价值的不同形式"②，但其桎梏于价值与剩余价值两者鬻矛誉盾的认知陷阱，一方面在继承劳动价值论的基础上将工人的劳动作为地租的根源，另一方面却舛误于把商品的内在价值划分为工资、利润和地租，以遮蔽地租所意味着的社会剥削关系。大卫·李嘉图乃是古典政治经济学的集大成者，其将地租概念界定为，"地租是为使用土地原有的和不可摧毁的力而付给土地所有者的那一部分土地产品"③，地租中夹杂着土地的投资利息，只有将其剔除才能获得纯地租，从这个角度看，地主阶级只不过是凭借对于土地的所有权而坐享其成的寄生阶级罢了。马克思一方面充分肯定了大卫·李嘉图为使用土地而支付产品的理论贡献，另一方面对于土地的"原有的和不可摧毁的力"提出质疑。马克思正是于《1861—1863年经济学手稿》中在批判古典政治经济学尤其是大卫·李嘉图地租思想的基础上，第一次论述了自己的地租理论④，其阐明了在资本主义社会中，地租是建立在资本主义土地所有权基础之上的一种特定的社会生产关系，在本质上是剩余劳动的产物。

地租可分为农业地租和城市地租。因城市和农业对土地的使用不尽相同，土地所有权的经济形式表现出的地租形式各有不同，"行业不同形成不同地租的来源渠道"⑤。自然生产力是农业土地最大的使用价值，劳动者使劳动与土地的自然作用结合在一起以获得农业产品，正如马克思所言，"土地本身是作为生产工具起作用的"⑥，劳动者的劳动是农业产品价值根本来源，农业产品的价值在商品经济的流通领域转换为价格，由于农业土

---

① 《马克思恩格斯全集》第26卷（1），北京：人民出版社1972年版，第26页。
② 《马克思恩格斯全集》第26卷（1），北京：人民出版社1972年版，第64页。
③ 《马克思恩格斯全集》第26卷（2），北京：人民出版社1973年版，第287页。
④ 李怀涛：《马克思对李嘉图地租理论的批判及其方法论意义——以〈1861—1863年经济学手稿〉为视角》，载《北京行政学院学报》，2016年第6期。
⑤ 陈征：《社会主义城市地租研究》，福州：福建人民出版社2017年版，第29页。
⑥ 马克思：《资本论》第3卷，北京：人民出版社2004年版，第882—883页。

地存在着诸如肥沃程度、地理区位等先天差异而形成的超额利润，其所转化的地租被称之为级差地租，由于土地所有者对于土地所有权的垄断致使农业产品的价值超出社会生产价格的那一部分超额利润，其所转化的地租被称之为绝对地租。需要指出的是，马克思认为绝对地租有着特殊的历史性特征，当"农业资本的平均构成等于或高于社会平均资本的构成"①之时，绝对地租就会随之而消失，通过以上分析可得知，农业产品价值中的一部分径直容纳着农业地租，这就与城市地租相区别。尽管城市地租依然来源于超额利润的转化，但转换的方式却显得复杂和多元，可大致划分为工业、商业和居住地租三类：首先，城市工业地租，在土地上建设的厂房作为劳动者的劳动空间，与机器、原材料等共同以生产资料的形式投入生产中，工业产品价值中所包含的剩余价值的一部分作为地租支付至土地所有者；其次，城市商业地租，其主要指商业建筑空间的租金，恩格斯曾言，"在迅速发展的城市内，特别是在像伦敦那样按工厂大规模生产方式从事建筑的地方，建筑投机的真正对象是地租，而不是房屋"②，建筑空间为商业经营中所获取的商业利润提供了必要条件，马克思一直强调商业利润所代表的价值虽然实现于流通领域，却产生于工人生产领域所创造的新价值，商业利润并不存在于建筑空间上，而是生成于建筑空间内商业经营的商品中，商业地租便是商业利润被分割出的一部分；再次，城市居住地租，城市居民并不直接承担地租，而是体现于在所缴纳的房租中，就居住房租租贷而言，"租贷合同是一种最普遍的商品交易"③，城市居民所要支付的房租受到包括成本、平均利润和地租等综合影响，房租本就是城市居民的一部分工资支出，该部分的城市租金亦来自于工资本身，由此可见，"农业地租主要由自然条件的差异引起，城市地租主要由社会条件引起"④。

二、空间资本化与空间政治化

"空间资本化的同时必然加剧与突显了空间的政治化……空间资本化

---

① 马克思：《资本论》第3卷，北京：人民出版社2004年版，第881页。
② 马克思：《资本论》第3卷，北京：人民出版社2004年版，第891页。
③ 《马克思恩格斯全集》第18卷，北京：人民出版社1964年版，第317页。
④ 陈征：《社会主义城市地租研究》，福州：福建人民出版社2017年版，第29页。

与空间政治化必然走向融合"①，要深刻理解两者的内在关联，就必须首先界定"政治空间化"与"空间政治化"的差异，政治空间化是指政治关系的一种空间结构，该结构因历史阶段不同而彰显出不同的具体特点，在资本主义社会中，政治空间化受制于资本空间化，资本逻辑的运行对空间进行了占有甚至重新构造，正是因为资本逻辑的染指，空间的基本属性发生了巨大的变化，原初仅仅作为物理性存在的空间被增加了社会性的基质，这就为政治空间化奠定了最为重要的理论基础，在马克思看来，政治关系乃是社会关系的组成部分之一，反映着一定的阶级关系。空间政治化在内涵上则与政治空间化不尽相同，前者指空间不仅是政治关系的结构样态，本身也以一种政治关系而出现，成为"统治阶级的一种工具"②，如前所述，空间政治化与空间资本化息息相关，空间一旦从资本流动的外在条件演变为资本存在的基本方式，空间之间原有的差异便会日趋消失，呈现出同质化的现象。正如马克思在《资本论》中所言，"资本主义生产的真正限制是资本自身"③，当资本逻辑将一切空间纳入自身之内时，空间资本化亦完全的实现，一切利润终将穷尽，此时资本主义社会必将陷入严重的失范当中，该种失范并不同于资本主义周期性爆发的经济危机，而是一种"总体性危机"④，包括政治在内的所有社会领域都将受到严重的影响，对空间进行政治化的处理，成为抵御劳动阶级反抗、维护资本主义政治统治的一种可行性的有限手段。需要指出的是，空间政治化并不仅仅存在于资本主义社会，而是普遍存在于私有制社会之中，空间的政治特性之所以在近代才被重视，这与人们对于空间的认知相关，在现代主义以及之前的历史语境中，空间一直被视为中性的、与政治毫无瓜葛的存在，该认识论上的误区被新马克思主义者打破，例如，亨利·列斐伏尔旗帜鲜明地宣称，

---

① 任政：《空间正义论：正义的重构与空间生产的批判》，上海：上海社会科学院出版社2018年版，第108页。
② [法] 亨利·列斐伏尔：《空间与政治》，李春译，上海：上海人民出版社2015年版，第108页。
③ 马克思：《资本论》第3卷，北京：人民出版社2004年版，第294页。
④ 车玉玲：《历史唯物主义的空间转向与当代启示》，载《马克思主义与现实》，2014年第1期。

"空间是政治性的"①,列氏这种思想乃是植根于资本主义社会中广泛的空间资本化现实背景。空间资本化是空间政治化发展的基础,空间资本化本是资本所选用的一种更为灵活的积累方式,这也就将资产阶级与无产阶级的对立引向更深层次,必然激发出无产阶级更为强烈的革命诉求,资产阶级为了维护自身的统治地位,将空间作为保障资本增殖、维护经济利益的"重要的政治力量"。而且,资本主义空间生产不仅仅生产空间产品,也生产空间关系,新的空间关系蕴含着空间主体的权利与权力等政治关系,甚至社会政治秩序也可能在空间生产中得以重构,因此,空间资本化与空间政治化交融于资本主义社会之中②,亨利·列斐伏尔对于"人们能够剥夺统治阶级的这一工具——空间吗?"③的疑问将最终在更高社会形态中得以解答。

三、空间资本化与空间的拜物教

从商品、货币、资本再到空间拜物教。对于空间而言,"它真正是一种充斥着各种意识形态的产物"④,在晚期资本主义社会中,空间生产中所反映的意识形态集中体现在空间拜物教上,马克思认为,"拜物教是同商品生产分不开的"⑤,商品拜物教是各种拜物教具体形态的生成原相,所以,要理解空间拜物教就必须回到马克思早在《资本论》中所揭示的理论原点,探知拜物教形态嬗变的逻辑理路。资本主义社会表现为"庞大的商品堆积"⑥,商品作为元素形式最为普遍地存在着,而拜物教在词源上指人

---

① [法] 亨利·列斐伏尔:《空间与政治》,李春译,上海:上海人民出版社2015年版,第37页。
② 任政:《空间正义论:正义的重构与空间生产的批判》,上海:上海社会科学院出版社2018年版,第108页。
③ [法] 亨利·列斐伏尔:《空间与政治》,李春译,上海:上海人民出版社2015年版,第109页。
④ [法] 亨利·列斐伏尔:《空间政治学的反思》,见包亚明主编《现代性与空间的生产》,上海:上海教育出版社2003年版,第62页。
⑤ 马克思:《资本论》第1卷,北京:人民出版社2004年版,第108页。
⑥ 马克思:《资本论》第1卷,北京:人民出版社2004年版,第47页。

将物作为神一般顶礼膜拜的宗教形式。马克思认为，普通的商品正是在资本主义社会中拥有了神秘的性质，商品本为使用价值与价值的统一体，使用价值表现为物的自然属性能够满足人的诸多需求，而价值表现为生产中所耗费的劳动时间的无差别凝聚，这两者都能够明显被认知。因此，商品的神秘性质的根本来源不在于使用价值和价值，而是在于商品形式本身，即商品以物的形式遮蔽了商品中所蕴含的人的劳动的社会性质，换言之，劳动者之间的社会关系被隐藏为劳动者之外的物与物的关系[1]。马克思曾形象地用"一物在视神经中留下的光的印象"来描绘以上现象，物与物的关系不能够反映真实的境况，而是一种"虚幻形式"[2]，这就类似于宗教中人对于神灵的认知形式，所以，马克思研判"商品世界具有的拜物教性质"[3]。商品的频繁交换催生出一种特殊商品充当一般等价物，而一般等价物又逐渐演化为货币，货币生产于商品交换矛盾之中，以金、银为代表的货币因为能够像魔术一样表现其他各种商品的价值而令人着魔，而且相较于商品拜物教，货币拜物教"变得明显了，耀眼了"[4]，在马克思看来，货币形式非但没有澄明商品形式，反而用假象进一步将商品形式掩盖了。货币在简单商品流通中是作为货币而存在的，商品拥有者在市场上出售商品并获取货币以购买其他商品，但货币在资本主义商品流通中却作为资本而出现，货币拥有者在市场中取得的货币数量大于投入之前的货币数量，但是，货币在资本主义商品流通中增殖"绝不是就具备了资本存在的历史条件"[5]，货币得以增殖的来源并非流通过程本身，而是在于作为商品的劳动力的出现，劳动力所创造的剩余价值才是一切增殖的来源，货币之所以能够变成资本，就在于"自由的工人"亦进入市场中出卖自己的劳动力。至此，马克思将资本判定为"一种社会关系"而不是"物"的真理性就得以突显，从商品、货币到资本，人的社会关系统统被物与物的关系所淹没，

---

[1] 刘召峰：《拜物教批判理论与整体马克思》，杭州：浙江大学出版社2013年版，第35页。
[2] 马克思：《资本论》第1卷，北京：人民出版社2004年版，第89页。
[3] 马克思：《资本论》第1卷，北京：人民出版社2004年版，第100页。
[4] 马克思：《资本论》第1卷，北京：人民出版社2004年版，第113页。
[5] 马克思：《资本论》第1卷，北京：人民出版社2004年版，第198页。

拜物教的特征却一再显现，马克思以"从抽象到具体"的论述方式清晰地阐述了拜物教理论，批判了资本主义社会意识形态的产生起始，伴随着资本主义的进一步发展，资本拜物教又衍生出了诸多具体的拜物教形态。资本逻辑尽可能地将包括空间在内的一切元素都纳入资本主义生产方式，一旦空间产品以商品形式出现，空间自身就必然赋有了神秘的性质，空间拜物教则必然出场，空间商品作为资本关系的一种物化表现，空间商品生产者的社会关系再一次消弭于同时作为物的空间与货币之间的"虚幻"关系之中。

空间拜物教是空间资本化过程中现实的"颠倒"的集中表现。资本主义生产方式致使劳动力被剥削与压迫的本质被物的表象所"颠倒"，活劳动对于物的从属关系被掩盖[①]。空间资本化乃是资本主义生产方式的一种高级形态，"生产的空间""空间中的生产"依然转向了"空间生产"，空间不再仅仅是资本主义生产过程的外部载体或外界条件，而作为生产过程内部的必然因素直接参与生产甚至作为劳动对象与劳动资料相互结合，当空间要素、空间资源和空间关系等被生产者根据自身功能进行"原子化的分割"[②]，以空间产品的样态出现后，空间自身就已然同时具备了使用价值和价值，空间产品一旦用于交换，其内部所赋有的价值表征的空间生产者之间的社会关系就会蜕变为虚幻的物与物的关系，该种现象伴随着资本主义生产的深入，将全面侵入和统御资本主义社会内部人的精神，致使人的意识空间深刻地物（象）化，该意识结构反之会进一步加深空间资本化。空间原初感性地存在于人的面前，但是，"空间已经进入工业资本主义的生产模式：它被利用来生产剩余价值"[③]，空间被用于"生产剩余价值"的过程也是空间生产主体之间社会关系不断"抽象化"的历程，真实的社会关系在资本逻辑的规制下总是呈现出空间关系即"符号编码"[④]，赋有剩余

---

① 马克思：《资本论》第3卷，北京：人民出版社2004年版，第942页。
② 孙江：《工业资本主义时代的空间拜物教批判》，载《南京大学学报（人文科学版）》，2004年第5期。
③ [法]亨利·列斐伏尔：《空间：社会产物与使用价值》，见包亚明主编《现代性与空间的生产》，上海：上海教育出版社2003年版，第49页。
④ 孙全胜：《论列斐伏尔的空间拜物教批判》，载《烟台大学学报（哲学社会科学版）》，2015年第4期。

价值的空间产品能够实现交换的原因不仅仅在于可以满足购买者对于空间产品的物质使用需求，更在于空间产品本身所意味着的象征意义，符号编码所代表的并不是人的真实诉求，而是空间拜物教所生产的幻想，人在符号编码所组成的虚幻的世界中丧失了自身的主体性意识，正如亨利·列斐伏尔所言，"空间是幻想和位于清晰性自身的幻想的秘密"①。空间拜物教致使人奴役于空间关系之内而不自知，造成了人的尤其是无产阶级的反抗意识丧失，这就强化了资本对于空间的操纵，湮没了空间资本化的负面效应，粉饰了资本主义生产方式的历史暂时性。

总之，空间拜物教的实质是生产空间和资本空间扩张所导致的空间资本化和空间政治化以及两者的结合，进而引发的人们对空间的资本转移、资源配置、技术控制、政治格局、意识形态冲击所产生的困惑感和崇拜感的统一，是原有商品拜物教和资本拜物教的进一步发展，是当代资本主义各种社会矛盾积累和发展的新表现。

第三节 空间资本化的双重作用

一、促进"空间生产"的发展

"空间资本化"反过来致使空间生产获得了空前的繁荣。马克思、恩格斯早在《共产党宣言》中就充分蕴含着资本的双刃剑思想，其对于资本的历史作用进行了高度的赞扬，认为相较于过去一切时代，资本所推动的生产力发展是巨大的。他们在分析资产阶级对生产力的革命作用时，列举的成果有许多方面与资本的空间扩展有关，如"自然力的征服""轮船的行驶""铁路的通行""整个整个大陆的开垦""河川的通航"，"过去哪一个世纪料想到社会劳动里蕴藏有这样的生产力呢？"② 资本使其所有的空间

---

① Henri, Lefebvre. *The Production of Space*. Trans. MA：Blackwell Publishing, 1991, p. 287.
② 《马克思恩格斯全集》第 4 卷，北京：人民出版社 1958 年版，第 471 页。

要素都被安置于自身所组织的社会化生产过程之内，致使资本的积累方式突破了自由资本主义、垄断资本主义时期的局限性进而彰显出前所未有的灵活性，空间生产的空间产品不再以具体生活资料的样态存在于人的生活的外部，而是质变为生活自身，换言之，生活资料的使用价值不再仅仅体现为商品能够被直接消费的有用性，更加彰显于商品所蕴含的空间条件或特征，人对于生活资料的消费重点从"物"本身转化为了承载"物"的空间，即"空间占有"。马克思在《资本论》中指出，"资本的文明面之一是……更有利于生产力的发展，有利于社会关系的发展，有利于更高级的新形态的各种要素的创造"①，所以，从生产力的发展的角度看，空间资本化使得空间资源按照资本逻辑的运行轨迹得以全方位规划以及充分利用，空间要素被合理地安排至社会化生产之中，当空间从资本的中介蜕变为资本本身，亦会类似于资本爆发出巨大的生产力即"空间生产力"，该种生产力的新型样态表征着人改造客观世界的能力，其巨大的作用集中体现为丰富而多元的空间产品不仅为资本提供了最新的宿主，同时满足了人迅速增长的生活需求，"空间生产力"的发展与科技的进步也呈现出相辅相成的关系，空间资源的优化与空间要素的链接都建立在科技的应用之上，尤其是交通、通讯等技术在突破物理空间障碍、推动社会空间建构方面发挥着至关重要的作用。正如马克思在《1857—1858 年经济学手稿》中所言："生产越是以交换价值为基础，因而越是以交换为基础，交换的物质条件——交通运输工具——对生产来说就越重要"②，从"社会关系的发展"角度看，"空间资本化"培育出了广泛而紧密的社会关系，空间从资本增殖的外部性载体转化为资本增殖的基本形式，该种流变是空间内涵的增加而不是前后的替换。换言之，资本在本质上是一种社会关系，当空间具有资本的基本属性之后，空间的生产就是社会关系的生产，近代工业城市就集中体现了以上境况，例如，城市内部劳动者与资本占有者之间的权利关系被生成于资本对城市的塑造过程之中，社会关系在"空间资本化"中不断得以丰富和复杂，人置身于该种社会关系之中亦会产生出较之前更为普

---

① 马克思：《资本论》第 3 卷，北京：人民出版社 2004 年版，第 927—928 页。
② 《马克思恩格斯全集》第 30 卷，北京：人民出版社 1995 年版，第 521 页。

遍的交往，虽然该交往总是处于异化状态，但却能够为人在"更高级的新形态"中生存发展奠定些许基础。

二、诱发"空间生产"的异化

"空间资本化的狭隘性导致了空间生产的异化"①，空间生产力在满足资本增殖本性之中才得以凸显，该种生产力愈发进步，其于人的发展的目的就愈加偏离。例如，近代工业城市的生成与扩张并非遵循着彰显人的丰富主体性原则，反而仅仅考量经济交往实践的实现，这就造成城市内部人的存在感式微。空间生产比空间中的生产具有更加广泛的侵扰性，资本一再突破空间的限制，更将空间规训为自身的一种具体形式，这造成了资本对于人类社会前所未有的统御，人所身处的载体亦难逃资本的裹挟，人的生产不被人自身所管控而让位于空间生产，空间生产中人的因素如人的个性、人的生活等逐渐消散，对此福柯曾言，"从各方面看，我确信，我们时代的焦虑与空间有着根本的联系"②。并且，空间生产作为吸收资本盈余的一种补救方式，其依然将最大限度攫取剩余价值视为基本原则，非但不能在根本上摒除资本过度积累的弊端，却必然造成空间资源的消耗与浪费。马克思在《资本论》中所揭示的工业资本主义时期的诸多问题非但未能解决，反而以新的形式出现，一方面，商品生产过剩与有效需求不足之间的矛盾在空间资本化中具体表现为——空间产品的供给与人的消费能力有限之间的冲突；另一方面利润率的下降趋势在空间资本化中更加明显，当空间不再作为资本增殖的障碍反而成为资本存在的基本形式，资本的普遍性就得以完全呈现，同质性的社会空间出现之时，资本所获得的利润就必然下降，甚至出现零利润现象③。需要指出的是，空间作为生产资料参与到剩余价值的生产中是有限度的，以空间生产的方式对空间的占有一旦

---

① 尹堂艳：《从空间资本化看新型城镇化的发展定位》，载《中共四川省委党校学报》，2013年第4期。

② 米歇尔·福柯：《不同空间的正文与上下文》，包亚明主编《后现代性与地理学的政治》，上海：上海教育出版社2001年版，第20页。

③ 车玉玲：《超越资本与空间生产的历史限度》，载《南京政治学院学报》，2014年第1期。

达到上限，便极有可能限制资本的价值增殖，进而引发资本主义社会的整体性危机。如前所述，在资本主义社会，空间生产生成了广泛而丰富的社会关系，但这种社会关系却处于异化之中，亨利·列斐伏尔曾用"社会关系的粗暴浓缩"[1]加以概括，在其看来资本主导下空间生产造就了空间演化为"新殖民地"[2]，成为剥削与统治的新型结构形态，空间所表征的人与人之间的关系乃是阶级关系，在这个新殖民地充满了阶级的对立与斗争，处于弱势地位的无产阶级依然受到资产阶级的压迫，因此，空间资本化依旧未能逃离资本逻辑的支配，其诱发的空间生产沦为资本增殖的新手段，人以及人与人之间的社会关系都在空间生产中颠倒为物以及物与物之间的关系，换言之，空间资本化愈全面，物的依赖性关系就愈确立。

---

[1] Henri, Lefebvre. *The Production of Space*. Trans. MA: Blackwell Publishing, 1991, p. 227.

[2] Henri, Lefebvre. *The Survival of Capitalism*, *Reproduction of the Relations of Production*. London: St. Martin's Press, 1978, p. 85.

第五章 空间正义：
资本逻辑反思的伦理旨趣

第一节 空间正义的问题指归

空间正义就是空间的结构与形态符合基本的价值规范，社会主体享有实质平等、自由的空间权利①，该概念产生于后现代主义的思潮之下，乃是"空间转向"后人们对于该过程的伦理反思，空间与正义的结合绝非主观的概念臆测而是确切的理论自觉，对于"空间正义何以可能？"②的辨析建立在正义概念的梳理和空间理解的嬗变以及两者交互的基础之上。

一、空间与正义的变化与合流

约翰·罗尔斯作为正义理论的典型代表，将正义视为人类社会领域的首要德性，其重要性比肩真理在人类思想领域的地位，是一种价值取向普适于人与人之间的关系之中。约翰·罗尔斯将追求正义的主体差异性遮蔽于"无知之幕"中，换言之，人在社会关系中的角色千差万别，会因自身所处的利益占位而提出不正义的建议，因此人应该回归于初始状态以摒弃自身的诸如宗教、阶级、经济等特征和由此扮演的社会角色，以期最大化地实现中立和客观。实质上，约翰·罗尔斯对于正义的理解是一种普遍主义正义理论，该理论立足于元叙事，追求正义概念的总体性原则，将正义

---

① 陈忠：《空间辩证法、空间正义与集体行动的逻辑》，载《哲学动态》，2010年第6期。

② 袁超：《空间正义何以可能？》，载《马克思主义与现实》，2016年第5期。

的道德约束置于任何的社会形态之上。伴随着后现代主义的兴起,特殊主义正义理论得以出场,其不断将约翰·罗尔斯视域外的"社会环境中的偶然因素"① 作为解构罗尔斯为代表的正义观的武器,这种理论不再坚持现代主义的叙事传统,将视野转换至异质性上,致使正义的内涵更加具体和变化,例如沃尔泽就明确指出,"正义原则本身在形式上就是多元的"②。以上两种理论倾向的差别受制于现代主义与后现代主义的差别,正义的概念内涵正是在后现代主义对现代主义的反叛中发生了重大变化,正义概念不再桎梏于普遍原则的同一建构,开始容纳各种差异,这就为正义与其他概念的碰撞与融合打开了理论边界。

空间早在古希腊时期就被视为重要却难以理解的存在③,在很长历史阶段中,人们普遍将空间视为与时间相对的一种物质基本存在形式,认为时空中时间处于主导地位而空间处于附属地位,这种"时间优于空间"的理解应溯源至人类对于自身历史发展的认知偏好,空间在人类的宏大历史叙事中难以显现出自身的理论坐标,正如福柯所言,空间遭到贬值。当人类进入现代社会之后,空间与时间的原有形态发生了重大变化,世界开始内在地崩溃,大卫·哈维形象地称之为"时空压缩",时间的重要性一再降低的同时空间却日益进入人们的思考,空间转向不可避免地出现了。空间转向与后现代主义思潮息息相关,空间成为后现代主义反思现代主义的一种视角或基质,随着空间意识的觉醒,后现代主义者开始重新思考空间在人类社会中所发挥的作用限度,由此产生了不同于历时态的新型叙事方式,静止的、客观的、可被量化的空间远未能满足后现代主义的理论诉求,对于空间内涵的重新阐释已然势在必行。虽然各学派对于空间的再次界定莫衷一是,却存在着一个共识,即空间不再仅仅归属于物理概念,而是具备了社会性特征,空间属性的增加具有十分重大的意义,例如,社

---

① [美] 约翰·罗尔斯:《正义论》,何怀宏等译,北京:中国社会科学出版社2009年版,第10页。
② [美] 迈克尔·沃尔泽:《正义诸领域:为多元主义与平等一辩》,褚松燕译,南京:译林出版社2002年版,第3页。
③ [古希腊] 亚里士多德:《物理学》,张竹明译,北京:商务印书馆2009年版,第92页。

会空间的出现必然造就出空间的社会伦理意义，而正义本身就是一种社会伦理取向，这就为空间与正义的合流解决了立论前提、奠定了理论基础。

二、空间正义的马克思主义论域

（一）空间正义的提出

空间正义的研究肇始于新马克思主义。亨利·列斐伏尔的空间正义思想内嵌于其所提出的"空间生产"理论当中。列氏指出，从早期哲学到近代哲学空间都被视为人类活动的容器，但在资本主义社会中空间中的生产转向了空间生产，空间本身蜕变为获取剩余价值的方式与手段。列氏将空间解析为三个基本维度："空间内的实践""表征性的空间"和"再现性的空间"，"表征性的空间"作为统治阶级或社会精英的专属控制着其他两者，"空间内的实践"可能被"表征性的空间"更改或破坏，而"再现性的空间"则具体再现出已经变化了的"空间内的实践"，以上境况在本质上是一种空间的剥削①，列氏进一步认为空间问题并不存在于马克思的视野之内，应将马克思的革命思想植入空间，以期在空间革命中消除空间的不公正。爱德华·W. 苏贾则在承袭亨利·列斐伏尔思想的基础上提出了"寻求空间正义"的口号，对于空间的地位有着更加激进的思考并明确宣称"空间第一"②，空间转向并非是一种仅仅局限于思想领域的调整，而是整体意义上的厘革，涵盖从"第一空间"（物质空间）到"第二空间"（精神空间），再到"第三空间"（社会空间），但在资本主义社会尤其是城市空间内却"充斥着政治、意识形态及其他暴力"③，这就迫使人类必须现在就着手探索非正义之根源，爱德华·W. 苏贾将非正义根源归结于地

---

① 乔洪武、师远志：《经济正义的空间转向——当代西方马克思主义的空间正义思想探析》，载《哲学研究》，2013年第12期。

② [美] 爱德华·W. 苏贾：《寻求空间正义》，高春花等译，北京：社会科学文献出版社2016年，第12页。

③ [美] 爱德华·W. 苏贾：《寻求空间正义》，高春花等译，北京：社会科学文献出版社2016年，第18页。

理空间本身，这种本体论上所构造出的非正义必须在本体论的重建中才能得以摒弃，由社会、历史和空间组成的"三位一体"成为空间正义新本体论的起始。

（二）马克思空间正义的存在依据

马克思从未明确论述过空间正义的概念，并不代表着其思想中未曾有意蕴，实质上，空间正义仅是以马克思、恩格斯为代表的马克思主义经典作家话语的"弱表达"而已[1]，要挖掘出马克思思想中蕴含的空间正义，就必须重回马克思在《资本论》及其手稿内对于资本逻辑的研究。在马克思看来，一切价值伦理一旦脱离了社会实践就丧失了现实意义，其曾明确指出，"只要与生产方式相适应，相一致，就是正义的，只要与生产方式相矛盾，就是非正义的"[2]，换言之，正义依附于生产方式，离开了生产方式就不存在讨论正义的必要，相较而言，许多西方政治经济学者将非正义的根源归结于分配，而马克思早就言明，"分配问题上大做文章……是根本错误的"[3]。在《共产党宣言》中，马克思、恩格斯就表达了共产党人坚持共同的不分民族的利益，并申明努力争取全世界民主政党之间的团结和协调，这些观点其实都表现了马克思、恩格斯非常珍贵的追求空间正义的思想。如前所述，空间转向致使空间成为反思当代资本主义的新视角，正义与空间的结合又衍生出空间正义这一新的理论概念。空间正义作为正义理论的一种具体形态，必然与生产方式息息相关，在资本主义社会中，资本逻辑主导的空间生产构建了资本空间化与空间资本化的全过程，该过程始终紧紧围绕着剩余价值的攫取与占有，及在此过程中导致空间结构的失衡、空间权利的失范和空间形态的失调等一系列问题，天然地塑造了资本主义的空间非正义，只有立足于资本逻辑，才能够真正探知解决资本主义空间正义问题的根源，进而推动伦理批判与政治经济学批判的双重统一，增强马克思主义的当代阐释力。

---

[1] 王志刚：《马克思主义空间正义的问题谱系及当代建构》，载《哲学研究》，2017 年第 11 期。
[2] 马克思：《资本论》第 3 卷，北京：人民出版社 2004 年版，第 379 页。
[3] 《马克思恩格斯全集》第 25 卷，北京：人民出版社 2001 年版，第 54 页。

第二节　空间结构的失衡：中心与边缘

马克思认为，资本正是"按照自己的面貌为自己创造出一个世界"，资本最为本质的面貌就是对于剩余价值的追逐，剩余价值产生于生产领域，却实现于流通领域，所以马克思将资本阐释为一种运动，时间与空间是任何客观存在物运动的基本维度，资本在时间维度中运动造就着资本主义的历史进程，而资本在空间维度中运动改变着资本主义的空间结构。不仅如此，当资本发展至一定程度，亦致使空间蜕变为资本的基本存在形式，进一步将资本属性内化于空间结构之内。

一、全球范围内的空间结构

（一）资本对空间结构的缔造极限体现在全球范围之内

全球范围内空间结构的嬗变乃是资本全球积累的必然趋势，是资本将人类历史拖入世界历史过程的具体表征。在资本主义出现之前，人类局限于狭小地域内的简单交往，处于人的依赖关系之中，民族国家及地区之间因多种复杂因素滋生出空间间隔，虽然亦存在着贸易往来、文化交流和政治联系，但总体上依旧具有鲜明的空间壁垒。正是资本在全球范围内打破了原有空间的地域性分割，将原本分散的空间结构向整体性与统一性方向融合，在该过程中空间结构又呈现新的结构。资本对全球范围内空间结构的重构过程抑或结果都内含着伦理价值上的非正义性即中心与边缘的失衡，这种失衡出现伊始就与资本的原始积累交织在一起。因此，要理解人类处于"物的依赖性关系"发展阶段中全球范围内空间结构的非正义性特征，就必须先行探究资本的原始积累。马克思认为，资本"驱使资产阶级奔走于全球各地。它必须到处落户，到处开发，到处建立联系"①，资产阶级乃是资本人格化的集合，其行动逻辑表现为资本逻辑的反映，地理大发

---

① 马克思、恩格斯：《共产党宣言》，北京：人民出版社2014年版，第61页。

现和新航路开辟"给新兴的资产阶级开辟了新天地"①，为资本逻辑与全球空间的耦合奠定了基础，显然以上历程不可避免地充斥着暴力与血腥，成为资本主义勃兴中难以掩盖的"原罪"。

（二）全球范围内的空间结构形成于资本主义商品贸易的发展

马克思在《资本论》第一卷中将商品作为阐释资本以及资本主义生产关系的逻辑起点，商品的生产与交换体系乃是新型社会关系生成的内在核心，该体系的全球化成为资本塑造全球范围内空间结构的一把钥匙，那些原本非资本主义社会形态的地区将首先被纳入世界商品生产与交换体系之中，"被迫脱离了它们的闭关自守状态"②，所以，资本主义的原始积累过程首要获取的便是商品生产的原材料产地和商品交换的销售市场。需要指出的是，非资本主义社会形态的地区并不是内生性地主动融入而是由于外在性的被动胁迫，虽然商品交换遵循着平等原则，但囿于封建社会内部小农经济的自闭性以及封建社会国家机器的反作用，全球空间二元结构起源于资产阶级运用非正义的暴力手段所建构起的商品世界市场。暴力手段仅仅作为迫使落后地区开放市场大门的前期条件，真正致使全球空间的二元结构得以建立的基础则为资本主义的世界殖民体系。马克思曾明确指出了该体系对于资产阶级的强大吸引力，其以中国为例解析了资产阶级天真地"以为天朝帝国'大门被冲开'"必将极大地推动资本主义商业飞速发展的虚妄，封建中国"小农业与家庭工业相结合"③的特殊经济模式严重阻碍了资本主义国家对华商品贸易的开展，商品未能实现"惊险的一跃"直接严重影响了资本的自我积累，此时资产阶级找到了改变以上境况的特殊商品即鸦片与奴隶，鸦片与奴隶贸易实质上就是资本主义非正义的殖民掠夺。清朝政府进行的"虎门销烟"运动触及英国于鸦片走私中的经济利益，从而引发了改变中国历史进程的"鸦片战争"，值得注意的是，即使清朝政府未采取禁烟措施，中国特殊经济模式阻碍资本主义市场体系形成的事实亦必然会推动以英国为代表的新型资产阶级发动殖民战争，这是由

---

① 马克思、恩格斯：《共产党宣言》，北京：人民出版社2014年版，第58页。
② 马克思、恩格斯：《共产党宣言》，北京：人民出版社2014年版，第114页。
③ 《马克思恩格斯全集》第13卷，北京：人民出版社1962年版，第637页。

资本的价值增殖本性决定的,是资本主义发展规律的绝对结果。因此,不仅仅是中国,世界任何一个地区甚至角落只要成为阻碍资本主义商品贸易的绊脚石,殖民者的暴力战争一定会接踵而至。作为资本人格化集体表征的资产阶级为了卖而买(G—W—G′),商品的生产与交换体系便是资本得以存在和生长的必要场域,劳动力作为特殊的商品更是成为资本追逐的对象,资产阶级对于劳动力商品的索取"在故乡还装出一副体面的样子,而在殖民地它就丝毫不加掩饰了"①,其一方面宣称对人的主体性的确认,另一方面却在美洲、非洲疯狂地从事着奴隶贸易,给殖民地带来了前所未有的人为性灾难。

(三) 全球范围内的空间结构根源于资本主义生产方式的传播

马克思曾言,"资本的必然趋势是在一切地方使生产方式服从自己……在国外市场方面,资本通过国际竞争来强行传播自己的生产方式"②,在马克思看来,生产资料由资本家私人占有和社会化大生产是资本主义生产方式最为基本的特征,该生产方式一方面不断地解构着人的依赖性关系,瓦解着相对落后的社会形态,为资本的空间流动清扫了社会约束,另一方面极大地整合了生产要素的配置,致使社会生产力的发展得到急剧提高,为资本的空间流动铲除了物理束缚。但是,资本主义生产方式的传播绝非径情直遂,而是依靠着野蛮暴力,殖民主义既是该生产方式的传播结果,又反之成为维护该生产方式的手段,全球殖民主义体系的形成标志着资本主义生产方式与空间的极度耦合,却也表征着全球范围内空间结构呈现出中心与边缘的失衡。殖民主义存在本身就是一种非正义的国际政治经济秩序,资本主义生产方式天然地具有"一种突然地跳跃式扩展的能力",能对其有所限制的"只有原料和销售市场"③,空间乃是这些限制因素的基本载体,空间扩展则必然成为摆脱限制的必要方式之一并典型地表现为资本主义国家对于殖民地的占据与扩张,被殖民国家与地域在经济

---

① 《马克思恩格斯全集》第12卷,北京:人民出版社1998年版,第288页。
② 《马克思恩格斯全集》第46卷(下册),北京:人民出版社1980年版,第247页。
③ 《马克思恩格斯全集》第23卷,北京:人民出版社1972年版,第819页。

上处于不利地位，深受宗主国在国际分工中的"剪刀差"剥削，在政治上丧失主权完整，被宗主国所压迫，换言之，宗主国位于空间结构的中心，殖民地则位于空间结构的边缘。西欧作为现代资本主义的诞生地，适时其他地区还普遍处于农业文明甚至更加落后的历史时代，所以中心与边缘的空间结构又被马克思具体描述为"东方从属于西方""农民的民族从属于资产阶级的民族"①的趋势。资本主义生产方式的传播在重塑了全球范围内空间结构的同时，其自身亦被人们以新的视角再次阐释，即空间生产被视为资本主义生产方式的一种具体形态而出场，正如亨利·列斐伏尔所言，"空间的生产，在概念上与实际上是最近才出现的"②。新马克思主义者不仅延续了马克思关于资本主义生产方式的批判理路，并在此基础上提出了对于空间结构的新型理解。例如，大卫·哈维认为中心与边缘的空间结构是全球空间生产的布展结果，同时成为资本主义"剥夺性积累"的基本场域，而马克思过于"专注于危机的形成"，却摒弃了空间生产对于资本主义基本矛盾的"修复"功能③，正是全球空间生产不断地转移和消化了资本的过度积累，因此，资本主义国家机器必然不断维护中心与边缘的空间结构，以期服务于资本的本性，从殖民主义到新殖民主义的嬗变在根本上就遵循着以上逻辑。其实，大卫·哈维对马克思的责难是片面的。早在一百多年前，马克思在1877年《给"祖国纪事"杂志编辑部的信》中指出：资本主义生产"本身已经创造出一种新的经济制度的因素，它同时给社会劳动生产力和一切个体生产者的全面发展以极大的推动，实际上已经以一种集体生产为基础的资本主义所有制职能转变为社会的所有制"④。

---

① 刘红雨：《论马克思恩格斯空间正义思想的三个维度》，载《西北师范大学学报（社会科学版）》，2013年第1期。
② 包亚明主编：《现代性与空间的生产》，上海：上海教育出版社2003年版，第47页。
③ ［英］大卫·哈维：《资本的空间》，王志弘等译，台北：群学出版社2010年版，第453页。
④ 《马克思恩格斯全集》第19卷，北京：人民出版社1963年版，第130—131页。

二、区域范围内的空间结构

(一) 资本于空间结构的创制核心体现在区域范围之内

资本的本质是一种社会关系,其以劳动者与客观劳动条件的隔离为基础条件,劳动者虽然直接从事生产活动,却不具有生产资料的所有权,只能够在资本占有者的组织下使用生产资料,最终仅仅获得一部分劳动成果,资本的原始积累过程可被视为劳动者与客观劳动条件相互分离的历史进程。马克思在《资本论》中引用了空想社会主义者莫尔关于"羊吃人"的隐喻以描绘英国资本主义的原始积累,纺织资本家为了实现剩余价值的占有,通过多种非正义手段,强行将农民与土地拆散,从农民手中获得的土地成为种植棉花的必备生产资料,而失地农民为了获得基本生活资料不得不进入城市出卖自身唯一拥有的劳动力,这形成了世界历史上臭名昭著的"圈地运动"。资本在价值增殖本性的推动下,以雇佣劳动的形式致使劳动力与生产资料结合起来,其结合程度直接影响了剩余价值率 m',时间和空间在该结合中具有至关重要的作用。马克思曾言,"人数较多的工人在同一时间、同一空间(或者说同一劳动场所),为了生产同种商品,在同一资本家的指挥下工作,这在历史上和概念上都是资本主义生产的起点"[①]。大规模的劳动力与生产资料集中于一定空间中能够推动社会生产力提高,同时亦会诱发空间结构于区域范围内的变化。例如,封建社会中农业生产呈现出较为平均的分布,而资本主义工业生产则明显地显露出点状的中心样态。从简单协作、工场手工业到机器大工业的演化就是区域范围内空间结构的嬗变,需要指出的是,简单协作和工场手工业因较大限度地受制于生产的物质条件,对于空间结构的影响较为有限,而机器大工业所产生的生产力不仅以空间要素为基础,反之更加能够重塑空间,从而在根本上颠覆原有区域范围内的空间结构。

(二) 资本主义工业对区域范围内空间结构的影响始于工业城市

爱德华·W. 苏贾曾明确指出,"剥削和统治的区域结构……作为一个

---

① 马克思:《资本论》第1卷,北京:人民出版社2004年版,第374页。

整体的体系通过空间控制的再生产"①，资本主义的空间生产集中体现在工业城市内。在马克思看来，城市的出现标志着社会分工的发展，城市容纳着人类最为先进的文明，资本主义正是诞生于西欧商品经济较为发达的城市中。城市在前资本主义社会中多为依据其空间特征自然形成，工业革命极大地提高了社会生产力，驱动了城市向工业化的转变，甚至在根本上更替城市属性，马克思用"像闪电般迅速成长"②来形容这种境况，换言之，"蒸汽机是工业城市之母"③。城市本身就是作为一种具体空间而存在，其发展变化必然引发区域范围内空间结构的改变，前资本主义社会中城市空间的稳定性决定了区域范围内空间结构的相对固定，工业城市作为资本积累的重要载体，在资本追逐剩余价值的过程中发生了极大的蜕变，伴随着劳动者和生产资料的聚集，"小城市又变成大城市"④，以往缺少人类实践活动的区域因自身某种因素，一旦能够迎合资本本性的发挥亦会"无中生有"般生成新城市。但是，工业城市的"空间聚集功能"一方面将其自身的诸多优势如便利的交通、活跃的市场等辐射至周围的区域，另一方面也埋下了区域内空间结构失衡的隐患。

区域范围内空间结构的典型代表——城乡对立。资本主义机器大工业兴起的逻辑必然就是"城市最终战胜了乡村"⑤，马克思站在历史唯物主义的视角将城市与乡村之间的二元结构视为一种阶段性的必然存在，在"人的依赖性"社会形态中，城市与乡村虽然彼此分化，但两者的关系主要呈现出"城市乡村化"，当人类进入资本主义社会尤其是历经工业革命的深刻影响之后，两者关系发生了剧烈的颠倒即"乡村城市化"⑥，乡村逐渐处于边缘地位并不断地被城市所剥削，而城市则愈发彰显中心地位从乡村汲

---

① [美]爱德华·W.苏贾：《后现代地理学——重申批判社会理论中的空间》，王文斌译，北京：商务印书馆2004年版，第174页。
② 《马克思恩格斯全集》第3卷，北京：人民出版社1960年版，第68页。
③ 马克思：《资本论》第1卷，北京：人民出版社2004年版，第452页。
④ 《马克思恩格斯全集》第2卷，北京：人民出版社1957年版，第301页。
⑤ 《马克思恩格斯全集》第3卷，北京：人民出版社1960年版，第68页。
⑥ 《马克思恩格斯全集》第46卷（上册），北京：人民出版社1979年版，第480页。

取各种资源。城市尤其是工业城市作为工业资本的集中地,承载着先进的社会关系,城市对于乡村统摄的背后是资本关系对于封建宗法关系的解构。虽然马克思在一定程度上肯定了城乡对立的历史进步性,把其作为由野蛮到文明、由部落到国家、由地域局限性到民族的必要"过渡"①,但是,城乡对立本就是私有制的产物,天然地隐含着非正义特性,因为人在城乡对立的局限之中一部分成为"城市动物",另一部分成为"乡村动物"②。资本主义空间生产进一步加剧了这种对立,该区域范围内的空间结构类似于全球范围内宗主国与殖民地的关系③,如前所述,资本主义原始积累的一种重要方式为工业资本对于农业的榨取,马克思在《资本论》中明确指出,"土地与资本合并,为城市工业造成了不受法律保护的无产阶级的必要供给"④,在资本主义生产方式中,农民丧失的土地成为不变资本,而农民自身作为劳动力供给源成为可变资本。值得注意的是,城乡对立虽然是一种区域范围内的空间结构,但伴随着资本的世界流动,该种对立将被输出至全球范围,发展成以西方为中心的工业文明与以东方为边缘的农业文明的冲突,马克思、恩格斯所处时代的伦敦作为"全世界的商业首都"乃是西方工业文明的聚焦。

三、生活范围内的空间结构

马克思、恩格斯等马克思主义经典作家们不仅以历史叙事的宏大视角论述了资本逻辑所塑造的空间结构的伦理特性,亦在此基础之上辨析了空间结构在微观层面即生活范围内的非正义表征。而新马克思主义在后现代主义思潮之下一方面批判了马恩的宏观叙事,另一方面延展了对生活范围内空间的关注。

生活范围内居住空间结构的分离。如前所述,资本主义机器化大生产加速了城乡之间的分化,造成了两者分处中心与边缘之间的非正义性对

---

① 《马克思恩格斯全集》第3卷,北京:人民出版社1960年版,第68页。
② 《马克思恩格斯全集》第3卷,北京:人民出版社1960年版,第57页。
③ 王志刚:《社会主义空间正义论》,北京:人民出版社2015年版,第94页。
④ 马克思:《资本论》第1卷,北京:人民出版社2004年版,第860页。

第五章 空间正义：资本逻辑反思的伦理旨趣

立。恩格斯在《英国工人阶级状况》中以兰开夏郡为例，论述了机器大工业"在80年内使兰开夏郡的人口增长了9倍"①的历史事实，与土地等劳动资料相分离的农民为了生存只能进入工业城市中出卖自身的劳动力，城市人口在工业资本的运行中急剧膨胀，城市也在以上过程中逐渐成为人的一个庞大居住空间，该空间的结构在资本的统摄下日趋显现出非正义特性。在资本主义社会中，工人是城市建立与扩展的本质性力量，但工人自身的居住空间非但没有得以改变，反而日趋恶化。马克思在《资本论》中以伦敦为例讨论了该城市内部工人居住空间的诸多伦理失范问题，"一个工业城市或商业城市的资本激烈得越快，可供剥削的人身材料的流入也就越快，为工人安排的临时住所也就越坏"②，资本占有者并不将工人视为与自身相同的"人"，而是将工人当作实现资本增殖的类似"单纯的生产资料"，工人所具有的劳动力是创造剩余价值的来源，资本占有者"像狼一般地贪求"工人的剩余劳动，却将工人的劳动力价值以工资的形式表现为劳动的价值，在工资这一假象的遮蔽之下，工人被资本占有者所攫取的无酬劳动被隐匿起来了，"计时工资"和"计件工资"的差别仅仅在于资本占有者对于工人压迫的手段不同而已，与此同时，资本占有者还采取各种方式极尽所能地减少工资的支付，以期获取更多的剩余劳动。正是在资本占有者对工人的残酷剥削之下，工人一方面创造出前所未有的社会财富，另一方面却未能得到应有的劳动报酬，资本占有者的财富呈现几何增长，而工人所获得的劳动报酬却仅能勉强维持自身以及下一代的基本生存，换言之，工人生产得愈多，消费却愈少。工人拥有的仅仅是自身的劳动力，其需要从当时少得可怜的工资中分离出一部分用于支付城市内的居住费用，这部分费用使工人的基本生活开支更为拮据，使工人只能屈居于城市边缘的落后地区，工人劳动空间与居住空间分散所造成的交通时间耗费却由工人自己承担，便只能增加突破"道德极限"和"纯粹身体的极限"的工作日时间。在马克思、恩格斯所处的时代，"就住宅过分拥挤和绝对不

---

① 《马克思恩格斯全集》第2卷，北京：人民出版社1957年版，第288页。
② 马克思：《资本论》第1卷，北京：人民出版社2004年版，第763页。

适于人居而言,伦敦首屈一指"①,恩格斯曾用大量的篇章生动地描述了工人的居住空间,工人"密密麻麻""杂乱""挤""塞"至"贫民窟""地下室"和"阁楼"等之内,下水道等公共设施的缺乏逼迫工人只能将各种废弃物、垃圾、脏水甚至排泄物倾倒至其居住的街道上。马克思以"人又退回到洞穴中"②深切地言明以上境况所代表的文明倒退,高强度的劳动加之恶劣的居住空间直接损害了工人以及下一代的身体健康,导致工人的高死亡率。需要指出的是,资本逻辑运行的结果之一就是空间作为一种商品甚至是资本的基本形式出现,工人的居住空间在资本主义城市发展中被不断消解,"拆除建筑低劣地区的房屋,建造供银行和百货商店等用的高楼大厦",而工人不得不被"赶到越来越坏、越来越挤的角落里去"③,那些"牲畜栏的主人"只为了自身对于财富的追逐,把"它们当作住宅以高价租给人们,剥削贫穷的工人"④,与工人相反,"中等的资产阶级住在……整齐的街道上……高等的资产阶级住在华丽舒适的住宅里"⑤,这就形成了资本占有者与工人在居住空间中的制度性结构分离,资本占有者居住于城市的中心,享受城市内最为核心的诸多资源,而工人则居住于城市的边缘,生活处于悲惨的境地。

新马克思主义者爱德华·W. 苏贾在"空间—时间—存在"的"三元辩证法"的基础上,继续解析了资本主义社会中居住空间正义的缺失。爱德华·W. 苏贾在《寻求空间正义》一书中以洛杉矶为例,从本体论的独特视角论述了以住房为代表的居住空间对于人的生存意义,"资本主义的积累越迅速,工人的居住状况就越悲惨"⑥,即使在20世纪资本主义发达国家美国的洛杉矶,依然有数十万人居住于改建的汽车和后院建筑物里,这种住宅问题直接证明了居住空间的非正义性⑦。资本的伟力一方面造成

---

① 马克思:《资本论》第1卷,北京:人民出版社2004年版,第759页。
② 马克思:《1844年经济学哲学手稿》,北京:人民出版社1985年版,第90页。
③ 马克思:《资本论》第1卷,北京:人民出版社2004年版,第758页。
④ 《马克思恩格斯全集》第2卷,北京:人民出版社1957年版,第335页。
⑤ 《马克思恩格斯全集》第2卷,北京:人民出版社1957年版,第327页。
⑥ 马克思:《资本论》第1卷,北京:人民出版社2004年版,第757页。
⑦ 高春花:《居住空间正义确实的表现、原因及解决路径——以爱德华·苏贾为例》,载《伦理学研究》,2015年第1期。

了资本主义城市空间生产规模的急剧扩张，居住空间依然是资本活跃的重要领域，另一方面亦加速了居住空间的结构即中心与边缘的固化。另一些新马克思主义者则指出了解决这一问题的出路，例如，亨利·列斐伏尔认为资本与政治之间的共谋导致了弱势群体"从都市中排出"[①]，必须从建构新的空间意识中着手寻求城市权的回归，只要是居住于城市之内的居民就理所应当地拥有"城市权"。

第三节 空间权利的失范：压迫与剥削

马克思在其经典文本中从未明确使用过"空间权利"的概念，但并不意味着这些文本中没有涉及空间权利的思想意蕴，空间转向为当代的理解者提供了一个崭新的视域，真正的理解应产生于理解者将视域移入文本视域、文本视域置入理解者视域的双向互动之中，哲学解释学将其称之为"视域融合"，从这个意义上来说，马克思、恩格斯的《德意志意识形态》、恩格斯的《英国工人阶级状况》、马克思的《资本论》及其手稿等文本中都隐含着"空间权利"的思想。

一、阶级的空间权利

在资本主义社会中，"整个社会日益分裂为两大敌对的阵营，分裂为两大相互直接对立的阶级：资产阶级和无产阶级"[②]，两大阶级之间开展激烈的斗争，为社会的进步提供内在的动力。在资本获得对社会的统摄地位伊始，资产阶级与无产阶级彼此的斗争主要集中于政治、经济领域，无产阶级力求推翻资产阶级的压迫，从而塑造全新的、无剥削的社会，而资产阶级以各种形式维护资本主义私有制，试图在维持制度秩序的同时将这种社会制度在意识形态领域永恒化，两大阶级在斗争的过程中都表达着自身

---

① [法]亨利·列斐伏尔：《空间与政治》，李春译，上海：上海人民出版社2008年版，第17页。

② 《马克思恩格斯全集》第4卷，北京：人民出版社1958年版，第466页。

的权利诉求，以期实现阶级利益的最大化。

20世纪后半叶，西方社会科学领域出现了令人瞩目的空间转向，空间作为不同于历史主义的叙事视角引起了西方左翼学者尤其是新马克思主义学者的广泛关注，马克思、恩格斯等经典作家的传统阶级斗争理论与空间叙事相互交融，共同孕育出新的理论增长点，正如爱德华·W. 苏贾所言，"阶级斗争必须以同时革新社会结构和空间结构为目标"①，两大阶级在斗争中的权利诉求增加了空间维度，换言之，空间权利成为阶级斗争理论中的一个重要范畴。在马克思看来，两大阶级的产生与资本主义生产方式的出现是同一个历史事实的不同表征而已，其曾言明是"大工业创造了工人阶级"②，城市尤其工业城市是资本主义社会化生产的中心，是无产阶级与资产阶级的集中地，亦天然地成为阶级斗争的主要空间，城市内的空间权利是两大阶级争夺的焦点之一。无产阶级的权利意识最先体现于对最低工资的争取，其通过联合罢工抑或组建政党等方式表达自身的权利主张，伴随着资本空间化的发展，无产阶级在城市内的劳动空间与居住空间相互分离，两种空间的伦理失范问题日趋严重。例如，劳动空间被压缩至机器生产的狭小场所之中，而居住空间被驱逐至城市的边缘地带，基于此，无产阶级逐渐意识到空间应该成为自身追求的一种权利客体，空间权利意识一旦觉醒，就必然会催生出维护自身空间权利的实际行动，围绕着空间的斗争转化为阶级斗争的一种新形态，空间权利的争取演变为阶级斗争的一个新内容。值得注意的是，无产阶级的空间权利斗争并不局限于城市，资本空间化的结果一方面是全球资本主义生产体系的必然生成，另一方面是中心与边缘两极分化的非正义模式，国际无产阶级对自身空间权利的争取必然"聚焦于对空间生产及其在资本主义的全球性结构中主导性核心与依附性边缘的两极化体系的控制"③。换言之，无产阶级空间权利的保障只能建立在全球空间生产方式更始后全球空间结构

---

① [美] 爱德华·W. 苏贾:《后现代地理学——重申批判社会理论中的空间》，王文斌译，北京：商务印书馆2004年版，第168页。
② 《马克思恩格斯全集》第2卷，北京：人民出版社1957年版，第318页。
③ [美] 爱德华·W. 苏贾:《后现代地理学——重申批判社会理论中的空间》，王文斌译，北京：商务印书馆2004年版，第140页。

的重塑之上。①

二、个人的空间权利

马克思认为,阶级和阶级斗争是文明史的伴随现象和发展动力之一。西方资本主义国家在第二次世界大战之后纷纷开始社会的内部调整。例如,建立完善的社会福利体系,再加上正如哈贝马斯分析所言,随着科学技术的进步,当代科学技术具有了某种统治的功能,其工艺本身及其运用形成对自然和人的统治;又具有了某种辩护的功能,可用来解释统治合法化与维护现行制度,故科学技术是一种意识形态。加之第二次世界大战以来和平与发展的环境,这些因素在整体上缓解了大规模阶级紧张矛盾。在该种境况之下,西方左翼学者对阶级概念进行了淡化处理,并于后现代主义的解构中将阶级斗争理论作为一种过时的历史主义叙事方式加以摒弃,开始从个人的维度关注社会问题。同时,"空间转向"引发人们重新探索空间于社会中所发挥的基础性作用,个人与空间的交汇生成一种理解当代社会的新视角。例如,亨利·列斐伏尔认为个人的身体绝非原子般的存在,身体本身就是空间,海德格尔认为空间是个人之"此在"的场所。当空间的内涵不再局限于物理层面,而是具有了社会性质,空间的意义就得到延展,空间作为一种权利客体成为可能,个人的空间权利亦进入人们的理论视野之内。新马克思主义者将公民当作个人的一种具体身份,立足于公民的空间权利批判资本主义空间生产中的普遍失范,该种理论特征生成于资本主义的发展背景之内。他们认为,后工业资本主义时代的到来标志着"以工厂形式为组织与活动空间的运动形式必须相应地发生转换"②,无产阶级这一传统的、单一的政治身份在以上转换中不断被消解,个人因性别、种族和宗教等多重差异性产生的冲突很大程度上遮蔽了无产阶级与资产阶级之间的斗争。基于此,亨利·列斐伏尔提出了"今天,工人阶级

---

① 任政:《空间正义论:正义的重构与空间生产的批判》,上海:上海社会科学院出版社2018年版,第153页。
② 任政:《空间重构与全球正义的可能性路径——论大卫·哈维空间正义的全球视域》,载《国外社会科学》,2017年第1期。

(法国的)处在什么地方?"① 的时代疑问,不同的个人在公民身份之下寻求自身的空间权利,"公民主体,作为特殊社会的成员,获得他们所在空间的知识并且通过在空间内的行动以及对空间的理解来接受他们作为公民的地位"②。

在新马克思主义者看来,资本主义空间生产对于整个资本主义社会产生了深远影响,生存于"后大都市"的公民空间权利并非是一项派生权利,而是一项个人生存的基本权利,因此,要实现空间正义的彰显,就必须重新认知公民空间权利的地位、确保公民空间权利的分配、强化公民空间权利的保障。实质上,新马克思主义者虽然在一定程度把握了资本主义发展过程中社会矛盾的具体表现,但依然未能根本性地突破马克思对于资本主义理解的基本框架,马克思认为"只有现实的个人同时也成为抽象的公民……成为类存在物的时候"③,人类自身才能真正获得解放,个人抑或公民所具有的权利才是真正的实质权利,反之,权利仅仅是一种价值的悬设而已。不置可否,后工业资本主义社会中阶级关系发生了繁杂变化,只要资本依然作为"普照的光"统摄着人类社会,就会创造出资本人格化集体表征的资产阶级,同时更会不断缔造出资产阶级的"掘墓人"即无产阶级,围绕着空间权利的个体身份冲突,就是资产阶级与无产阶级之间斗争形式的转化。④

三、国家的空间权利

国家作为国际社会中最为重要的主体之一,在世界历史的进程中表现为不同的具体形态。在资本主义出现之前,传统国家在一定的地理空间中多以象征性统一的方式存在,并未形成内部统治的制度化和一体化,人类近代历史在某种意义上可以被视为传统国家向现代国家转变的历程。马克

---

① [法]亨利·列斐伏尔:《空间与政治》,李春译,上海:上海人民出版社2015年版,第112页。

② [美]爱德华·W. 苏贾:《后大都市:城市和区域的批判性研究》,李钧等译,上海:上海教育出版社2006年版,第493页。

③ 《马克思恩格斯全集》第1卷,北京:人民出版社1956年版,第443页。

④ 任政:《资本、空间与正义批判——大卫·哈维的空间正义思想研究》,载《马克思主义研究》,2014年第6期。

思在《资本论》中判定"庞大的商品堆积"是资本主义社会的一个基本特征,普遍的商品生产与交换致使物的使用价值被剥离,作为价值"形式"的交换价值拥有了主导力量,原本人与人之间的复杂社会关系异化为物与物之间的交换关系,正是在以上境况下整个"社会同质化"的程度前所未有地增加了,正如安东尼·吉登斯所言,"资本主义国家是作为民族国家而出现的"①。20 世纪 60 年代以来,西方社会科学领域发生的"空间转向"在本质上是资本主义的时代发展于思想意识领域的反映,现代民族国家的生成与资本主义息息相关,这"使得空间视域的民族国家探讨愈益自觉"②,因此,民族国家的空间权利问题亦被广泛关注。民族国家有着明确的地理空间边界,资本为了满足价值增殖的本性不断突破空间的壁垒,大卫·哈维认为,"在民族资本占据首要地位的帝国计划的背后调动起民族主义、侵略主义、爱国主义、尤其是种族主义——在此资本主义企业的范围与民族国家发挥作用的范围基本上实现了一致"③。换言之,资本借助民族国家的外壳以帝国主义的形式克服了空间障碍,完成了空间修复④。由此可见,空间不再仅仅是一种客观存在物,而是资本逻辑得以顺利运行的重要内置因素,对于空间权利的索取直接关系到资本主义民族国家的切身利益。围绕着空间的生产与占有,资本主义民族国家与非资本主义民族国家之间、资本主义民族国家内部展开了激烈的争夺甚至爆发战争。马克思曾以中国为例指出,"英国的大炮破坏了皇帝的权威,迫使天朝帝国与地上的世界接触"⑤,英国向中国发动战争的重要目的是自己国家资本的利益,由此想要将中国纳入世界市场体系之内,"通过在别处开发新的市场,以新的生产能力和新的资源、社会和劳动可能性来进

---

① [英]安东尼·吉登斯:《历史唯物主义的当代批判》,郭忠华译,上海:上海译文出版社 2010 年版,第 11 页。
② 林青:《空间视域下的民族国家》,载《现代哲学》,2015 年第 5 期。
③ [英]大卫·哈维:《新帝国主义》,初立忠、沈晓雷译,北京:社会科学文献出版社 2009 年版,第 37 页。
④ [英]大卫·哈维:《新帝国主义》,初立忠、沈晓雷译,北京:社会科学文献出版社 2009 年版,第 95 页。
⑤ 《马克思恩格斯选集》第 1 卷,北京:人民出版社 1995 年版,第 692 页。

行空间转移"①，以英国为代表的资本主义民族国家在资本积累过程中塑造了全球范围内的空间结构。正如列宁所言，"资本主义已成为极少数'先进'国家对世界上大多数居民实行殖民压迫和金融扼制的世界体系"②，但是，资本主义民族国家基于资本价值增殖的本性，在走向帝国主义的道路上实现了自身空间权利的最大化，"第一次世界大战就是一次帝国主义体系内部进行空间争夺的战争"③。资本主义民族国家对于空间权利的索取天然地存在着非正义性，其出发点并非立足于人在空间维度中的自由发展，而是为了保障资本主义的空间生产。

---

① ［英］大卫·哈维：《新帝国主义》，初立忠、沈晓雷译，北京：社会科学文献出版社2009年版，第90页。
② 《列宁全集》第27卷，北京：人民出版社1990年版，第327页。
③ 李春敏：《马克思的社会空间理论研究》，上海：上海人民出版社2012年，第95页。

第六章 《资本论》及其手稿空间思想的时代价值挖掘

第一节 推动马克思主义政治经济学批判的空间化

一、辨析马克思主义政治经济学批判的时空辩证关系

马克思主义政治经济学批判实质上是一种现代性批判。资本逻辑是现代性生成的根本动源，资本逻辑具有双刃剑特征，客观地说，其在时空维度中的运行构建出了人类整个现代文明，塑造了现代社会人类基本存在境况①。对资本逻辑导致社会弊端的批判是一个历史任务，当今，面对资本主义社会复杂的矛盾和社会主义市场经济遇到的各种新挑战，马克思、恩格斯对资本逻辑批判的精神遗产显得弥足珍贵。马克思主义政治经济学批判以资本逻辑批判为主旨，先天地蕴含着时空辩证关系，《资本论》及其手稿集中体现了这种辩证关系，正如费雷德里克·詹姆逊（Fredic Jameson）在《重读〈资本论〉》中所指出的那样，资本逻辑"把自己裹在它本身投射的时间和空间中"②。

马克思资本逻辑批判中的时空辩证关系建立在其成熟的时空观念基础之上。人类的时空观念最早可追溯至古希腊哲学家，长期以来人们将思考

---

① 罗骞、滕藤：《资本现代性的辩证逻辑》，载《广东社会科学》，2018年第3期。
② ［美］费雷德里克·詹姆逊：《重读〈资本论〉》，胡志国、陈清贵译，北京：中国人民大学出版社2018年版，第7页。

的重点放在时空与物质之间的关系上,将时间和空间作为物质存在、运动的形式或载体,对于时间与空间的关系并未作出深刻的解释。该种境况直到德国古典哲学才得以改变,例如,黑格尔在《自然哲学》中认为,"空间的直接性是时间。因此空间就变为时间"①。马克思摒弃了唯心主义的立场并立足于人类的实践活动把握时空关系,时间是人类实践活动的延续性而空间是人类实践活动的广延性②,时间与空间两者统一于人类实践活动这一总体性范畴当中,脱离了人类实践活动,时空以思辨的形式抽象地存在没有任何现实意义,时间与空间本以"自在自然"的状态而存在,正是因人的实践活动而取得了社会属性。并且,时间与空间在人类实践活动中实现了相互转化,一方面正如马克思所言,"时间实际上是人的积极存在,它不仅是人的生命的尺度,而且是人的发展空间"③,另一方面空间在人类实践活动的作用下表征为结晶化的时间④。人类实践活动能力、程度与范围不断增长,时间与空间的关系就愈加丰富与全面,需要指出的是,马克思立足于辩证唯物主义正确辨析了时空关系,但其在经典著作中对于两者的落墨力度的确存在着明显差异,该现象既可归结于马克思的历史主义叙事方式偏好,又可说明马克思视域中时间优于空间的思想。应当看到,在历史进程处于矛盾激化期的条件下,人们往往善于考虑历史走向即时间问题;在历史进程处于和平发展期的条件下,人们则更多地考虑发展状态即空间问题。因此,我们今天继承马克思的唯物的、辩证的、历史的、实践的优秀思维传统,只有从人类实践活动角度出发,才能真正理解时间与空间,而在不同社会形态中,人类实践活动的样态亦表现出根本性的区别,资本逻辑是资本主义社会的内在基因与主导宰制,"其本质就是人类的感性实践"⑤,马克思对于资本逻辑的批判当中必然深刻昭示着时空的辩证

---

① [德]黑格尔:《自然哲学》,北京:商务印书馆1980年版,第47页。
② 贾英健:《马克思社会时空观的实践维度与虚拟转向》,载《理论学刊》,2013年第4期。
③ 《马克思恩格斯全集》第47卷,北京:人民出版社1979年版,第532页。
④ 余章宝:《马克思社会时空观探微》,载《学术月刊》,1998年第5期。
⑤ 周露平:《资本逻辑的哲学性质与历史限度》,载《马克思主义与现实》,2015年第2期。

关系。

撤开对符号的依赖，深入对精神的把握。用如今的空间视域或工具分析马克思的思想，我们会领悟到，马克思以时间维度为主线展开了对资本逻辑的批判，而空间维度内嵌于时间维度当中。时间维度以宏观与微观两方面进入马克思对于资本逻辑的批判中。

一方面，资本逻辑以及由其生成的资本主义社会并不具有永恒的时间内涵，而是一种阶段性的历史存在，必将消失于未来的时空当中，应有结论是，资本逻辑于人类社会的影响亦不是表征着"历史的终结"，而是推动了民族历史向"世界历史"的转变。在马克思之前，德国古典哲学早就对"世界历史"进行了深邃的探讨，康德"先验性"地预判了人类社会于时间维度中生成普遍趋势的必然性，黑格尔立足于"绝对精神"将"世界历史"看作其在"时间里的发展"①的结果。马克思则与之不同，他秉持着资本逻辑才是催生"世界历史"根源的观点，正是资本主义的社会化大生产"首次开创了世界历史"②，人类社会不再局限于部分联系，而是第一次在整体范围内建立了普遍交往，如果说资本逻辑于时间维度的纵向运行结果是"世界历史"的出场，那么资本逻辑于空间维度的横向运行结果就是"世界市场"的形成，"世界历史"与"世界市场"两者呈现出辩证关系，该关系在本质上是资本逻辑在时间与空间中的"具体"③，即资本为了实现自身的价值增殖，必须"推广以资本为基础的生产或与资本相适应的生产方式。创造世界市场的趋势已经直接包含在资本的概念本身中"④，换言之，人类社会在世界范围内普遍交往的建立，绝非取决于纯粹的主观意志，而是受制于社会生产力的发展，资本逻辑的运行前所未有地激发了人类改造客观世界的能力，铁路、轮船等交通运输与电报、电话等通

---

① ［德］黑格尔：《历史哲学》，王造时译，上海：生活·读书·新知三联书店1956年版，第114页。
② 《马克思恩格斯全集》第3卷，北京：人民出版社1960年版，第90页。
③ 吴耀国：《"世界历史"与"世界市场"的辩证关系——基于马克思社会批判理论中的时空维度分析》，载《河南大学学报》（社会科学版），2016年第1期。
④ 《马克思恩格斯全集》第46卷（上册），北京：人民出版社1979年版，第391页。

讯工具为人类进入"世界历史"奠定了客观的物质条件,这些科技最先直接服务于资本的流通范围的扩张即"世界市场"的建立,作为"时间范畴"的"世界历史"乃是人类社会在资本逻辑统摄下的一种"发展的空间",作为"空间范畴"的"世界市场"则为资本逻辑运行的必然历史趋势。

另一方面,资本逻辑绝非纯粹的主观意识,而是特定社会物质生产实践的内在反映,马克思正是以此为基础首先论述了资本逻辑的时间结构,马克思在《资本论》中以商品作为对资本逻辑批判的理论起点,商品乃是资本主义生产实践最为普遍的实体结果,内在地蕴含着静态化的时间。正如马克思所言,"实体就是物化劳动时间"①,劳动者生产商品的劳动时间可被划分为两个部分:一为必要劳动时间,其为商品价值中的 $c+v$ 的物化,一为剩余劳动时间,其为商品价值中 m 的物化,资本价值增殖的实现必须建立在"超过一定点"②的基础上,该"一定点"就是劳动时间超过必要劳动时间后产生剩余劳动时间的时间临界点。从这个意义上讲,资本逻辑实现自身运行的根本条件可被看作剩余价值生产背后的时间结构及其矛盾③,假如必要劳动时间不变,资本占有者通过延长劳动者的工作日,造成剩余劳动时间增加的事实,以期获得绝对剩余价值;假如劳动时间即工作日时长不变,资本占有者则通过提高劳动生产率、增强劳动强度等,从而减少必要劳动时间,变相延长剩余劳动时间,以期获得相对剩余价值。正是由于资本逻辑统摄下劳动者的"全部生活时间都转化为劳动时间",资本占有者的"全面生活时间"才能转化为"自由时间"④,空间于以上时间结构中不断显现。例如,在资本主义社会化大生产中,劳动者的劳动空间从"手工作坊"到"手工工场"再到"机器工场"不断聚集,

---

① 《马克思恩格斯全集》第 46 卷(上册),北京:人民出版社 1979 年版,第 330 页。

② 《马克思恩格斯全集》第 31 卷,北京:人民出版社 1998 年版,第 179 页。

③ 徐国松、乌斯曼·尼牙孜:《时间与空间:马克思经济学分析的两个核心维度》,载《当代世界社会主义问题》,2015 年第 3 期。

④ 马克思:《资本论》第 1 卷,北京:人民出版社 2004 年版,第 605—606 页。

原本"时间上的顺序"嬗变为"空间上的并存"①,这就直接触发了时间结构的改变,即必要劳动时间缩短而剩余劳动时间延长。

二、彰显马克思主义政治经济学批判空间化的解释力

空间问题的历史出场绝非后现代主义思潮中的偶然生成,而是当代资本主义发展历程中的必然结果。伴随着全球化、城市化等普遍布展,资本与空间的问题愈加突显,空间不仅成为资本积累的一种路径,其本身更演变为资本的基本形式,马克思主义政治经济学批判以资本逻辑为最核心的对象,对从资本空间化到空间资本化的整体过程的解释乃是应有之义。但是,在《资本论》及其手稿等经典文本中,马克思对于空间的直接论述是少见的,马克思所设想的原初具体革命策略又与近代西方资本主义社会的现实境况有所差异。对此,亨利·列斐伏尔曾言,"自马克思写下其深刻的政治经济学批判后……曾经稀少的东西今天变得丰富了;而曾经丰富的东西则变得稀少了",马克思主义政治经济学"专注于通常意义上的'产品'",而如今一些"元素"被"空间性的包装"成为商品"进入交换流通领域"②,甚至空间本身就直接成为商品,因此,西方马克思主义者们基本以上述境况判定马克思主义面对空间问题"失灵"了,认为马克思主义政治经济学缺少"空间批判"维度。例如,爱德华·W.苏贾认为马克思在《资本论》中所分析的是"封闭的民族经济和一种本质上是无空间的资本主义"③。

实质上,西方马克思主义者尤其是新马克思主义者对于马克思主义"空间缺场"的解读是一种有失偏颇的理解。马克思、恩格斯诚然未在其经典著作中专门探讨空间,但其涉及空间的思想隐匿于其他概念尤其是对资本的阐释之中,马克思主义政治经济学批判伊始便蕴含着空间维度,新

---

① 马克思:《资本论》第1卷,北京:人民出版社2004年版,第399页。
② [法]亨利·列斐伏尔:《空间与政治》,李春译,上海:上海出版社2015年,第81—82页。
③ [美]爱德华·W.苏贾:《后现代地理学——重申批判社会理论中的空间》,王文斌译,北京:商务印书馆2004年版,第130页。

马克思主义者对此质疑的主要历史贡献在于面对资本主义的时代情景,激活了人们对空间的普遍关注,促进了马克思主义政治经济学批判的空间化。恩格斯认为,"政治经济学作为一门研究人类各种社会进行生产和交换并相应地进行产品分配的条件和形式的科学——这样广义的政治经济学尚待创造"①,马克思主义政治经济学批判的空间化本就是马克思主义政治经济学一种广义上的"创造",然而,该种创造一方面要回归于以《资本论》及其手稿为代表的经典文本,重新厘定马克思主义政治经济学中的空间内涵,另一方面要梳理以新马克思主义为代表的西方学者如何把空间与马克思主义理论相结合,增强对现实资本主义的政治经济批判。

马克思经典文本的历史语境为工业资本主义,马克思于经典文本内的政治经济学批判集中于机器大工业的生产领域,集中于工业资本在追逐价值增殖的过程中所触发的空间重塑即工业资本空间化,例如全球化、城市化等被视为人类现代文明的象征,这些空间重塑后所引起的失范问题并未普遍布展,也就未能得到人们更多的关注。受制于时代的局限性,马克思对于空间的直接论述是相对较少的,这也是西方学者断定马克思与空间"无缘"的主要依据之一,长期以来后人对马克思的空间思想研究又被内置于马克思的时空观当中。实质上,西方社会科学领域的"空间转向"为我们将空间从整体时空范畴中剥离出来,以重新理解与挖掘马克思经典文本中的空间思想提供了一个历史契机。工业资本是资本的一种具体形态,天然地具备着最大限度攫取剩余价值的本性,马克思一再强调,剩余价值产生于生产领域而实现于流通领域。就生产领域而言,《资本论》第一卷区别了绝对剩余价值与相对剩余价值,其中绝对剩余价值的生产更多地受资本占有者组织生产的"时间规划"影响,而相对剩余价值的生产则较多地与"空间规划"紧密联系。如前所述,劳动空间的重构对于劳动生产率有着直接而重要的影响,这种重构主要体现于"空间的压缩",继而导致劳动者的劳动空间与生活空间的彼此分离,并造成了生活空间对劳动空间的"附庸"②,劳动者生活空间内的一系列非正义问题均产生于此。就流通

---

① 《马克思恩格斯全集》第 26 卷,北京:人民出版社 2014 年版,第 191 页。
② 仰海峰:《〈资本论〉的哲学》,北京:北京师范大学出版社 2017 年版,第 236—240 页。

领域而言，《政治经济学批判大纲》阐释了资本"力求用时间去更多地消灭空间"①的理论，流通过程中所耗费的时间愈少，资本的自我积累就愈多。马克思曾言，"流通时间越等于零或近似于零，资本的职能就越大，资本的生产效率就越高，它的自行增殖就越大"②。换言之，流通时间乃是资本获取价值增殖的主要潜在障碍之一，空间作为资本流通的外部载体而存在，资本占有者竭尽所能地扫除资本流通的空间障碍，以期实现资本流通时间的减少，"时间消灭空间"的必然结果之一就是全球化以及由此产生的不平衡发展，同时，交通运输工具与信息通讯设备亦在资本流通时间的压缩中得以广泛应用，客观上为人类的普遍交往带来了极大的便利。需要指出的是，"时间消灭空间"绝不是空间的物理隐没，而是空间被最大限度地"整合进资本主义的逻辑"③，空间不再独立于资本主义的生产之外，其演变为一种重要的生产要素。

如前所述，工业资本主义乃是马克思创作《资本论》及其手稿的历史语境，但马克思于文本内的根本理论阐释则为"资本一般运行的形式分析"④，马克思以英国为典型的工业资本主义为研究客体破解其背后所隐匿的"历史之谜"，这种历史主义昭示着马克思政治经济学批判的时间偏好。在马克思之后，以法兰克福学派为代表的西方马克思主义者延续了将资本主义作为批判对象的传统，西方马克思主义者们尽管在一定程度上推动了西方左翼思潮的发展，相较苏联马克思主义研究提供了众多不同的理论贡献，却桎梏于文化批判和工具理性批判之中⑤，逐渐丧失了对资本主义出现的新现象、新矛盾例如空间失范的有效反思。以亨利·列斐伏尔、大卫·哈维和爱德华·W. 苏贾等人为代表的新马克思主义基于全球化、城

---

① 《马克思恩格斯全集》第46卷（下册），北京：人民出版社1980年版，第33页。
② 马克思：《资本论》第2卷，北京：人民出版社2004年版，第142页。
③ 王志刚：《马克思〈政治经济学批判大纲〉中的空间思想》，载《教学与研究》，2015年第3期。
④ 胡大平：《都市马克思主义导论》，载《东南大学学报（哲学社会科学版）》，2016年第3期。
⑤ 鲁宝：《空间政治经济学批判的出场、内在逻辑与理论旨趣——以列斐伏尔为中心的考察》，载《社会科学家》，2017年第9期。

市化等社会背景，对资本逻辑所导致的空间问题进行分析，开启了空间政治经济学批判。新马克思主义空间政治经济学批判的方法论本质是对马克思所创造的历史唯物主义的一种新解释。大卫·哈维宣称"历史唯物主义必须升级为历史地理唯物主义"①，历史地理唯物主义作为一个综合性的新型概念，是城市地理学与历史唯物主义的融合，晚期资本主义的一系列社会失范尤其是"大都市"内部图景的重绘突破了西方左翼学者的认知边界，这些学者转而从马克思那里寻求理论武器，但是，历史地理唯物主义在实质上代表的是一种"狭义历史唯物主义"的研究推进，并未能够脱离马克思为我们留下的广义历史唯物主义的理论范畴②。新马克思主义空间政治经济学批判的叙述理路紧紧围绕着生产方式与空间形式之间的关系，空间不再被视为"惰性的物性实存"③，每一种社会形态都拥有着独特的生产方式，而生产方式又会生产出独特的空间形式，资本主义生产方式率先以全球化、城市化等具体空间形式展现出自身的内在要求，而且，空间生产本身就作为一种具体的资本主义生产方式而存在。

马克思主义空间政治经济学批判的理论起点发轫于对后工业时代城市化的反思，资本主义最先诞生于地中海沿岸的商品经济发达城市，城市作为资本的聚集地不仅仅是具体的物理空间，更是社会空间，其最能够反映出资本主义社会的时代特征，伴随着后工业时代的到来，资本主义城市普遍陷入危机，在城市空间的再生产过程中，新的无产阶级化以及斗争出现，面对以上境况，新马克思主义着手审视政治革命的未来前途与具体方式，如亨利·列斐伏尔曾言，"左翼的政治任务之一就是在空间中进行阶级斗争"④，后工业时代的城市化成为新马克思主义者理解空间、资本和政

---

① David, Harvey. *The Urbanization of Capital*. Baltimore: The John Hopkins University Press, 1985, p. XII.
② 张一兵主编：《当代国外马克思主义哲学思潮》（下卷），南京：江苏人民出版社2010年版，第396—397页。
③ 林密：《空间转向与马克思政治经济学批判的空间化——以列斐伏尔、哈维为中心》，载《江西社会科学》，2017年第9期。
④ 包亚明主编：《现代性与空间的生产》，上海：上海教育出版社2003年版，第55页。

治等之间关系的结合体。

三、明晰马克思主义政治经济学批判空间化的理论限度

"政治经济学本质上是一门历史的科学"①,马克思主义政治经济学批判的空间化与其所指向的资本主义所遭遇的现实问题息息相关。资本主义的空间生产致使空间不再隐匿于历史决定论之下,而是作为资本主义社会的主要问题域而历史出场,资本主义与空间之间深度捆绑的事实提醒我们不能将空间仅仅视为一种客观的物理"容器"或纯粹的认知工具,而应以社会关系的总体性视角考察空间背后的资本主义时代境遇。亨利·列斐伏尔、大卫·哈维等新马克思主义者高举着继承马克思主义政治经济学批判的理论旗帜,开启了"空间转向"的理论进程,其一方面基于马克思的时间叙事偏好而否定传统马克思主义内在的空间内涵,另一方面试图从空间本体论层面重新对传统马克思主义进行建构,从而衍生出了空间政治经济学批判。如前所述,当我们重新回归于《资本论》及其手稿等经典文本,就能够获悉任何对马克思存在"空间缺场"的判定都是一种理论僭越,我们依然未能逃离马克思早就揭示的历史地平线,但新马克思主义者立足于晚期资本主义时代特征对传统马克思主义所做的理论探索亦具有十分深远的意义。如何对待新马克思主义所开启的政治经济学批判的空间化成为一个现实的关键难题,这不仅仅是一种对西方社会科学领域的当代审视,更加涉及马克思主义政治经济学批判如何跨越时间间距从而真正走进21世纪、走入当代中国的巨大意义②。马克思所留下的核心框架与分析理路持续地历史在场,客观地澄明了其真理性,成为我们认知社会的有效理论工具,马克思主义政治经济学批判的空间化本身就能够作为一种理论对象,这样就实现了"以马解马"的目的。

从"时间的超空间化"到"空间的超时间化"③。马克思主义政治经

---

① 《马克思恩格斯全集》第26卷,北京:人民出版社2014年版,第22页。
② 林密:《空间转向与马克思政治经济学批判的空间化——以列斐伏尔、哈维为中心》,载《江西社会科学》,2017年第9期。
③ 张梧:《空间理论的理论空间》,载《理论视野》,2016年第11期。

济学批判的空间化在很大程度上揭示了空间的重要性，重新激活了新马克思主义对晚期资本主义时期空间现象尤其是"大都市"问题的解释力，但也存有明显的内在缺陷。新马克思主义认为马克思所秉持的宏大叙事方式乃是"时间的超空间化"，空间本身消弭于历史决定论之中，因此，必须在认识论层面提升空间的地位。空间进入理论视野之内的确能够弥补时间偏好所引起的某些误解，但对于空间的过度阐释尤其是将空间本体化就会造成对马克思主义基本原理的背离，并走向空间决定论的极端道路。马克思早就告诫世人应从实践的角度把握一切社会生活，所以，空间抑或时间的意义不在于其自身，而在于社会之内，只有以实践为出发点才能真正理解两者的内涵以及相互关系。空间作为后现代主义解构现代主义的视角或工具被极为泛化地运用，极易丧失自身的理论规范性，例如，爱德华·W. 苏贾提出"异质空间"的概念，将其视为既融合又超越"真实"与"想象"的"第三空间"，这种对于空间的另类诠释与马克思的历史唯物主义有着本质上的差异。新马克思主义政治经济学批判的空间化聚焦于资本主义"大都市"问题之上，从资本空间化的维度理解资本逻辑运行下城市化的结构转型，展现出资本主义社会的多种伦理失范，但"大都市"问题仅仅是资本主义发展过程中的一个具体、特定现象，社会总体性问题才是资本主义的症结所在①，对于"大都市"问题的揭示与反思虽然能够触发人们的广泛关注，但不能从根本上把控该问题的根源。因此，马克思主义政治经济学批判的空间化必须置于广义历史唯物主义之下，从资本主义历史发展的总体视角认知空间生产，换言之，马克思主义政治经济学批判空间化的实质就是运用马克思的理论工具从空间视角对晚期资本主义阶段进行结构性的分析，但过程性的分析非但必不可少，还应呈现出基础性的作用②，否则就会沦为"空间的超时间化"。值得注意的是，马克思主义政治经济学批判的空间化本身表明了资本与空间生产两者的紧密联系，但资本

---

① 任政：《都市马克思主义的理论限度机器总体批判》，载《国外社会科学》，2018年第3期。

② 庄友刚：《西方空间生产理论研究的逻辑、问题与趋势》，载《马克思主义与现实》，2011年第6期。

与空间生产实则各自拥有自身的逻辑演进。在资本主义社会中，资本逻辑作为"普照的光"统摄着一切生产逻辑，当人类进入更高的社会形态之后，资本逻辑将会消散而生产逻辑依然存在，空间生产将以"人的自由而全面的发展"为中心，不再服务于资本的价值增殖。

第二节 构建马克思主义空间经济学的新研究范式

20世纪下半叶，后现代主义思潮推动了影响广泛的"空间转向"运动，空间不再是不言自明的前置存在，而被认为"蕴含着某种意义"①，对于空间的重新理解成为社会科学领域中的关注热点，当空间进入经济学领域之中，衍生出了两种大相径庭的空间经济理论，即西方空间经济学与马克思主义空间经济学。西方空间经济学以藤田昌久（Masahisa Fujita）、保罗·克鲁格曼（Paul Krugman）和安东尼·J.维纳布尔斯（Anthony J. Venables）等为代表，主要著作有《空间经济学：城市、区域与国际贸易》《集聚经济学》和《地理经济学导论》等，而马克思主义空间经济学则主要脱胎于大卫·哈维、亨利·列斐伏尔和多琳·马西（Doreen Massey）等对资本逻辑与空间关系的探讨中，主要著作有《资本的限度》《资本的空间》和《劳动的空间分工：社会结构与生产地理学》等，相较于西方空间经济学，马克思主义空间经济学从本质层面出发，运用系统性的视角，深刻分析资本积累与空间修补之间的辩证关系，并对资本主义发展的必然趋势作出了时代判断②。

一、明确资本逻辑对空间经济的深层动力

西方空间经济学与马克思主义空间经济学两者最大的区别之一在于研

---

① Henri, Lefebvre. *The Production of Space*. Trans. MA：Blackwell Publishing, 1991, p. 154.
② 刘爱文、艾亚玮、陈圣燕：《空间经济研究的转向——新经济地理学与马克思主义经济地理学的比较》，载《江西社会科学》，2009年第8期。

究路径的差异，西方空间经济学主要从外部认知空间经济的表层规律。而马克思主义空间经济学则立足于资本逻辑探究空间经济的深层动力。两者的具体差别可见下表：

表 6-1　西方空间经济学与马克思主义空间经济学差异对比表

研究路径	两种空间经济理论	
	马克思主义空间经济学	西方空间经济学
两种研究机制	资本逻辑 深层动力机制	空间规律 外部展现的基本规律
代表人物	马克思和恩格斯、亨利·列斐伏尔、大卫·哈维、爱德华·W. 苏贾、德波等	冯·杜能、阿尔弗雷德·韦伯、马歇尔、艾萨德、迪克西特、斯蒂格利茨、克鲁格曼等
基本内容	资本追逐剩余价值的最大化、资本追逐利润的最大化、资本追逐扩张速度的最大化	集聚力和扩散力、循环累积因果链、内生的非对称性、突发性集聚、区位黏性、集聚租金、人们预期的变化、"黑洞"效应
解释范式	从生产的角度，基于分工与协作的逻辑研究集聚现象与产业转移、升级，其核心命题是如何最有效生产	从流通的角度，基于外部经济的逻辑研究空间经济布局与演化，生产被视为生产函数，企业被视为黑箱，其核心命题是资源如何在交易中有效配置
扩张模式	(1) 从横向角度来说，资本要克服地理障碍，开拓全球市场和实现产业区域转移 (2) 从纵向角度来说，克服技术障碍，创新技术制度，诱发产业升级 (3) 金融资本借助信贷迅速扩张	(1) 从横向角度来说，减少运输成本，实现产业集聚与分散 (2) 从纵向角度来说，打破制度壁垒、改进技术，实现产业升级与结构调整 (3) 金融资本集聚形成金融中心，进入金融资本主义时代

表格来源：单许昌：《空间经济研究中马克思主义与新古典两条路径的关联——基于资本逻辑与空间基本规律的比较视角》，载《财经研究》，2012 年第 8 期，引用时有所改动。

　　可见，以上两种研究路径存在着认识论的根本不同。西方空间经济学将空间纳入对经济现象的分析框架之中，正如克鲁格曼所言，其"帮助结束了主流经济学中不考虑空间结构问题的做法"，从这个意义而言，西方空间经济学取得了令人瞩目的成就，在西方经济学说史上奠定了重要地位。但是，西方空间经济学亦存在着明显的缺陷：其一，过分依赖先验的假设，而这些假设又必须以严格的前提条件为基础，未能全面而准确地反映复杂的现实经济境况，并寄托于繁琐的数理模型，寻求部分经济现象的实证。其二，缺失总体性的理论视角，聚焦于一定区域内的经济活动，没有完整把控历史性叙事，总力求还原经济发展过程中的静态结构，将新出现的经济因素进行简单抽象后径直安置于调整后的数理模型之内。其三，沉浸于表面性的归纳，尤其对"空间集聚"片面地理解为是以企业为主体的经济活动因地理空间的靠拢而造成经济成本的下降、经济规模的增加，认为割裂了本质与外在之间的联系。

马克思主义空间经济学将资本逻辑作为认知空间的社会现象的出发点，认为正是资本逻辑的运行塑造了资本主义社会中的空间面貌，并由此提出了"时空压缩""资本三级循环""空间生产""空间资本化"等一系列重要理论，以解释资本与空间之间的辩证关系，这种研究路径有着鲜明的优点：其一，"受着批判意识的主导"①，在马克思的意识中，资本逻辑取得了"主体化"的地位，其作为"特殊的以太"统摄着整个资本主义社会，空间经济在本质上乃是一种社会关系的具体，其一定受资本逻辑的支配，空间首先表现为资本在追逐剩余价值过程中所克服的外在限制，后逐渐蜕变为资本的基本存在形式。但是，资本逻辑却是历史性的存在物，寄生于"物的依赖性关系"的社会形态之内，资本逻辑在无限扩张中衍生出了限制自身的力量，正如马克思所言，"资本主义生产的真正限制是资本自身"②。资本逻辑所构建出的空间经济虽然能够在一定程度上快速发展，亦会遭遇到不可突破的内在瓶颈，最终崩溃于资本主义经济危机之中，而且，资本逻辑"只见物、不见人"的内在特征明显地表征着伦理的失范，因此，资本主义空间经济中的生产压榨、分配剥削等非正义性行为被广泛地关注。其二，展现了抽象力的运用，马克思在《资本论》第一卷序言中就旗帜鲜明地指出，"分析经济形式，既不能用显微镜，也不能用化学试

---

① 周立斌、王希艳、朱怡蓉编著：《空间政治经济学——区域经济学研究的一个批判视角》，北京：经济科学出版社2014年版，第14页。
② 《马克思恩格斯全集》第31卷，北京：人民出版社1998年版，第149页。

剂。二者都必须用抽象力来代替"①。对于空间经济的研究，必然要以抽象力为主要的理论工具。空间经济本为复杂而多样的整体经济现象映现在人们之前，西方空间经济学局限于从表面把握这种现象，也就只能得到"表象的具体"，马克思主义空间经济学却将"表象的具体"即经济现象作为认知空间经济的出发点，以此"蒸发"出"抽象的规定"即资本逻辑，并进一步发展至"思维的具体"即资本与空间的辩证关系。换言之，马克思主义空间经济学对于空间经济的认知是一个"否定之否定"的扬弃过程。②其三，立足于现实问题的回答，而非依赖于模型和固定范式。马克思主义空间经济学以质性的规范分析见长，在揭示经济规律的同时，包含有伦理分析的意蕴，特别是其历史的和辩证的思维是马克思主义的理论传统和优势。还有，马克思主义空间经济学的研究分析视野是非纯经济学的，他回复的是政治经济学的特征，即在社会经济政治的立体空间中，在马克思唯物主义历史观的总体方法中展开研究的。

二、剖析从"生产空间"到"空间生产"的转换脉络

空间作为经济生产的外在要素。长久以来，空间仅作为地理学、物理学和建筑学等学科的研究对象，空间在这些学科中被视为静止的、可量化的物理空间，福柯曾用"固定""惰性"来形容空间的基本属性③。西方经济学并未一早将"空间"纳入自身的理论视野之内，一直把经济直接理解为"没有空间的点"④，伴随着资本逻辑运行引发的城市化、全球化，空间于经济领域的重要性日趋明显，西方经济学开始重新考察空间和经济之间的内在关系，克鲁格曼甚至认为，空间经济成为西方经济学没有涉及的最后一个领域，其力主不能忽视空间与经济的联系，并在此基础上创立了

---

① 马克思:《资本论》第1卷，北京：人民出版社2004年版，第8页。
② 《马克思恩格斯全集》第46卷（上册），北京：人民出版社1979年版，第38页。
③ [法]米歇尔·福柯:《权力的眼睛——福柯访谈录》，严峰译，上海：上海人民出版社1997年版，第152页。
④ 单许昌:《空间经济生成动力机制及结构研究》，上海：上海人民出版社2016年版，第105页。

空间经济学。但是，囿于西方经济学片面分析与归纳经济现象的研究范式，空间经济学把空间视为经济生产过程中不可或缺的外在要素，换言之，空间经济学主要是从生产空间的视角去把握经济中的空间问题。企业是最为活跃的经济主体，其对于区位的选择在较大程度上影响了自身经济效益的获取，因此，企业偏向于寻找生产、交换成本最低的地方落户，生产与交换往往处于不同的地理空间，企业需根据诸多条件计算出成本的均衡点，奥古斯特·勒施就明确指出，"找到正确的区位……对于一切企业的成功……是不可或缺的"①，当一个企业的区位选择引发综合成本低于社会平均成本之时，该企业就会获得超额利润，区位选择本为一种经济行为却与"外部效应"息息相关，例如，政府通过税收政策、财政补贴等方式影响企业的区位选择。西方空间经济学立足于空间要素如何在经济活动中进行有效配置，以实现经济利润的最大化。

空间生产成为经济生产方式。马克思主义空间经济学并不否认空间作为经济生产的外在要素的客观性，马克思曾在《政治经济学批判（1857—1858年手稿）》中指出，"从经济学的观点上来看空间条件，把产品运送市场，属于生产过程本身"，"空间要素是重要的，因为市场的扩大，产品交换的可能性都同它有关系"②，相较于西方空间经济学，马克思主义空间经济学则将理论视野扩展到空间生产，生产空间中的空间虽然在生产中拥有举足轻重的影响，但依旧与生产是两种不同的概念，空间生产则是生产空间本身即经济生产方式，被生产出来的空间不仅仅是物理性的产品，更是一种"社会关系的具体化"③。"空间生产"集中反映了马克思空间经济学的优越性，其不但辨析了经济生产中物质资料的原有空间条件，亦论证了空间在经济生产中的要素性作用，更澄明了空间的社会性特质。在资本主义社会中，空间生产的动因是资本逻辑的运行，结果是创造出符合资本

---

① ［德］奥古斯特·勒施：《经济空间秩序：经济财货与地理间的关系》，王守礼译，北京：商务印书馆2010年版，第2页。
② 《马克思恩格斯全集》第46卷（下册），北京：人民出版社1980年版，第27页。
③ ［美］爱德华·W.苏贾：《后现代地理学——重申批判社会理论中的空间》，王文斌译，北京：商务印书馆2004年版，第11页。

自我增殖本性的空间形式或关系,换言之,空间生产不再局限为一种具体的经济行为,而是整体性的社会现象,并天然地蕴含着资本主义生产的伦理失范。

三、认知生产方式对于空间经济的根本制约

如前所述,在资本主义社会中,资本逻辑作为深层动力推动着空间经济的形成和发展,而"资本逻辑的最终根源则为资本主义生产方式"①,因此,资本主义生产方式对于空间经济的具体运行有着根本性的影响与束缚。

(一)资本主义生产方式与空间经济的开端

马克思在《资本论》第一卷伊始就把商品作为分析资本主义生产方式的初始,要认知资本主义生产方式对于空间经济的影响,就必须首先从商品出发。商品早在前资本主义社会就已广泛出现,物理空间是商品生产的前提条件,物理空间的自然差异导致商品生产存在着显著的不同,这种差异的主要原因之一就在于物理空间内所蕴含的自然生产力的区别,伴随着社会生产力的提高,商品生产对于物理空间的依赖性就会逐渐降低。资本主义机器化大生产极大地增强了人们利用与改造物理空间的能力,这种生产方式造成了物理空间的自然差异对于商品生产影响力的减少,同时物理空间的人为变化对于商品生产影响力的增加。例如,在前资本主义社会中,商品生产多靠近生产资料原产地,而资本主义出现之后,商品生产的区位选择则要综合考量诸多劳动力供给、销售市场的多种因素,以期实现这些因素的均衡。在任何社会形态中,商品生产总是客观存在于一定物理空间之内,劳动者也必然于该物理空间内在商品生产过程中与生产资料相结合,资本主义生产的根本动机是对剩余价值的最大化攫取,这就要求劳动者与生产资料之间在一定物理空间中最大限度地有机结合,生产力要素于物理空间内的布局及其所表现出的比例关系被视为原初的经济空间结

---

① 王巍:《马克思视域下的资本逻辑批判》,北京:人民出版社2016年版,第78页。

构,即资本主义空间经济的开端。

(二) 资本主义生产方式与空间经济的布展

作为"资本主义生产的起点"的商品生产是在资本占有者统一组织下"较多的工人在同一时间、同一空间"的劳动过程①,"同一空间"内集中的生产力要素愈多、生产力要素配置愈合理,商品生产的规模就愈大,凝结于商品中的剩余价值就愈发增加,因此,商品生产的空间聚集乃是资本追求剩余价值的必然结果。马克思在《资本论》中揭示了从"手工作坊的简单协作"到"工场手工业",再到"机器大工业"的三个阶段,该过程表征着空间聚集程度由弱变强的变化,亦显现出空间经济规模的扩展。城市是资本主义的诞生地,"资本主义社会的城市化可以用剩余价值的创造、占有和流通来进行分析"②,资本主义城市尤其是工业城市既是生产力要素的集中地,又是商品的主要生产地,还是商品的重点市场销售地,成为经济空间结构的核心,而乡村则处于边缘。当一定的经济空间结构不能容纳资本自我积累过程中所产生的过剩资本,就会促使资本权力"摧毁"阻碍其增殖的"一切地方限制"③,资本的这种"脱域"成为经济全球化的根本动因。需要指出的是,空间经济的布展并不仅仅指的是经济关系在物理空间中的扩张,更是指经济关系对社会空间的改造,例如,资本流通催生出了现代信用体系与所有权制度,资本拥有一种类似"通约力量",不断突破物理空间的限制,布展出"同质化""规范性"与"不平衡"的经济空间结构④。

(三) 资本主义生产方式与空间经济的失范

马克思认为,"资本的发展程度越高,它就越是成为生产的界限"⑤,

---

① 马克思:《资本论》第 1 卷,北京:人民出版社 2004 年版,第 374 页。

② David, Harvey. *Social Justice and the City*. Maryland: The Johns Hopkins University Press, 1975, p. 226.

③ 《马克思恩格斯全集》第 30 卷,北京:人民出版社 1995 年版,第 538 页。

④ 鲍伶俐:《资本逻辑与经济空间生产及扩张机制》,上海:上海人民出版社 2017 年版,第 64 页。

⑤ 《马克思恩格斯全集》第 46 卷(上册),北京:人民出版社 1979 年版,第 71 页。

资本主义生产方式以最大化攫取劳动工人所创造的剩余价值为直接目的，资本占有者将获取的剩余价值剔除自身消费之后又最大限度地转化为资本继续投入生产当中，这就会造成"资本过度积累"，引起资本循环的受阻，从而导致资本主义经济危机。马克思的经济危机理论普适于资本主义的整个过程。西方经济学将空间纳入经济研究之中，分析经济的空间布局与演化，从外部视角推动了经济学的发展，但是，西方空间经济学依然不能治愈马克思早就阐明的危机必然性，资本主义经济危机的根本原因在于其生产方式本身，要根除经济危机就必须完成生产方式的改变。

新马克思主义在继承马克思经济危机理论的同时，明确指出空间对于经济危机的"修复功能"。大卫·哈维曾言，"作为资本积累动态空间的新地域的开拓……为吸收资本盈余……提供了重要的途径"①，这种修复仍旧是短暂的，只能够暂缓经济危机的爆发。他指出，资本主义经济的空间结构亦伴随着"空间修复"而产生失范，具体表现为三种形式②：其一，"特定地点的空间结构贬值危机"，"空间修复"造成资本流动速度与范围空前增加，原本具有资本增殖优势位置的空间极有可能快速蜕变为劣势；其二，"区域经济危机"，正如爱德华·W. 苏贾所指出的那样，"区域化和区域主义彼此呼应的相互作用为窥探空间化和地理上的不平衡发展的动力提供了一扇极具洞见的窗户"③，"空间修复"徒然增加了区域内部涌入大量资本的压力；"全球空间经济危机"，可供修复资本过度积累的空间并非是无限的，当这些空间消失殆尽，经济危机就难以被"空间修复"所延缓与遮蔽，并且延伸至全球空间范围，那么暴力战争便极有可能成为新的"修复"工具。

（四）社会主义生产方式与空间经济的未来

社会主义生产方式不再以攫取剩余价值为目的，生产资料公有制根除

---

① [英] 大卫·哈维：《新帝国主义》，初立忠等译，北京：社会科学文献出版社2009年版，第94页。
② 张佳：《大卫·哈维的历史——地理唯物主义理论研究》，北京：人民出版社2014年版，第101—102页。
③ [美] 爱德华·W. 苏贾：《后现代地理学——重申批判社会理论中的空间》，王文斌译，北京：商务印书馆2004年版，第287页。

了资本逻辑的生成、运行基础，也就摒弃了空间经济普遍失范的前提条件。马克思并未对社会主义生产方式与空间经济关系有过直接的论述，但其从时空统一的视角分析社会经济运行的过程中却意味着对两者关系的思考。例如，马克思在《1857—1858年经济学手稿》中曾言，"时间的节约，以及劳动时间在不同的生产部门之间有计划的分配，在共同生产的基础上仍然是重要的经济规律"①，"共同生产"指的是社会主义生产方式，"不同的生产部门"则是空间经济的一种实现形式②。在社会主义社会以及更高社会形态中，经济的空间结构将根据最广泛劳动者的利益，以最能适应与促进社会生产力发展的样态存在。

第三节　加强中国特色社会主义的空间实践

马克思说："哲学家们只是用不同的方式解释世界，问题在于改变世界"③。在人类改造世界的历程之中从未停止对空间的探究，从古希腊的毕达哥拉斯、柏拉图与亚里士多德等到近代的牛顿、康德与黑格尔等，再到现代的贝克莱、梅洛·庞蒂与海德格尔等，无不对空间有着独特的认知。这些著名学者虽然延展着空间的内涵，却未将空间阐明为人类能动性的实践活动结果，究其原因就在于哲学方法论的不同，思辨哲学只能将包括空间在内的历史存在物理解为一种脱离人的实践活动的抽象存在。

20世纪下半叶后，西方社会科学领域在后现代主义思潮的影响之下，开始表征出一种全面而广泛的空间转向，引发这种现象的根本原因绝非是意识形态领域中形而上学的改变，而是西方社会实践尤其是资本主义发展触发的社会问题在认识论层面的必然反映，资本主义城市化、全球化过程引起人们对于现实境况的警醒与反思，正是在这一现实社会实践背景之

---

① 《马克思恩格斯全集》第46卷（上册），北京：人民出版社1979年版，第120页。
② 黄荣滋、左春文：《浅论马克思空间经济理论的几个问题》，载《当代财经》，1984年第3期。
③ 《马克思恩格斯全集》第3卷，北京：人民出版社1960年版，第8页。

下,空间进入新马克思主义者的视野,成为批判资本主义社会问题的理论武器与阐释人类社会具象的叙事方式。这些新马克思主义者如大卫·哈维、亨利·列斐伏尔和爱德华·W. 苏贾等纷纷提出了"时空压缩""空间生产"和"第三空间"的思想,极大地推动了人们对于空间意义的重新思考。新马克思主义者一方面从马克思的思想中汲取营养,另一方面断定马克思思想存在着空间缺场,而他们的任务就是将空间与马克思思想进行视域融合,以期实现对历史唯物主义的现代改造。实质上,新马克思主义者的这种做法更类似于一种理论上的矫枉过正,诚然,"时间和历史在……批判社会科学的……理论意识中,已占据了宠儿的地位"①,马克思也确曾将历史科学作为"一门唯一的科学"②,但这不能成为明证空间缺场的依据。实质上,马克思在《资本论》中明确指出,"那种排除历史过程的、抽象的自然科学的唯物主义的缺点,每当它的代表越出自己的专业范围时,就在他们的抽象的和唯心主义的观念中立刻显露出来"③,换言之,马克思所秉持的是立足于人类实践活动本身而历史性地分析特定的社会形态及其现实关系,而非一劳永逸用一种模式解释出人类社会发展的全部历史。马克思的思想及其叙述方式确然存在着时间偏好,但只要回到马克思早已为我们揭示的社会实践本身,就会发现空间必然内置于马克思留下的经典文本之中,只不过处于一种隐匿的状态,因此,"马克思的幽灵"在空间研究领域一直在场。

马克思经典文本内的空间思想与新马克思主义者的空间理论都是对资本主义发展涉及的空间现象的反映与批判,这种解释的最终目的是要为社会主义空间实践提供明晰的旨要,避免重蹈资本主义空间实践的失范覆辙。

一、推进中国特色社会主义的区域协调发展

区域问题是由社会劳动的地域分工造成的,即"把特殊生产部门固定

---

① [美]爱德华·W. 苏贾:《后现代地理学——重申批判社会理论中的空间》,王文斌译,北京:商务印书馆2004年版,第1页。
② 《马克思恩格斯全集》第3卷,北京:人民出版社1960年版,第40页。
③ 马克思:《资本论》第1卷,北京:人民出版社2004年版,第447页。

在一个国家的特殊地区的地域分工"①，而地域分工必然产生地域协作，"交换没有造成生产领域之间的差别，而是使不同的生产领域发生关系，从而使它们转化为社会总生产的多少互相依赖的部门"②，自然空间内的地理资源差异是区域协作的前提，任何一个区域的自然空间都不可能拥有满足人的社会生活需求的全部地理资源，并且地理资源天然存在着分布不平衡的现象，这就为区域之间协作提供了必要性与可行性。地域分工与协作是区域发展的内在动源，是经济空间生成的必然趋势，亦是人类社会生产力进步的有效途径。

西方区域发展理论的演变规律。在"工业革命"之前，人类利用和改造自然空间的能力十分低下，农业生产是生活资料的主要来源，但又极易受到气候、地质和时令等外在不可抗拒自然因素的影响。德国经济学家约翰·冯·屠能提出了农业区位理论，其认为除了能够直接作用于生产的自然因素之外，地租与运输成本制约着农业区位选择，而这两者是可以相互代替的，这种代替关系内在地促使农业生产者理性地寻求利润与成本的最优点，从而呈现出农产品种类处于市场（主要为城市）为中心环带状分布的区位样态即"屠能圈"，距离市场较远的地区因地租少而运输成本高，适宜种植谷物与发展畜牧，距离市场较近的地区因地租高而运输成本低，适宜种植蔬菜、水果等作物。伴随着"工业革命"的发展，人类的社会生产力得以急剧提升，工业生产代替农业生产成为主要产业，尤其蒸汽机于交通工具的应用大大降低了生产地与市场之间的运输成本，工业生产者往往选择临近原料产地或交通枢纽的区位，换言之，区位对于工业生产而言的聚集效应日趋凸显，阿尔弗雷德·韦伯的"工业区位论"和埃德加·胡佛的"交通区位论"都是在以上境况下应运而生。沃尔特·克里斯塔勒在屠能与韦伯的基础之上，又提出了"中心地理论"，"具有市场位置优势的区位易形成经济中心带动区域经济发展"③，正是"市场、交通以

---

① 马克思：《资本论》第1卷，北京：人民出版社2004年版，第427页。
② 马克思：《资本论》第1卷，北京：人民出版社2004年版，第426页。
③ 刘耀彬、陈文华：《中国特色社会主义政治经济学的区域发展观：产生、发展与展望》，载《江西财经大学学报》，2017年第1期。

及分离原则"① 成为决定中心地选择的主要原因。以上西方区域理论的不断发展为西方空间经济学的创立奠定了最为根本的理论基点，正如克里斯塔勒所言，"理论经济学很少涉及空间关系和空间的影响，相反时间要素的作用却过大"②，但也清晰表征着其仅从外部视角研究分析经济与区域空间布展与演化的原生性缺陷。

区域是一种生产空间，区域的发展则为一种空间的生产。区域为生产提供了一个基本物性前提的、对象性存在的地理空间，区域空间承载着生产的基本要素，这些要素通过集中与相互作用的方式催生出强大的物质生产力，从而实现生产规模的增加、生产效率的提高与生产成本的降低等。区域的发展是指区域空间不再仅仅作为生产的外部、客观场所或环境，而是直接参与到生产当中，换言之，区域本身演变为生产对象，区域自身规模的扩大、结构的演变、组织的再造等整体性不断显现，保罗·克鲁格曼等为代表的新经济地理学家对于"区位规模位置"的注重与研究，从另一个视角证明了以上问题。不仅如此，区域与社会内在的紧密关系，区域发展亦是社会关系的生产与再生产，区域蕴含着经济关系、价值观念和社会结构等丰富的社会性特征。

从中华人民共和国成立到党的十八大，中国对于区域发展的空间属性认知经历了以下几个阶段（见下表）：

表 6-2　中国区域发展空间属性认知分阶段表（1949—2012 年）

发展阶段	尺度特征	地域特征	资源配置机制	空间属性
区域均衡发展（1949—1978 年）	单一尺度：全国"一盘棋"，两大地带，七大经济协作区	各大区域分别建立独立完整的工业体系	政府计划经济	空间干预
区域非均衡发展（1979—1998 年）	多尺度：梯度开放；沿海经济特区和开放城市	东部地区率先开放，优先发展	开始引入市场机制	空间中性

---

① ［德］沃尔特·克里斯塔勒：《德国南部中心地原理》，常正文译，北京：商务印书馆 2010 年版，第 363 页。
② ［德］沃尔特·克里斯塔勒：《德国南部中心地原理》，常正文译，北京：商务印书馆 2010 年版，第 14 页。

(续表)

发展阶段	尺度特征	地域特征	资源配置机制	空间属性
区域非均衡协调发展（1999—2006年）	多尺度：四大板块；国家级新区；改革试验区	向东、中、西、东北的潜力区域集聚发展	进一步完善市场机制	空间干预
区域协调与融合发展（2007—2012年）	多尺度：四大板块；主体功能区战略	区域经济优势互补、主体功能区定位清晰、国土空间高效利用、人与自然和谐相处	市场基础性作用	空间中性

表格来源：邓睦军、龚勤林：《中国区域政策的空间选择逻辑》，载《经济学家》，2012年第12期引用时新增了表名。

在中华人民共和国成立初期，我们面临的发展条件是，由于长时间战争的破坏、帝国主义的侵略、封建势力和旧统治阶级的剥削压迫等多种原因，造成中国社会生产力严重落后下区域发展的结构失衡，沿海、沿河的通商口岸等成为当时中国经济较为发展的区域，而广大内陆地区则极其落后并仍然保留着小农经济的形态。面对这种境况，以毛泽东为代表的中国共产党第一代领导集体明确提出要"在沿海工业和内地工业的关系问题上，要充分利用和发展沿海的工业基地，以便更有力量来发展和支持内地工业"[①]，试图通过工业空间布局缩小沿海与内地的经济差距。中苏关系恶化后，面对苏联严重的直接军事威胁，中国于1964年起展开了"三线建设"，在中西部地区建立起较为完整的工业体系，该举措推动了中西部地区经济发展的同时，也相对降低了经济效率。

党的十一届三中全会后，中国实施了改革开放的重大战略举措。邓小平同志曾言道，"一部分地区有条件先发展起来，一部分地区发展慢点，先发展起来的地区带动后发展的地区，最终达到共同富裕"[②]，非均衡发展作为一种策略被选择，从沿海经济特区的确立到沿海开放城市的划定，再到沿海开放区的生成，都是区域非均衡发展的现实表现，这种区域发展模式极大地解放了社会生产力，能够在较短时间内积累巨大的社会物质财

[①] 廖盖隆、庄浦明主编：《中华人民共和国编年史（1949—2009）》，北京：人民出版社2010年版，第161页。

[②] 《邓小平文选》第3卷，北京：人民出版社1993年版，第374页。

富,但同时亦造成东部地区与中西部地区的经济差距。基于此,中国开始从宏观层面统筹区域发展,将区域空间本身作为一种生产对象,将原有的东、中、西三大区域结构重新改变为东、中、西和东北,试图建构出"东部率先发展""中部崛起""西部大开发"和"东北振兴"的非均衡协调发展形态①。

伴随着数十年的高速发展,国内资源环境、经济和人口之间的矛盾日益突出,经济效益不再是区域发展的决定性变量。2011年出台的《全国主体功能区规划》标志着中国从国土空间的整体视角重新定义区域发展的内涵,并进一步规范区域发展的界限,以期回归人的发展目标,换言之,区域空间的社会性特征得以凸显。

党的十八大之后,以习近平同志为核心的党中央提出了"区域综合均衡发展"的新观念②,这种观念系统性地把握区域发展的空间属性:首先,作为生产空间的区域必然深受经济客观规律的制约,市场作为"无形的手"决定了资源于区域间的优化配置,市场机制运行的结果之一就是塑造出了最符合经济效率的区域形态。其次,作为空间生产的区域发展更是一种生产关系的再生产,社会主义中国以共同富裕为根本原则,所有区域都能够享受到经济增长的成果才是目的,"区域综合均衡发展"辩证有效地处理了效率与公平之间的关系,体现了中国特色社会主义的本质内涵。

二、探索中国特色社会主义的创新型国家建设

约瑟夫·熊彼特(Joseph Alois Schumpeter)从经济学的视角在《经济发展理论》一书中首先阐释了创新理论,其认为生产要素的重新排列组合能够内生性地促进经济的增长,而创新就是建构出一种基于组合的新生产函数,根据熊彼特对于创新的独特定义,创新包括产品创新、生产创新、市场创新与组织创新等多种形式。后人在熊彼特的基础上对创新的概念进

---

① 邓睦军、龚勤林:《中国区域政策的空间选择逻辑》,载《经济学家》,2012年第12期。
② 刘耀彬、陈文华:《中国特色社会主义政治经济学的区域发展观:产生、发展与展望》,载《江西财经大学学报》,2017年第1期。

行了泛化的衍生，例如，彼得·德鲁克（Peter F. Drucker）把创新理解成运用资源进行财富创造的行为，克里斯·弗里曼（Chris Freeman）专注于新的政策体系与制度框架对于经济增长的助力等。创新型国家是指凭借创新以驱动经济社会发展的国家形态，在当今世界交往中，民族国家是最为重要的参与主体之一，国际竞争亦主要体现于国家与国家之间的博弈，创新型国家建设直接关系到国家于国际社会中的现实地位与切实利益，因此，世界各国都在力求以创新型为目标进行全面转型。

1995年，江泽民同志提出，"创新是一个民族进步的灵魂，是国家兴旺发达的不竭动力"①，这标志着中国共产党对于创新的认知从具体的实践上升为抽象的精神，至此，中国在创新型国家建设的路途中不断推进，"科技创新""体制创新""自主创新"和"全面创新"等重要举措相继实施。2006年召开的全国科技大会正式提出了中国要建立创新型国家的战略目标。世界经济论坛2017年公布的《全球竞争力报告（2017—2018）》显示，近年来中国在全球范围内的国家竞争力持续提高，位列137个经济体中第27位，而相较于瑞士、美国、新加坡等前10位经济体，中国的创新能力指标处于最低位置②，这证明中国虽然在创新型国家建设方面取得了显著成就，但与世界发达国家仍有相当大的差距。创新型国家的实现并非依赖于单一维度的推动，应在国家范围内实现各种要素的系统性、综合性的彼此协调与配合，而各种要素之间不同的组合模式成为世界近代史中国家盛衰的关键。

（一）历史比较下的要素嬗变与创新性国家更替

从历史唯物主义的视角看，要认知创新型国家的内涵，就必须立足于生产力与生产关系两个方面，在本质上，生产力是物质内容而生产关系则为社会形式，两者所包含的要素都能够影响创新型国家的实现。马克思曾言，"现代世界的曙光"从意大利"升起"③，在1500年左右，文艺复兴席

---

① 江泽民：《论科学技术》，北京：中央文献出版社2001年版，第4页。
② 金晓梅、张幼文：《中国创新型国家建设的成就与问题建议》，载《当代经济管理》，2019年第1期。
③ 马克思：《资本论》第3卷，北京：人民出版社2004年版，第40页。

卷意大利,从意识形态领域为意大利成为"第一个资本主义民族"① 创造了思想的前提,正是人文主义哲学创新加之城市自治制度与中世纪大学教育,使意大利城市共和国成为16世纪的创新型国家②。马克思认为,"荷兰——它是17世纪标准的资本主义国家"③,17世纪的荷兰在政治制度上通过"尼德兰革命"建设成"联省共和国"新型体制,并运用司法、立法将"资本主义……与国家互为一体"④,在经济制度上首创实行了资本主义市场经济,股份制公司、股票交易所和银行信用体系等均肇始于此。17、18世纪的英国在"光荣革命"之后确立了君主立宪制,该种新型的政体既阻止了封建王朝的复辟,又实现了向现代国家的转型,并通过以蒸汽机为典型的发明应用推动了工业化革命,而且,以近代契约论为代表的思想突破更是为资本主义国家学说奠定了哲学基础,正是在整体、科技与人文等领域的创新,塑造出了英国的世界霸主地位。在此之后,德国因推进农奴制改革、提升人文主义教育和德国古典主义哲学等综合创新,"一度成为19世纪创新型国家"⑤。当人类进入20世纪,美国又成为最具有创新意识的国家,长期处于世界领先地位。通过历史比较,我们就会发现物质生产中的科学创新与社会形式中的制度创新、人文创新乃是实现创新型国家建设中不可或缺的要素。

(二)"空间"视角下创新型国家建设的重新认知

空间转向标志着空间意识的复苏,空间不再仅仅以物理性特征而存在,其开始具有了社会性特征,创新型国家建设本就承载着特定的社会内涵,这就决定了其能够置于空间视角下被重新认知的合法性。国家在传统的理解中被视为一种静态的实体,但正如爱德华·W. 苏贾所指出的,"以地域为界的国家概念……对此加以摒弃"⑥。国家是一种结构性的

---

① 《马克思恩格斯全集》第22卷,北京:人民出版社1965年版,第448页。
② 王东:《中国创新论》,北京:光明日报出版社2012年版,第3页。
③ 马克思:《资本论》第1卷,北京:人民出版社2004年版,第879页。
④ 黄仁宇:《资本主义与二十一世纪》,北京:生活·读书·新知三联书店2015年版,第139页。
⑤ 王东:《中国创新论》,北京:光明日报出版社2012年版,第73页。
⑥ [美]爱德华·W. 苏贾:《后现代地理学——重申批判社会理论中的空间》,王文斌译,北京:商务印书馆2004年版,第72页。

空间形式①，既包括具有领土边界、自然地理等的物理空间，又包括体现各种社会关系的经济空间、政治空间和意识空间，创新型国家的建立必然发力于以上具体空间形态内。

1. 科技创新与国家经济空间

如前所述，经济空间生成于经济主体的社会实践之中，而物质生产又是诸多实践的基础。马克思曾言，"生产力中也包括科学"②，科学能够转化为技术以直接应用到生产，从而极大提高人们进行物质生产的能力。在资本主义国家中，"科学为资本服务"③，科学的创新主要被应用于提高经济生产效率以最大限度实现资本的价值增殖。1988年，邓小平同志在全国科学大会上旗帜鲜明地做出了"科学技术是第一生产力"的重要判断，这是对马克思主义基本原理的创造性继承，也是对科学创新重要性的鲜明阐释。在中国特色社会主义的社会实践中，科学创新首要目的就是为了最大程度地提高物质生产能力，创造出更多的物质财富以满足人民的各种需求，正如习近平同志所言，"从发展上看，主导国家命运的决定性因素是社会生产力发展和劳动生产率提高，只有不断推进科技创新，不断解放和发展社会生产力，不断提高劳动生产率，才能实现经济社会持续健康发展"④。

2. 制度创新与国家政治空间

亨利·列斐伏尔认为，"制度性、政治性国家"乃是由"社会空间生产出来的"⑤，国家的社会政治关系以空间的形态而存在即政治空间，政治制度是社会政治关系最为集中的反映，政治制度的创新可被视为社会政治

---

① 吴耀国：《马克思的"国家空间"理论探微》，载《武汉理工大学学报（社会科学版）》，2018年第5期。

② 《马克思恩格斯全集》第46卷（下册），北京：人民出版社1980年版，第211页。

③ 马克思：《资本论》第1卷，北京：人民出版社2004年版，第436页。

④ 中共中央文献研究室编：《习近平关于科技创新论述摘编》，北京：中央文献出版社2016年版，第30页。

⑤ Henri, Lefebvre. *State, Space, World, Selected Essays.* London & Minneapolis: University of Minnesota Press, 2009, p. 224.

关系的一种调试。在马克思看来，资本主义国家本身"是作为资本存在条件的创造者而出现的"①，资本主义的国家制度就是资本关系在政治领域的映射。17世纪英国创立了君主立宪制，该种政治制度的实质是资本家阶级与封建势力之间社会政治关系的妥协。自中华人民共和国成立至今，中国共产党带领广大人民群众历经70余年的艰苦探索建立了中国特色社会主义政治制度，有效实现了马克思主义与中国具体实际相结合，在实践中展现出了极大的优越性，但是在具体化操作过程中确亦出现了诸多现实体制、机制问题。习近平同志就曾明确指出："我们全面深化改革，不是因为中国特色社会主义制度不好，而是要使它更好；我们说坚定制度自信，不是要故步自封，而是要不断革除体制机制弊端，让我们的制度成熟而持久。"②

3. 人文创新与国家意识空间

意识空间是主体于一定社会空间内进行精神生产的必然结果，马克思十分重视精神生产，并将其与物质生产统称为"两者生产"③，人文创新则为精神生产的主要内容之一。在资本主义社会中，意识空间呈现出物象化的样态，精神生产同物质生产一样服务于资本的价值增殖，其所生产的产品即"虚假意识"更演化为一种意识形态，遮蔽着资本逻辑。在中华人民共和国成立伊始，以毛泽东为代表的中国共产党人就提出了"双百方针"（百花齐放、百家争鸣），党的十二大提出了"建设高度的社会主义精神文明"的历史目标，党的十五大又提出了"中国特色社会主义文化"的历史命题，党的十七大要求进一步推动"社会主义文化大发展大繁荣"。中国共产党在精神文明领域的一系列方针、政策是中国人文创新的一条主流重脉，党的十八大之后，习近平同志代表全党又作出了新的整体规划，他指出："要坚持走中国特色社会主义文化发展道路，弘扬社会主义先进文化，深化文化体制改革，推动社会主义文

---

① 《马克思恩格斯全集》第30卷，北京：人民出版社1995年版，第530页。
② 中共中央文献研究室编：《习近平关于全面深化改革论述摘编》，北京：中央文献出版社2014年版，第22页。
③ 马克思：《剩余价值理论》第1册，北京：人民出版社1975年版，第306页。

化发展大繁荣，增强全民族文化创造活力，让一切文化创造源泉充分涌流。"①

三、积极开展中国城市化过程中的乡村振兴战略

（一）马克思的城市化理论

安东尼·奥罗姆曾言："虽然马克思恩格斯本人实际上没有撰写过任何关于城市的著作……却极大地影响了20世纪60年代以后的城市研究。"②城市虽然早在古代社会就已产生，但城市化却普遍开始于资本主义诞生之后，在马克思看来，城市不仅是存在于一定地域范围的物理空间，更是承载着一定社会关系的社会空间，整个西方城市化的过程就是资本主义社会关系的空间布展历程。资本主义最先诞生于西欧商品经济发达的城市中，工业革命引起资本主义生产形式由工场手工业向机器大工业的转变，并导致"城市最终战胜了乡村"③。在资本主义社会中，工业化内生出城市化，而城市化又承载着工业化。马克思曾用"大工厂、城市惊人迅速地成长"④来形容了两者的关系：首先，机器的广泛应用极大地推动了生产力的提高，机器大工业激发资本以前所未有的速度进行积累，城市规模的延展、城市数量的增加都是容纳增量资本、实现持续积累的必然结果，大卫·哈维将包括城市化在内的地理空间扩张称之为"空间修复"；其次，城市内部所包含的诸多生产要素是大工业生产得以开展的前提，资本积累"就是资本在一定点上把工人连同他们的工具聚集在一起"⑤，该"一定点"就集中体现于城市上，一方面"工人成群结队地涌入城市"⑥为资本

---

① 中共中央文献研究室编：《习近平关于全面深化改革论述摘编》，北京：中央文献出版社2014年版，第87页。
② [美]安东尼·奥罗姆、陈向明：《城市的世界——对地点的比较分析和历史分析》，曾茂娟、任远译，上海：上海人民出版社2005年版，第38页。
③ 《马克思恩格斯全集》第3卷，北京：人民出版社1960年版，第68页。
④ 《马克思恩格斯全集》第2卷，北京：人民出版社1957年版，第301页。
⑤ 《马克思恩格斯全集》第46卷（上册），北京：人民出版社1979年版，第511页。
⑥ 《马克思恩格斯全集》第2卷，北京：人民出版社1957年版，第296页。

积累提供剩余价值的来源，另一方面"城市……这里有铁路，有运河，有公路……有顾客云集的市场和交易所，这里跟原料市场和成品销售市场有直接的联系"①。需要指出的是，资本主义城市化的一个明显结果就是加剧了城市与乡村彼此相互对立，虽然马克思在一定程度上肯定了这种城乡结果的历史进步性，但是，囿于资本主义生产方式的特殊性，这种对立在资本主义社会形态中是难以根除的并且是非正义的，相较于城市的飞速发展，"乡村则是完全相反的情况：隔绝和分散"②。

（二）中国城市化过程中的乡村问题

马克思以 19 世纪英国为典型对象正确解析了城市、城市化以及城乡对立这些空间现象背后的资本主义生产方式及其社会关系，这种研究视角与方法有着重大的理论意义。要辨析中国城市化过程中的乡村问题，就必须立足于社会主义生产方式及其社会关系，以期真正把握空间现象的社会根源。从中华人民共和国成立至今，中国的城市化可分为几个主要阶段：第一个阶段，城市化缓慢发展阶段（1949—1978 年），多种历史原因造成了中华人民共和国成立伊始整体社会物质生产能力低下，中国共产党相继在 20 世纪 50 年代提出"一化三改"、60 年代提出"四个现代化"等阶段性目标中都将社会主义工业化作为重点，一批新兴工业城市相继出现，但在工业经济建设领域的"左倾"错误亦造成了城市发展的大起大落，例如 1961 年至 1965 年之间全国城市人口减少 2600 万人③，这一时期的工业化并非衍生于资本逻辑的运行，而是由社会主义国家机器所推动，国家通过行政指令将有限的资源配置到工业城市中，这虽然不利于乡村的发展，也未能改变城乡差距的现状，但乡村问题相对隐匿于社会整体发展水平低下的环境当中。第二个阶段，城市化转型阶段（1979—1991 年），十一届三中全会之后，经济建设成为中国共产党带领全国各族人民开展的工作重点，如何发挥城市的经济功能成为党

---

① 《马克思恩格斯全集》第 2 卷，北京：人民出版社 1957 年版，第 301 页。
② 《马克思恩格斯全集》第 3 卷，北京：人民出版社 1960 年版，第 57 页。
③ 王天勇、张蜜：《城市化与空间正义：我国城市化的问题批判与未来走向》，北京：人民出版社 2015 年版，第 12 页。

的一个工作任务，1980年召开的全国城市规划会议提出要"控制大城市规模、合理发展中等城市、积极发展小城市"的具体方针①，在这一时期，小城镇成为城市化的主力，这个显著特征得益于城乡经济体制改革，乡村问题例如农民收入偏低等在乡镇经济快速发展的过程中得到部分解决。第三个阶段，城市化全速阶段（1992—2012年），党的十四大明确了建设社会主义市场经济体制的改革目标，在市场经济的催动下，中国从小城镇建设到大都市发展步入了城市化的快车道，但也正是在这一时期，城市与乡村之间差距愈发加大，乡村中诸多资源经过市场经济的配置向城市输送，失地农民增多、生态环境恶化、保障体系落后等乡村问题日趋凸显并逐渐成为阻挡社会可持续性发展的主要障碍之一。第四个阶段，城市化新常态阶段（2012年至今），以习近平同志为核心的党中央重视城市与乡村之间的协调发展，力图破除城乡二元结构，"推进城乡发展一体化"②，这表明中国共产党运用新型思维模式，从整体性视域认知城市与乡村的关系。

（三）新时代下城乡一体化与乡村振兴的协同发展

在资本主义社会中，城乡关系的实质是资本关系，资本逻辑的运行塑造了两者现实的样态，因此，如果不能彻底摒弃资本逻辑，两者关系就不会发生实质性变化，"城市化振兴乡村可能只是城市知识精英的一种幻想"③。生产资料公有制是中国最为基础的经济制度，这就根除了资本逻辑的经济土壤，为城乡关系的和谐发展创造了根本性前提。

改革开放之后，中国城市化飞速发展的过程中城乡关系日趋失范，其原因既有市场经济的双刃剑效应，也有发展视野的偏颇。城乡一体化不仅仅是经济建设的整体规划，更是一种城乡关系的范式建构，换言之，

---

① 苏星：《邓小平社会主义市场经济理论与中国经济体制转轨》，北京：人民出版社2002年版，第472页。

② 中共中央文献研究室编：《十八大以来重要文献选编》（上），北京：中央文献出版社2014年版，第519页。

③ 申端锋、王孝琦：《城市化振兴乡村的逻辑缺陷》，载《探索与争鸣》，2018年第12期。

城乡关系不局限于单一的经济领域，而是体现在社会空间之中，城市只有于一体化的社会空间中才能获得持久的发展动源，乡村亦只有在一体化的社会空间中才能实现全面的振兴。城乡一体化包括以下层面：其一，政治空间的一体化，如前所述，权利关系是政治空间的重要内涵，要实现城乡政治空间的一体化就必须通过制度的顶层设计以增加政策供给，实现城乡居民公平享受各项权利。中华人民共和国成立之后，以家庭血缘关系和地理分布为主要标准建立的户籍制度在城乡居民之间构建起了难以逾越的藩篱，该制度虽然在中华人民共和国成立初期发挥了一定的积极作用，但伴随着时代的发展愈发显现出诸多问题。乡村振兴的实施必须建立在打破以户籍制度为代表的落后公共服务制度之上，保障农民能够享有与市民同等的教育、就业和养老等各项权利。其二，经济空间一体化，在市场经济的作用下，城乡之间经济本就紧密联系在一起，但这绝非城乡经济空间一体化的完整内涵，乡村不应仅仅作为原料产地、劳动力供给地和低廉商品销售地等而存在，而是应通过自身的经济振兴成为继城市之后国家经济增长的新引擎。党的十九大报告指出，要"构建现代农业产业体系、生产体系、经营体系……培育新型农业经营主体……促进农村一二三产业融合发展"①，而城市所拥有的人力、信息、科技和资本等优势资源向乡村的输出与转换则成为乡村经济振兴的关键所在。其三，意识空间的一体化，中国农耕文化造就了"传统的以臣民性、依附性、无我性为核心的农民意识"②，尽管中国在社会主义建设的过程中早已完成了由农业国向工业国的转变，但是这种农民意识却因"历史的惯性"而不同程度的现实存在着，城乡意识空间的一体化就是要完成传统农民意识的彻底重塑，实现城乡文化的融合。

---

① 习近平：《决胜全面建成小康社会 夺取新时代中国特色社会主义伟大胜利——在中国共产党第十九次全国代表大会上的报告》，北京：人民出版社2017年版，第32页。

② 李兰芬、华冬萍：《城乡一体化进程中农民公民意识的现状及其对策研究》，载《马克思主义与现实》，2011年第1期。

四、塑造中国在全球化中的开放新格局

近代全球化肇始于西方资本主义的空间扩展，其实质是资本的全球化。在资本主义诞生之前，人类分散地局限于相对独立的物理空间之内，彼此之间发生着非常态交往。资本主义生产方式"驱使资产阶级奔走于全球各地"①，不断地将非资本主义国家或地区纳入进资本主义世界市场体系内。工业革命之后，以火车、轮船等为代表的交通工具和以电报、电话为代表的通讯工具的发明与应用极大突破了物理空间壁垒，为资本的全球流动提供了便利，不仅如此，资本的全球化更是指资本所蕴含的社会关系于人类社会空间中的布展，换言之，资本逻辑作为"普照的光"在全球范围获得了统摄地位。

近代以来，中国参与全球化的进程充满着曲折与坎坷。在18世纪60年代之后，以英国为代表的西方资本主义国家借助于工业革命，极大地提高了社会生产力，资本在世界市场内的流动加强了人类在全球范围内普遍交往。与此同时，中国却处于满清王朝的封建统治之下，依然沉迷于"天朝上国"的虚幻之中，新兴的资产阶级为了开辟"新的活动场所"②即资本扩张的空间，通过鸦片战争对中国进行贸易掠夺。正如马克思曾言，"英国的大炮破坏了皇帝的权威，迫使天朝帝国与地上的世界接触"③，中国于近代第一次被动地卷入资本主义全球化的浪潮之中，马克思在一定程度上肯定了中国被迫参与全球化的历史进步性，他形象地将这个过程比喻为"正如小心保存在密闭棺材里的木乃伊一接触新鲜空气就必然要解体一样"④，但不可否认的是，该过程亦为中国人民带来了深重的苦难，致使中国沦为半殖民地半封建社会。19世纪末期，伴随着西方资本主义演变至帝国主义发展阶段，列强纷纷在中国强行划分"势力范围"，造成中国国家主体可能消亡于资本全球化之中的严重危机。自1921年中国共产党成立之

---

① 《马克思恩格斯全集》第4卷，北京：人民出版社1958年版，第469页。
② 《马克思恩格斯全集》第4卷，北京：人民出版社1958年版，第491页。
③ 《马克思恩格斯全集》第12卷，北京：人民出版社1998年版，第151页。
④ 《马克思恩格斯全集》第9卷，北京：人民出版社1961年版，第111页。

后，中国革命展现出了前所未有的新气象，至1949年中华人民共和国的成立，中国重新实现了完整的主权独立。中华人民共和国成立后，西方资本主义发达国家对中国施行封锁与孤立，20世纪60年代中苏关系破裂，面对以上境况，毛泽东同志先后提出"中间地带""三个世界"的论断，作为中国参与全球事务的指导方针，需要指出的是，虽然这一时期，中国坚持着"独立自主、自力更生"原则的同时却从未"闭关锁国"，毛泽东同志所言，"我们的方针是，一切民族、一切国家的长处都要学，政治、经济、科学、技术、文学、艺术的一切真正好的东西都要学"①。十一届三中全会之后，邓小平同志经过对20世纪70年代全球形势的深刻探析后判断时代的主题已然由战争与革命转化为和平与发展，基于此，中国通过实施改革开放的战略举措，以更加积极、主动的姿态参与到全球化之中。

全球化并不是西方化。近代全球化的进程一直被西方资本主义发达国家所主导，是资本逻辑支配下空间生产的必然结果，表征着资本主义生产关系的全球扩展，因此，全球化与西方化是存在着高度重叠、同步的。但是，我们绝不能将全球化片面地理解为西方化，一方面，从更加深层的动因看，全球化是人类"生产力发展水平所提动的可能和提出的要求"②，资本逻辑的确能够催生出巨大的社会生产力，却绝不是决定生产力的唯一动源；另一方面，从更加广泛的图景看，全球化是人类社会空间的现代性转变过程，资本逻辑塑造出了现代工业文明，而现代工业文明的内涵绝非只有资本逻辑。所以，中国参与全球化并非是向西方化的演变，而是走向现代化的必由之路。邓小平同志曾言，"中国的发展离不开世界"③，中国只有积极融入国际社会之中才能最大限度地吸收资本、科技和信息等资源来发展社会生产力，也要清晰认知当今全球化的不平衡性和警惕西方的和平演变，中国的发展"主要依靠自己的艰苦奋斗"④。

"一带一路"倡议是新时代中国深度参与全球化的空间策略。"一带一

---

① 《毛泽东文集》第7卷，北京：人民出版社1999年版，第41页。
② 丰子义、杨学功、仰海峰：《全球化的理论与实践：一种马克思主义的视角》，南京：江苏人民出版社2017年版，第267页。
③ 《邓小平文选》第3卷，北京：人民出版社1993年版，第78页。
④ 《邓小平文选》第2卷，北京：人民出版社1994年版，第406页。

路"倡议并不是西方空间经济学中区域发展模式的简单套用,而是马克思主义空间理论的具体应用。西方发达资本主义国家的对外扩张,实质上是国内过度积累的资本通过地理空间的延展与重塑以实现缓解或转嫁自身危机的一种修复措施,在该过程中,资本关系亦侵入至扩张对象的社会空间之内,但是,空间修复只能延缓却不能根除资本主义总危机,伴随着资本逻辑将世界范围都纳入自身的宰制下,资本进一步积累的空间消失殆尽,全球空间的经济危机就在所难免。毋庸置疑的是,新时代我国的"一带一路"倡议必须依靠资本的内在张力,实现沿带、沿路国家之间经济空间的建构,但其绝不是中国对外经济扩张的路径而是中国驾驭资本的策略,因此,中共中央要求,中国在推进"一带一路"倡议之中始终要坚持"共商、共建、共享"的基本原则。一方面,近代以降,世界性的经济危机呈现出周期性的爆发态势,该境况由资本主义生产方式的内在矛盾所决定,并不以人的意识为转移,"一带一路"所涉及60余个国家的GDP总量高达22万亿,占据全球GDP总量的62%左右,其建设实施能够实现全球经济空间的重构,寻求沿带、沿路国家经济利益的最大公约数,改变现存不平衡的世界经济体系,构筑经济平衡发展的空间平台,使世界各国、各地区之间的经济差距得以缩小、经济矛盾得以化解。另一方面,中国作为主要发起国和推动者,必须能够在共建"一带一路"倡议的过程中从整体结构层面,提升沿海与内陆对外开放的新格局,调整经济资源配置,转换经济发展模式,从而达到再次塑造自身经济空间的目的。而且,经济空间一体仅仅是共建"一带一路"倡议的基础,整体性社会空间的架构才是"一带一路"倡议的根本,需要指出的是,这种架构既不是对沿带、沿路国家政治独立的侵蚀,亦不是中国意识形态的输出,而是回归于全人类福祉的追寻。

人类命运共同体是中国对全球化的空间展望。马克思曾言,"空间是一切生产和一切人类活动所需要的要素"[①],空间不仅是人类活动的载体,而人类在不同的发展阶段对于空间亦存在着差异性的能动性改造。在原始社会中,人类受制于生产力的极端低下,为了获取最为基本的物质生活资

---

① 马克思:《资本论》第3卷,北京:人民出版社2004年,第891页。

料，而自发于自然空间内形成家庭、部落、部落联合等组织性群体的生存方式，被马克思称之为"自然共同体"，其伴随着生产力的提高与社会分工的细化而解体于私有制的出现。资本逻辑在全球范围内的运行，致使不同国家、地区和民族之间建立了普遍的联系，地理空间的壁垒被资本催生下的科技应用不断消除，人类愈发整体性地聚集于资本主义社会空间之内，但该社会空间却充斥着不平衡、不平等的非正义失范。换言之，人类只处于虚假的共同体之中。在马克思看来，虚假的共同体仅仅是一种人类特定发展阶段的历史存在物，必将被真正的共同体代替。习近平同志在党的十九大报告中明确提出推动构建人类命运共同体的战略设想，"指明了人类社会由'虚幻的共同体'向自由人联合的'真正共同体'的空间演进路径"[①]。资本逻辑支配下的空间生产是近代全球化生成的动源，但全球化的未来绝不是资本逻辑所能支配的，人类命运共同体的实质是各个国家、地区和民族之间的空间自觉联合，其目的是要摒弃西方中心主义的全球空间形态。

---

① 王志刚：《空间政治经济学与人类命运共同体》，载《湖南师范大学社会科学学报》，2018 年第 5 期。

主要参考文献

一、中文文献

（一）经典文献

1. 《资本论》（1—3卷），北京：人民出版社2004年版。
2. 《马克思恩格斯全集》第1卷，北京：人民出版社1956年版。
3. 《马克思恩格斯全集》第2卷，北京：人民出版社1957年版。
4. 《马克思恩格斯全集》第3卷，北京：人民出版社2002年版。
5. 《马克思恩格斯全集》第3卷，北京：人民出版社1960年版。
6. 《马克思恩格斯全集》第4卷，北京：人民出版社1958年版。
7. 《马克思恩格斯全集》第6卷，北京：人民出版社1961年版。
8. 《马克思恩格斯全集》第7卷，北京：人民出版社1959年版。
9. 《马克思恩格斯全集》第8卷，北京：人民出版社1961年版。
10. 《马克思恩格斯全集》第9卷，北京：人民出版社1961年版。
11. 《马克思恩格斯全集》第12卷，北京：人民出版社1962年版。
12. 《马克思恩格斯全集》第12卷，北京：人民出版社1998年版。
13. 《马克思恩格斯全集》第13卷，北京：人民出版社1962年版。
14. 《马克思恩格斯全集》第16卷，北京：人民出版社1964年版。
15. 《马克思恩格斯全集》第17卷，北京：人民出版社1963年版。
16. 《马克思恩格斯全集》第18卷，北京：人民出版社1964年版。
17. 《马克思恩格斯全集》第19卷，北京：人民出版社1963年版。
18. 《马克思恩格斯全集》第20卷，北京：人民出版社1973年版。
19. 《马克思恩格斯全集》第21卷，北京：人民出版社1965年版。

20.《马克思恩格斯全集》第 21 卷,北京:人民出版社 2003 年版。

21.《马克思恩格斯全集》第 22 卷,北京:人民出版社 1965 年版。

22.《马克思恩格斯全集》第 23 卷,北京:人民出版社 1972 年版。

23.《马克思恩格斯全集》第 24 卷,北京:人民出版社 1972 年版。

24.《马克思恩格斯全集》第 25 卷,北京:人民出版社 1974 年版。

25.《马克思恩格斯全集》第 25 卷,北京:人民出版社 2001 年版。

26.《马克思恩格斯全集》第 26 卷,北京:人民出版社 2014 年版。

27.《马克思恩格斯全集》第 26 卷(1),北京:人民出版社 1972 年版。

28.《马克思恩格斯全集》第 26 卷(2),北京:人民出版社 1973 年版。

29.《马克思恩格斯全集》第 30 卷,北京:人民出版社 1995 年版。

30.《马克思恩格斯全集》第 31 卷,北京:人民出版社 1998 年版。

31.《马克思恩格斯全集》第 32 卷,北京:人民出版社 1998 年版。

32.《马克思恩格斯全集》第 39 卷,北京:人民出版社 1974 年版。

33.《马克思恩格斯全集》第 42 卷,北京:人民出版社 1979 年版。

34.《马克思恩格斯全集》第 44 卷,北京:人民出版社 2001 年版。

35.《马克思恩格斯全集》第 46 卷(上册),北京:人民出版社 1979 年版。

36.《马克思恩格斯全集》第 46 卷(下册),北京:人民出版社 1980 年版。

37.《马克思恩格斯全集》第 46 卷,北京:人民出版社 2003 年版。

38.《马克思恩格斯全集》第 47 卷,北京:人民出版社 1979 年版。

39.《马克思恩格斯全集》第 48 卷,北京:人民出版社 1985 年版。

40.《马克思恩格斯全集》第 49 卷,北京:人民出版社 1982 年版。

41. 马克思、恩格斯:《共产党宣言》,中共中央编译局译,北京:人民出版社 2009 年版。

42. 马克思:《1844 年经济学哲学手稿》,北京:人民出版社 1979 年版。

43. 马克思、恩格斯:《德意志意识形态》(节选本),北京:人民出版社 2003 年版。

44. 马克思：《政治经济学批判大纲（1857—1858 年）》第 1 分册，北京：人民出版社 1975 年版。

45.《列宁全集》第 4 卷，北京：人民出版社 1984 年版。

46.《列宁全集》第 10 卷，北京：人民出版社 1958 年版。

47.《列宁全集》第 18 卷，北京：人民出版社 1988 年版。

48.《列宁全集》第 22 卷，北京：人民出版社 1958 年版。

49.《列宁全集》第 23 卷，北京：人民出版社 1958 年版。

50.《列宁全集》第 27 卷，北京：人民出版社 1990 年版。

51.《列宁全集》第 38 卷，北京：人民出版社 1959 年版。

52.《毛泽东文集》第 7 卷，北京：人民出版社 1999 年版。

53.《邓小平文选》第 2 卷，北京：人民出版社 1994 年版。

54.《邓小平文选》第 3 卷，北京：人民出版社 1993 年版。

55. 江泽民：《论科学技术》，北京：中央文献出版社 2001 年版。

56. 习近平：《决胜全面建成小康社会　夺取新时代中国特色社会主义伟大胜利——在中国共产党第十九次全国代表大会上的报告》，北京：人民出版社 2017 年版。

（二）中文著作

1. 中共中央文献研究室编：《习近平关于科技创新论述摘编》，北京：中央文献出版社 2016 年版。

2. 中共中央文献研究室编：《习近平关于全面深化改革论述摘编》，北京：中央文献出版社 2014 年版。

3. 中共中央文献研究室编：《十八大以来重要文献选编》（上），北京：中央文献出版社 2014 年版。

4. 中国人民大学科学社会主义系编：《国际共产主义运动史文献史料选编》第 2 卷，北京：中国人民大学出版社 1985 年版。

5. 陈忠主编：《空间理论与城市秩序》，哈尔滨：黑龙江人民出版社 2011 年版。

6. 金岳霖主编：《形式逻辑》，北京：人民出版社 1979 年版。

7. 包亚明主编：《现代性与空间的生产》，上海：上海教育出版社 2003 年版。

8. 孙伯鍨、张一兵主编：《走进马克思》，南京：江苏人民出版社 2012 年版。

9. 许涤新主编：《政治经济学词典》上册，北京：人民出版社 1980 年版。

10. 周立斌、王希艳、朱怡蓉编著：《空间政治经济学——区域经济学研究的一个批判视角》，北京：经济科学出版社 2014 年版。

11. 廖盖隆、庄浦明主编：《中华人民共和国编年史（1949—2009）》，北京：人民出版社 2010 年版。

12. 张一兵主编：《社会批判理论记事》第 1 辑，北京：中央编译出版社 2006 年版。

13. 张一兵主编：《当代国外马克思主义哲学思潮》（下卷），南京：江苏人民出版社 2010 年版。

14. 张荣军：《马克思主义空间理论及其当代价值研究》，北京：中国社会科学出版社 2016 年版。

15. 李春敏：《马克思的社会空间理论研究》，上海：上海人民出版社 2012 年版。

16. 孙江：《"空间生产"——从马克思到当代》，北京：人民出版社 2008 年版。

17. 王志刚：《社会主义空间正义论》，北京：人民出版社 2015 年版。

18. 刘怀玉：《历史的解构与空间的想象》，南京：江苏人民出版社 2013 年版。

19. 冯雷：《理解空间：20 世纪空间观念的激变》，北京：中央编译出版社 2017 年版。

20. 鲍伶俐：《资本逻辑与经济空间生成及扩张机制》，上海：上海人民出版社 2017 年版。

21. 单许昌：《空间经济生成动力机制及结构研究》，上海：上海人民出版 2016 年版。

22. 尹保红：《西方马克思主义空间理论建构及其当代价值》，北京：

光明日报出版社 2016 年版。

23. 王巍：《马克思视域下的资本逻辑批判》，北京：人民出版社 2016 年版。

24. 鲁品越：《走向深层的思想——从生成论哲学到资本逻辑与精神现象》，北京：人民出版社 2014 年版。

25. 黄仁宇：《资本主义与二十一世纪》，北京：生活·读书·新知三联书店 2015 年版。

26. 孙承叔：《资本与历史唯物主义：〈资本论〉及其手稿当代解读》，上海：上海人民出版社 2017 年版。

27. 梅建军：《〈资本论〉新解与研究》，北京：经济科学出版社 2012 年版。

28. 白暴力、白瑞雪：《〈资本论〉读书笔记：马克思经济理论（体系·难点·比较·发展）》，北京：经济科学出版社 2009 年版。

29. 王多吉、代立梅：《〈资本论〉现代发展观哲学维度研究》，北京：光明日报出版社 2014 年版。

30. 丰子义等：《全球化的理论与实践——一种马克思主义的视角》，南京：江苏人民出版社 2016 年版。

31. 张一兵：《回到马克思：经济学语境中的哲学话语》，南京：江苏人民出版社 2013 年版。

32. 高鉴国：《新马克思主义城市理论》，北京：商务印书馆 2006 年版。

33. 包亚明主编：《后现代性与地理学的政治》，上海：上海教育出版社 2001 年版。

34. 林顺利：《城市贫困的社会空间研究》，北京：人民出版社 2015 年版。

35. 邓晓芒：《西方哲学探赜：邓晓芒自选集》，上海：上海文艺出版社 2014 年版。

36. 仰海峰：《〈资本论〉的哲学》，北京：北京师范大学出版社 2017 年版。

37. 林密：《意识形态、日常生活与空间：西方马克思主义社会再生产理论研究》，北京：中国社会科学出版社 2016 年版。

38. 陈嘉明：《现代性与后现代性十五讲》，北京：北京大学出版社 2006 年版。

39. 薛华：《黑格尔对历史终点的理解》，北京：中国社会科学出版社 1983 年版。

40. 夏莹：《当代西方马克思主义社会批判的隐性逻辑》，南京：江苏人民出版社 2013 年版。

41. 童强：《空间哲学》，北京：北京大学出版社 2011 年版。

42. 彭宏伟：《资本总体性：关于马克思资本哲学的新探索》，北京：人民出版社 2013 年版。

43. 王伯鲁：《〈资本论〉及其手稿技术思想研究》，成都：西南交通大学出版社 2016 年版。

44. 胡键：《资本的全球治理：马克思恩格斯国际政治经济学思想研究》，上海：上海人民出版社 2016 年版。

45. 王明友：《〈资本论〉中的市场经济逻辑》，北京：社会科学文献出版社 2015 年版。

46. 张佳：《大卫·哈维的历史——地理唯物主义理论研究》，北京：人民出版社 2014 年版。

47. 张作云：《〈资本论〉与当代资本主义金融和经济危机研究》，北京：中国社会科学出版社 2015 年版。

48. 张薰华：《〈资本论〉脉络》，上海：复旦大学出版社 2005 年版。

49. 唐旭昌：《大卫·哈维城市空间思想研究》，北京：人民出版社 2014 年版。

50. 鲍金：《〈资本论〉哲学的新解读》，北京：中国人民大学出版社 2016 年版。

51. 刘森林：《追求主体》，北京：社会科学文献出版社 2008 年版。

52. 高清海：《哲学与主体自我意识：论马克思实践观点的思维方式》，北京：北京师范大学出版社 2017 年版。

53. 张红岭：《揭穿"意识内在性"之幻相——马克思对意识的存在性质的探讨》，上海：复旦大学出版社 2013 年版。

主要参考文献

54. 俞吾金：《被遮蔽的马克思》，北京：人民出版社 2012 年版。

55. 李萍：《马克思意识形态论》，北京：中国社会科学出版社 2013 年版。

56. 潘于旭：《从"物化"到"异质性"——西方马克思主义哲学逻辑转向的历史分析》，杭州：浙江大学出版社 2009 年版。

57. 陈征：《社会主义城市地租研究》，福州：福建人民出版社 2017 年版。

58. 任政：《空间正义论：正义的重构与空间生产的批判》，上海：上海社会科学院出版社 2018 年版。

59. 刘召峰：《拜物教批判理论与整体马克思》，杭州：浙江大学出版社 2013 年版。

60. 王东：《中国创新论》，北京：光明日报出版社 2012 年版。

61. 王天勇、张蜜：《城市化与空间正义：我国城市化的问题批判与未来走向》，北京：人民出版社 2015 年版。

62. 苏星：《邓小平社会主义市场经济理论与中国经济体制转轨》，北京：人民出版社 2002 年版。

（三）中文译著

1. [法] 米歇尔·福柯：《权力的眼睛——福柯访谈录》，严锋译，上海：上海人民出版社 1997 年版。

2. [法] 亨利·列斐伏尔：《空间与政治》，上海：上海人民出版社 2015 年版。

3. [法] 索瓦·多斯：《结构主义史》，季广茂译，北京：金城出版社 2012 年版。

4. [法] 雅克·卢梭：《社会契约论》，北京：商务印书馆 2003 年版。

5. [英] 大卫·哈维：《新帝国主义》，北京：社会科学文献出版社 2009 年版。

6. [英] 大卫·哈维：《巴黎城记——现代性之都的诞生》，黄煜文译，桂林：广西师范大学出版社 2010 年版。

7. [英] 大卫·哈维：《后现代的状况：对文化变迁之缘起的探究》，

阎嘉译,北京:商务印书馆 2003 年版。

8. [英] 大卫·哈维:《正义、自然和差异地理学》,胡大平译,上海:上海人民出版社 2015 年版。

9. [英] 大卫·哈维:《马克思与〈资本论〉》,周大昕译,北京:中信出版社 2018 年版。

10. [英] 大卫·哈维:《希望的空间》,胡大平译,南京:南京大学出版社 2006 年版。

11. [英] 大卫·哈维:《资本之谜:人人需要知道的资本主义真相》,陈静译,北京:电子工业出版社 2011 年版。

12. [英] 大卫·哈维:《资本的空间》,王志弘等译,台北:群学出版社 2010 年版。

13. [英] 弗朗西斯·惠恩:《马克思〈资本论〉传》,陈越译,中央编译出版社 2009 年版。

14. [英] 戴维·麦克莱伦:《马克思思想导论》,郑一明、陈喜贵译,北京:中国人民大学出版社 2008 年版。

15. [英] 安东尼·吉登斯:《历史唯物主义的当代批判》,郭忠华译,上海:上海译文出版社 2010 年版。

16. [英] 亚当·斯密:《国富论》,张晓林、王帆译,长春:时代文艺出版社 2011 年版。

17. [英] 大卫·李嘉图:《政治经济学及赋税原理》,郭大力、王亚南译,北京:商务印书馆 2014 年版。

18. [美] 爱德华·W. 苏贾:《后现代地理学——重申批判社会理论中的空间》,王文斌译,北京:商务印书馆 2004 年版。

19. [美] 爱德华·W. 苏贾:《寻求空间正义》,高春花、强乃社等译,北京:社会科学文献出版社 2016 年版。

20. [美] 爱德华·W. 苏贾:《后大都市:城市和区域的批判性研究》,李钧等译,上海:上海教育出版社 2006 年版。

21. [美] 弗雷德里克·詹姆逊:《后现代主义与文化理论》,唐小兵译,北京:北京大学出版社 1997 年版。

22. [美] 弗雷德里克·詹姆逊:《晚期资本主义的文化逻辑》,张旭东编,陈清侨等译,北京:三联书店1997年版。

23. [美]弗雷德里克·詹姆逊:《重读〈资本论〉》,胡志国、陈清贵译,北京:中国人民大学出版社2013年版。

24. [美]斯塔夫里亚诺斯:《全球分裂:第三世界的历史进程》(上册),王红生等译,北京:商务印书馆1995年版。

25. [美]安东尼·奥洛姆:《城市的世界——对地点的比较分析和历史分析》,陈向明译,上海:上海人民出版社2005年版。

26. [美]理查德·皮特:《现代地理学思想》,周尚意译,北京:商务印书馆2007年版。

27. [美]道格拉斯·凯尔纳、斯蒂文·贝斯特:《后现代理论——批判性的质疑》,张志斌译,北京:中央编译出版社2004年版。

28. [美]卡洛琳·加拉尔等:《政治地理学核心概念》,王爱松译,南京:江苏教育出版社2013年版。

29. [美]艾拉·卡茨纳尔逊:《马克思主义与城市》,王爱松译,南京:江苏教育出版社2017年版。

30. [美]约翰·罗尔斯:《正义论》,何怀宏等译,北京:中国社会科学出版社2009年版。

31. [美]迈克尔·沃尔泽:《正义诸领域:为多元主义与平等一辩》,褚松燕译,南京:译林出版社2002年版。

32. [德]黑格尔:《自然哲学》,梁志学等译,北京:商务印书馆1980年版。

33. [德]黑格尔:《历史哲学》,王造时译,北京:三联书店1956年版。

34. [德]奥古斯特·勒施:《经济空间秩序》,王守礼译,北京:商务印书馆2010年版。

35. [德]伽达默尔:《诠释学Ⅰ:真理与方法》,北京:商务印书馆2010年版。

36. [德]于尔根·哈贝马斯:《现代性的哲学话语》,曹卫东等译,南京:译林出版社2004年版。

37. [德]卢森堡、布哈林:《帝国主义与资本积累》,哈尔滨:黑龙江人民出版社 1982 年版。

38. ［德］卢森堡：《资本积累论》，北京：三联书店 1959 年版。

39. ［德］费尔巴哈：《费尔巴哈哲学著作选集》下卷，北京：商务印书馆 1984 年版。

40. ［德］沃尔特·克里斯塔勒：《德国南部中心地原理》，常正文译，北京：商务印书馆 2010 年版。

41. ［意］乔万尼·波特若：《论城市伟大至尊之因由》，华东师范大学出版社 2005 年版。

42. ［意］葛兰西：《狱中札记》，葆煦译，北京：人民出版社 1983 年版。

43. ［西］曼纽尔·卡斯特：《网络社会的崛起》，夏铸九、王志弘等译，社会科学文献出版社 2003 年版。

44. ［捷克］科西克：《具体的辩证法——关于人与世界问题的研究》，傅小平译，北京：社会科学文献出版社 1989 年版。

45. ［匈］卢卡奇：《历史与阶级意识》，杜章智译，北京：商务印书馆 1992 年版。

46. ［日］广松涉：《物象化论的构图》，南京：南京大学出版社 2002 年版。

47. ［古希腊］亚里士多德：《物理学》，张竹明译，北京：商务印书馆 2009 年版。

（四）学术论文

1. 汪毅、何淼：《新马克思主义空间研究的逻辑与脉络》，载《华中科技大学学报》，2014 年第 5 期。

2. 王志刚：《空间政治经济学与人类命运共同体》，载《湖南师范大学社会科学学报》，2018 年第 5 期。

3. 王志刚：《新马克思主义空间批判范式及当代意义》，载《北京行政学院学报》，2015 年第 5 期。

4. 王志刚：《马克思〈政治经济学批判大纲〉中的空间思想》，载《教学与研究》，2015 年第 3 期。

5. 王志刚：《马克思主义空间正义的问题谱系及当代建构》，载《哲学研究》，2017年第11期。

6. 胡大平：《马克思主义与空间理论》，载《哲学动态》，2011年第11期。

7. 胡大平：《都市马克思主义导论》，载《东南大学学报（哲学社会科学版）》，2016年第3期。

8. 王雨辰、高晓溪：《空间批判与国外马克思主义解放政治的逻辑》，载《哲学研究》，2016年第11期。

9. 王贵楼：《空间政治化与策略：当代西方马克思主义空间政治思想》，载《教学与研究》，2015年第3期。

10. 范瑛：《城市空间批判——从马克思主义到新马克思主义》，载《政治经济学评论》，2013年第1期。

11. 张凤超：《资本逻辑与空间化秩序——新马克思主义空间理论解析》，载《马克思主义研究》，2010年第7期。

12. 刘顺娜：《论资本逻辑在空间生产中的功能品质》，载《求实》，2013年第10期。

13. 王学荣：《论资本逻辑与空间生产逻辑的"二律背反"》，载《理论导刊》，2012年第7期。

14. 林青：《空间生产的双重逻辑及其批判》，载《哲学研究》，2016年第9期。

15. 林青：《空间视域下的民族国家》，载《现代哲学》，2015年第5期。

16. 李春敏：《资本积累的全球化与空间的生产》，载《教学与研究》，2010年第6期。

17. 李春敏：《〈博士论文〉：马克思空间思考的重要起点》，载《天府新论》，2010年第4期。

18. 张梧：《资本积累模式的变迁与空间批判话语的嬗变》，载《哲学研究》，2017年第4期。

19. 张梧：《资本空间化与空间资本化》，载《中国人民大学学报》，2017年第1期。

20. 张梧：《空间理论的理论空间》，载《理论视野》，2016 年第 11 期。

21. 魏旭、谭晶：《资本积累、空间修复与产业转移》，载《经济学家》，2016 年第 8 期。

22. 魏强：《马克思现代性思想的演进逻辑与空间批判理论的出场——从马克思主义出场学视域看》，载《学习与探索》，2014 年第 8 期。

23. 马文保、程晓：《马克思资本积累的时空界限观念蠡测》，载《人文杂志》，2016 年第 6 期。

24. 高玉林：《资本的空间限度——马克思主义对资本主义的空间限度批判》，载《浙江社会科学》，2015 年第 8 期。

25. 车玉玲：《超越资本与空间生产的历史限度》，载《南京政治学院学报》，2014 年第 1 期。

26. 车玉玲：《历史唯物主义的空间转向与当代启示》，载《马克思主义与现实》，2014 年第 1 期。

27. 沈斐：《资本的内在否定性与空间的脱域性》，载《哲学动态》，2011 年第 8 期。

28. 刘红雨：《论马克思恩格斯空间正义思想的三个维度》，载《西北师范大学学报（社会科学版）》，2013 年第 1 期。

29. 王南湜：《解释"时空压缩"现象需要"空间转向"吗？——一种基于扩展马克思剩余价值论的透视》，载《学习与探索》，2015 年第 1 期。

30. 胡潇：《空间的社会逻辑——关于马克思恩格斯空间理论的思考》，载《中国社会科学》，2013 年第 1 期。

31. 孙全胜：《论马克思社会空间批判理论的三重主题》，载《中共福建省委党校学报》，2016 年第 10 期。

32. 孙全胜：《论列斐伏尔的空间拜物教批判》，载《烟台大学学报（哲学社会科学版）》，2015 年第 4 期。

33. 倪志安、冯文平：《论马克思"实践的空间"思想》，载《黑龙江社会科学》，2014 年第 4 期。

34. 袁久红：《马克思〈1857—1858 年经济学手稿〉中的空间思想及

其政治意蕴》，载《天津社会科学》，2014 年第 4 期。

35. 曹琳琳：《资本的空间生产及其伦理解读——基于〈1857—1858 年经济学手稿〉的分析》，载《道德与文明》，2017 年第 2 期。

36. 郑丽莹：《马克思主义存在空间缺场吗？——基于对〈资本论〉及其手稿的文本考察》，载《思想理论教育导刊》，2017 年第 10 期。

37. 孙乐强：《〈资本论〉与马克思的空间理论》，载《现代哲学》，2013 年第 5 期。

38. 孙乐强：《物象化、物化与拜物教——论〈资本论〉对〈大纲〉的超越与发展》，载《学术月刊》，2013 年第 7 期。

39. 王维平、张娜娜、付文军：《〈资本论〉与马克思的时空理论》，载《南京社会科学》，2016 年第 7 期。

40. 高云涌、王林平：《〈资本论〉及其手稿中的三种空间概念》，载《吉林大学社会科学学报》，2013 年第 5 期。

41. 白刚、吴留戈：《〈资本论〉：马克思的"希望空间"》，载《天津社会科学》，2015 年第 5 期。

42. 吴耀国：《从"价值的空间"到"空间的价值"——〈资本论〉中的价值概念与空间意识》，载《西南大学学报（社会科学版）》，2015 年第 5 期。

43. 吴耀国：《"世界历史"与"世界市场"的辩证关系——基于马克思社会批判理论中的时空维度分析》，载《河南大学学报（社会科学版）》，2016 年第 1 期。

44. 吴耀国：《马克思的"国家空间"理论探微》，载《武汉理工大学学报（社会科学版）》，2018 年第 5 期。

45. 仰海峰：《资本逻辑与空间规划——以〈资本论〉第一卷为核心的分析》，载《苏州大学学报》，2011 年第 4 期。

46. 仰海峰：《〈资本论〉与〈政治经济学批判大纲〉的逻辑差异》，载《哲学研究》，2016 年第 8 期。

47. 姚立新：《〈资本论〉中的空间维度》，载《理论视野》，2012 年第 8 期。

48. 白永平、时保国：《空间生产、资本逻辑与城市研究》，载《宁夏社会科学》，2012 年第 6 期。

49. 龚天平、张军：《资本空间化与中国城乡空间关系重构——基于空间正义的视角》，载《上海师范大学学报（哲学社会科学版）》，2017 年第 2 期。

50. 武剑、林金忠：《马克思主义空间政治经济学：研究进展及中国启示》，载《江苏社会科学》，2013 年第 4 期。

51. 庄友刚：《空间生产范式的资本批判与中国马克思哲学创新论域》，载《南京政治学院学报》，2011 年第 6 期。

52. 庄友刚：《西方空间生产理论研究的逻辑、问题与趋势》，载《马克思主义与现实》，2011 年第 6 期。

53. 庄友刚：《资本的空间逻辑及其意识形态神话》，载《社会科学辑刊》，2012 年第 1 期。

54. 庄友刚、仇善章：《资本空间化与空间资本化：关于空间生产的现代性和后现代性话语》，载《山东社会科学》，2013 年第 2 期。

55. 张志：《马克思主义中国化的空间视域》，载《学术论坛》，2013 年第 9 期。

56. 陈忠：《空间辩证法、空间正义与集体行动的逻辑》，载《哲学动态》，2010 年第 6 期。

57. 陆扬：《论柏拉图的空间思想》，载《复旦大学学报（社会科学版）》，2018 年第 4 期。

58. 刘胜利：《空间观的"哥白尼革命"——康德对于传统空间观的继承与批判》，载《科学文化评论》，2010 年第 3 期。

59. 王文东：《〈德意志意识形态〉中的空间正义思想解读》，载《哲学研究》，2016 年第 4 期。

60. 王文东、赵艳琴：《〈英国工人阶级状况〉中的空间生产与空间正义思想解读》，载《苏州大学学报》，2016 年第 4 期。

61. 宋朝龙：《〈共产党宣言〉的空间逻辑与人类命运共同体的建构——第二届世界马克思主义大会纪念〈共产党宣言〉专题述评》，载《学术论坛》，2018 年第 3 期。

62. 付明：《考茨基帝国主义与殖民主义概念辨析》，载《学术交流》，

2014 年第 4 期。

63. 孙江：《工业资本主义生产方式的空间向度研究》，载《哲学动态》，2010 年第 10 期。

64. 孙江：《工业资本主义时代的空间拜物教批判》，载《南京大学学报（人文社会科学版）》，2004 年第 5 期。

65. 许光伟：《资本主义生产组织演变的整体性解读与反思》，载《马克思主义研究》，2009 年第 6 期。

66. 鲁品越：《流通费用、交易成本与经济空间的创造——〈资本论〉微观流通理论的当代建构》，载《财经研究》，2016 年第 1 期。

67. 潘恩荣：《〈资本论〉研究需要引入"技术逻辑"》，载《哲学研究》，2015 年第 5 期。

68. 温权：《资本逻辑的空间辩证法及其非正义地理症候的三个悖论——大卫·哈维对马克思政治经济学批判的政治哲学阐释》，载《天津社会科学》，2017 年第 3 期。

69. 高德胜：《空间向度的历史审视与当代资本主义的空间政治》，载《社会科学战线》，2014 年第 5 期。

70. 谢亚洲：《新马克思主义对西方民主政治逻辑的辨析》，载《厦门大学学报（哲学科学科学版）》，2017 年第 1 期。

71. 杨永强、谢亚洲：《从时间到空间：全球化、现代化叙事逻辑的转化——基于新马克思主义空间政治批判的视角》，载《国外理论动态》，2018 年第 10 期。

72. 叶险明：《马克思对"西方中心主义"拒斥的全面性——兼论马克思晚年关于资本主义与社会主义关系研究范式的发展》，载《马克思主义与现实》，2014 年第 5 期。

73. 陈培永：《新帝国主义与资本逻辑的深度空间扩张论》，载《理论视野》，2017 年第 7 期。

74. 张杰：《权力关系在经济学语境中的呈现：以〈资本论〉及其手稿为例》，载《山东社会科学》，2017 年第 5 期。

75. 刘森林：《从抽象主体性到科学主体性》，载《求是学刊》，1992 年第 4 期。

76. 张一兵：《论意识空间的操作性本质》，载《哲学动态》，1992 年第 4 期。

77. 赵学清：《劳动生产、精神生产与资本家作用——〈资本论〉第四卷若干重要观点及现实意义》，载《河南社会科学》，2011 年第 5 期。

78. 皮家胜：《空间问题的类型与形成原因》，载《哲学动态》，2015 年第 5 期。

79. 梁豪：《社会认知视角的虚假意识——基于〈资本论〉的分析》，载《上海理工大学学报（社会科学版）》，2017 年第 2 期。

80. 李怀涛：《马克思对李嘉图地租理论的批判及其方法论意义——以〈1861—1863 年经济学手稿〉为视角》，载《北京行政学院学报》，2016 年第 6 期。

81. 袁超：《空间正义何以可能？》，载《马克思主义与现实》，2016 年第 5 期。

82. 乔洪武、师远志：《经济正义的空间转向——当代西方马克思主义的空间正义思想探析》，载《哲学研究》，2013 年第 12 期。

83. 高春花：《居住空间正义确实的表现、原因及解决路径——以爱德华·苏贾为例》，载《伦理学研究》，2015 年第 1 期。

84. 任政：《空间重构与全球正义的可能性路径——论大卫·哈维空间正义的全球视域》，载《国外社会科学》，2017 年第 1 期。

85. 任政：《资本、空间与正义批判——大卫·哈维的空间正义思想研究》，载《马克思主义研究》，2014 年第 6 期。

86. 任政：《都市马克思主义的理论限度机器总体批判》，载《国外社会科学》，2018 年第 3 期。

87. 罗骞、滕藤：《资本现代性的辩证逻辑》，载《广东社会科学》，2018 年第 3 期。

88. 贾英健：《马克思社会时空观的实践维度与虚拟转向》，载《理论学刊》，2013 年第 4 期。

89. 余章宝：《马克思社会时空观探微》，载《学术月刊》，1998 年第 5 期。

90. 周露平：《资本逻辑的哲学性质与历史限度》，载《马克思主义与现实》，2015 年第 2 期。

91. 徐国松、乌斯曼·尼牙孜：《时间与空间：马克思经济学分析的两个核心维度》，载《当代世界社会主义问题》，2015 年第 3 期。

92. 鲁宝：《空间政治经济学批判的出场、内在逻辑与理论旨趣——以列斐伏尔为中心的考察》，载《社会科学家》，2017 年第 9 期。

93. 林密：《空间转向与马克思政治经济学批判的空间化——以列斐伏尔、哈维为中心》，载《江西社会科学》，2017 年第 9 期。

94. 刘爱文、艾亚玮、陈圣燕：《空间经济研究的转向——新经济地理学与马克思主义经济地理学的比较》，载《江西社会科学》，2009 年第 8 期。

95. 单许昌：《空间经济研究中马克思主义与新古典两条路径的关联——基于资本逻辑与空间基本规律的比较视角》，载《财经研究》，2012 年第 8 期。

96. 黄荣滋、左春文：《浅论马克思空间经济理论的几个问题》，载《当代财经》，1984 年第 3 期。

97. 邓睦军、龚勤林：《中国区域政策的空间选择逻辑》，载《经济学家》，2012 年第 12 期。

98. 刘耀彬、陈文华：《中国特色社会主义政治经济学的区域发展观：产生、发展与展望》，载《江西财经大学学报》，2017 年第 1 期。

99. 金晓梅、张幼文：《中国创新型国家建设的成就与问题建议》，载《当代经济管理》，2019 年第 1 期。

100. 申端锋、王孝琦：《城市化振兴乡村的逻辑缺陷》，载《探索与争鸣》，2018 年第 12 期。

101. 李兰芬、华冬萍：《城乡一体化进程中农民公民意识的现状及其对策研究》，载《马克思主义与现实》，2011 年第 1 期。

102. 白刚：《资本逻辑的三种形态》，载《武汉大学学报（人文科学版）》，2016 年第 3 期。

103. 张梧：《资本流通过程与当代空间批判》，载《哲学动态》，2017 年第 3 期。

二、英文文献

1. Henri, Lefebvre. *The Survival of Capitalism, Reproduction of the Relations of Production.* London: St. Martin's Press, 1978.

2. Henri, Lefebvre. *The Production of Space.* Trans. MA: Blackwell Publishing, 1991.

3. Henri, Lefebvre. *State, Space, World, Selected Essays.* London & Minneapolis: University of Minnesota Press, 2009.

4. Foucault, M. Questions on Geography. *In C. Gordon (ed.). Power/Knowledge: Selected Interviews and Other Writings* 1972 – 1977. Hemel Hempstead: Harvester Press. 1980.

5. David, Harvey. *The Urbanization of Capital.* Baltimore: The Johns Hopkins University Press, 1985.

6. David, Harvey. *Social Justice and The City.* Maryland: The Johns Hopkins University Press, 1975.

7. David, Harvey. *The Limits to Capital*, Oxford: Basil Blackwell, 1982.

8. Fernand, Braudel. *Civilization and Capitalism, 15th – 18th Century*, Vol. II. New York: University of California Press, 1979.

9. Herbert, Marcuse. *Counterrevolution and Revolt.* New York: Beacon Press, 1972.

10. Mamuel, Castells. M. *The Urban Question.* London: Edward Arnold Publish Press, 1977.

11. Bensaid, D. *Marx for Our Times: Adventures and Misadventures of a Critique.* London: Verso, 2009.

后　记

本书是基于本人博士学位论文基础上修改而成的研究成果。在西北求学与工作的数年中，虽未一路坦途，却也年岁并进。唯有感谢这个时代，遑论寒暑，"马背上的世界精神"永存；感恩我的父母，椿萱并茂，"生我劬劳"苦、难言报万一；致敬我的专业，吉光片羽，即终身受益、定毕生精研；守候我的爱人，温娴淑婉，三千取一饮、执手相携老。

在本书写作过程中，本人学习和参考了大量国内外文献资料，在此向这些文献的编著者一并致以问候！作为一名初出茅庐的研究者，面对空间这一宏大范畴，书中的观点论述、语言表达和分析角度等方面难免有欠妥之处，恳请学界同仁和广大读者予以批评、斧正。

本书能够最终出版，得益于中央编译出版社周雪凝女士、杜永明先生的辛勤工作、全力扶持，并受"21世纪国际共产主义史学新发展研究"（2022CDJSKZX12）项目经费的支持。

王海龙

2022年09月